新闻评论理论与实践教程

武志勇　范玉吉　周梦清　徐星星　著

华东师范大学出版社
·上海·

图书在版编目（CIP）数据

新闻评论理论与实践教程/武志勇等著. —上海：华东师范大学出版社，2023

华东师范大学教材出版基金资助出版

ISBN 978-7-5760-4271-9

Ⅰ.①新… Ⅱ.①武… Ⅲ.①评论性新闻—高等学校—教材 Ⅳ.①G210

中国国家版本馆 CIP 数据核字(2023)第 232918 号

华东师范大学教材出版基金资助出版

新闻评论理论与实践教程

著　　者　武志勇　范玉吉　周梦清　徐星星
项目编辑　孔繁荣
责任编辑　时东明
责任校对　姜　峰
装帧设计　郝　钰

出版发行　华东师范大学出版社
社　　址　上海市中山北路 3663 号　邮编 200062
网　　址　www.ecnupress.com.cn
电　　话　021-60821666　行政传真 021-62572105
客服电话　021-62865537　门市(邮购)电话 021-62869887
地　　址　上海市中山北路 3663 号华东师范大学校内先锋路口
网　　店　http://hdsdcbs.tmall.com

印 刷 者　上海昌鑫龙印务有限公司
开　　本　787 毫米×1092 毫米　16 开
印　　张　18.75
字　　数　340 千字
版　　次　2023 年 12 月第 1 版
印　　次　2023 年 12 月第 1 次
书　　号　ISBN 978-7-5760-4271-9
定　　价　79.00 元

出 版 人　王　焰

前　言

无论媒介形式如何变化和丰富，民众获取新闻信息的渠道如何多样和多元，作为意见性新闻信息的载体，新闻评论的重要性一如既往。

当下各大学使用的本科新闻评论教材，多是数年前或十数年前国内新闻评论学的学者编撰或修订的版本，其科学性、实践性都是上乘的，但其理论和案例，已经滞后于融合媒体时代的新闻评论实际发展状况。《新闻评论理论与实践教程》正是为了改变这一现状而做的努力。大致而言，本教材具有以下几个特点：

一是高度重视马克思主义新闻思想的学习和运用，例如对于新闻评论党性原则的强调，对于历史唯物主义和辩证唯物主义理论与方法的运用。

二是全面汲取最新的新闻评论理论和实践成果，例如对于思维方式和逻辑方法的引入；同时着重探讨融合媒体环境下新闻评论的新形态，例如短视频评论、H5 评论等。

三是积极借鉴优秀的写作训练方法。学习范文是写作训练最有效的方法之一。本教材附录历届全国好新闻奖、中国新闻奖一等奖评论作品名单，便于学生查阅、仿写和练习。

四是努力创新教材的结构形式，使其更加贴近学生。教材中每章都设计了“内容提要”“思考练习”和别出心裁的“扩展阅读”栏目，方便学生把握重要知识点并扩大知识面。

还需要强调，新闻评论课程的难点在于实实在在地提升学生的新闻评论写作能力，本教材把赏析和借鉴范文作为破解这一困难的途径。新闻评论课程的重点在于训练学生面对新闻事实分析、评判和预测的能力，本教材阐明马克思主义新闻观和方法论，教授思维和逻辑方法，以帮助学生养成科学、准确地观察和剖析新闻事实的基本素养。

武志勇

2023 年 2 月 2 日

目　录

基本原理篇

本篇从新闻评论的基本原理出发，对新闻评论概念进行梳理，分析新闻评论的构成要素、历史演变及存在空间；将新闻评论定义为一种通过大众传播媒介向公众传递意见性新闻信息的新闻体裁；把新闻评论的特点归纳为新闻性、论证性、公共性；指出新闻评论具有新闻价值和论证价值，能发挥一定的社会功能；简述新闻评论的发展历史；提出新闻评论撰写者应具备的政治修养、职业素养及个人素养。

第一章 新闻评论的定义

内容提要

1. 新闻评论的定义。
2. 新闻评论要素的变化。
3. 新闻评论的政治属性。

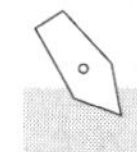

思考练习

1. 什么是新闻评论？
2. 新闻评论的概念有哪两种类型？
3. 新闻评论的传播要素有哪些？是如何演变的？
4. 新闻评论的社会存在空间是指什么？
5. 如何理解新闻评论的意识形态属性和党性原则？

第一节 新闻评论概念界说

长期以来，对于新闻评论的概念，业界和学界有众多界说。一方面随着时间变化，在不同的历史阶段新闻评论呈现出不同的时代特征；另一方面新闻活动是一种社会实践，新闻评论不断与时俱进，发生新的变化。因而新闻评论的不同界说，都具有明显的历史和实践特色。

国内学者所研究的“新闻评论”概念与西方学者所研究的“社论”(Editorial)、“观点”(Opinion)有重合之处，但也有所不同。“新闻评论”一词非舶来品，是基于中国新闻实践所形成的概念。

一、新闻评论的“属概念”

从新闻评论的“属概念”出发可以得出“文体说”“体裁说”，具体有以下几种表述：

新闻评论，是媒体编辑部或作者对最新发生的有价值的新闻事件和有普遍意义的社会现象、热门话题，运用分析和综合的方法，就事论理，就实论虚，有着鲜明针对性和思想启迪性的一种新闻文体，是现代新闻传播工具报纸、广播、电视、网络经常采用的社论、评论、评论员文章、短评、编者按、专栏评论和述评等的总称，属于论说文的范畴。①

新闻评论是针对现实生活中新近发生的、具有普遍意义的新闻事件和迫切需要解决的问题而发议论、讲道理、直接发表意见的文体。它包括社论(本台评论)、评论员文章、短评、编者按语、专栏评论、述评、杂感随笔、广播评论、电视评论等体裁，是报刊、通讯社、广播、电视等新闻媒介的评论文章(或节目)的总称。②

所谓新闻评论，是作者借用传播工具或载体，对新近发生或发现的新闻事实、问题、现象直接表达自己意愿的一种有理性、有思想、有知识的论说形式。新闻评论在报纸、广播、电视和网络上有不同的表现形式，或文字，或声音，或音像结合，或图文并茂，在新闻传播中发挥着重要作用。③

新闻评论是新闻题材中重要的一类，它表达人们对新闻事件的判断，对由新闻引发的各类社会问题的思考。④

顾名思义，新闻评论是相关新闻的评述、议论。作为信息传播的一种方式，它是针对新闻报道中的重要事实或社会现象及人们思想中的突出问题等，在新闻媒体上发表的具有一定倾向性的言论，是新闻传播媒体发布的各种言论的统称。⑤

新闻评论是当代各种新闻媒体普遍运用、面向广大受众的政论性新闻体裁。⑥

新闻评论是就当天或最近报道的新闻，或者虽未见诸报端但确有新闻意义的事实，所发表的具有政治倾向性的，以广大读者为对象的评论文章。⑦

---

① 丁法章.当代新闻评论教程[M].上海：复旦大学出版社，2012：18.

② 胡文龙，秦珪，涂光晋.新闻评论教程[M].北京：中国人民大学出版社，1998：1.

③ 赵振宇.论新闻评论的根本特性[J].新闻大学，2006(1)：86－90＋56.

④ 马少华.新闻评论教程[M].北京：高等教育出版社，2007：1.

⑤ 薛中军.新编新闻评论[M].上海：上海交通大学出版社，2008：64.

⑥ 王振业，李舒.新闻评论写作教程[M].北京：中国广播电视出版社，2009：2.

⑦ 范荣康.新闻评论学[M].北京：人民日报出版社，1988：5.

新闻评论是一种政论性新闻体裁，是针对新近发生或发现的、具有新闻评论价值和普遍意义的新闻事件、新闻人物或迫切需要解决的问题，或者是前述这些内容的新闻报道，发议论、讲道理、直接发表意见的文章。①

这一类定义重点在于新闻评论的体裁，下定义的方式是明确定义概念的从属概念，从逻辑学角度来看，就是明确新闻评论是一种新闻体裁、论说文章等。

新闻评论的从属概念有两个范畴，一是新闻评论是一种新闻体裁，二是新闻评论是一种论说文，如图1－1所示。

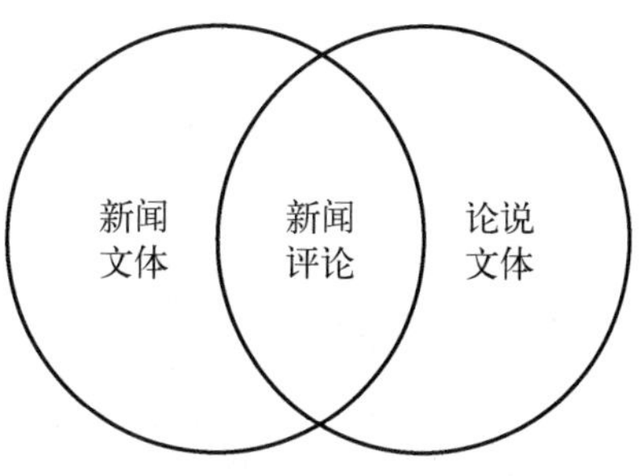

图1－1　新闻评论的从属范畴

这两种从属关系是新闻评论的基本属性，它决定了新闻评论的基本特点，即新闻性与论证性。

二、新闻评论的“内涵”

从新闻评论的“内涵”出发可以得出“信息说”“意见说”，具体有以下几种表述：

新闻为事实的客观记载，评论为基于事实而发表的意见。②

新闻评论是各种大众传播媒体普遍运用的、面向受众传播的有关新近或正在发生的事实的意见性信息。③

媒介新闻评论的定义即以媒介为载体，及时或适时针对变动的、对公众有知悉意义的事实发表的宣传性、意见性等主体化信息。④

所谓新闻评论，是针对新近发生的重要事实、典型报道、公众普遍关心的重大问题，或人们思想中的突出问题，直接阐明编辑部或作者的意见和态度，从而反映舆论和引导舆论，并影响读者、听众、观众的思想和行动。⑤

这一类定义重点在于新闻评论的内容及特点，与前一种“属概念”定义不同，下定义的方式是通过阐述概念的内涵突出新闻评论的特殊性。一般认为：“新闻在传播的过程中有两种信息，一是传播事实信息，一是传播观点信息，两者合一才是新闻的真正完整的含义。”⑥从信息论角度来看，就是将新闻评论的特点、内容进行归纳，是一种陈述性概念定义，关注的是新闻评论的内涵。

---

① 徐兆荣. 实用新闻评论写作教程[M]. 北京：北京大学出版社，2014：17.
② 林大椿. 新闻评论学[M]. 台北：台湾学生书局，1978：5.
③ 李法宝. 新闻评论：发现与表现[M]. 广州：中山大学出版社，2005：3.
④ 殷俊等. 媒介新闻评论学[M]. 成都：四川大学出版社，2005：10.
⑤ 王兴华. 新闻评论学[M]. 杭州：浙江大学出版社，2003：2.
⑥ 赵振宇. 新闻评论研究引论——功能、品格、思维、发现[M]. 北京：中国人民大学出版社，2011：4.

三、新闻评论的定义

综合两种类型的定义，可以发现其共同关注的要点包括评论主体、评论客体、评论特点、传播形式、传播内容、传播载体、传播对象这几个方面。

表 1－1　新闻评论定义的要素

要　素	具　体　内　容
评论主体	媒体编辑部、作者
评论客体	事件、现象、话题、问题等
评论特点	新闻性、论证性、公共性、针对性、启迪性、倾向性、权威性、公益性、宣传性等
传播形式	文字、声音、图像
传播内容	意见、态度、思想、道理
传播载体	报纸、广播、电视、网络等大众传媒
传播对象	受众（读者、听众、观众）

这七个方面可以分开来看，前三个方面评论主体、评论客体、评论特点是从新闻评论的“评论”出发，强调新闻评论与其他新闻体裁的区别。传播形式、传播内容、传播载体、传播对象是从新闻评论的“新闻”出发，突出新闻评论作为一种新闻体裁所具有的新闻传播特性。从中可以看出，新闻评论作为一种新闻体裁，具有明显的“种差”。“种差”指同一“属概念”下“种概念”所独有的属性，是和其他“种概念”的差别所在。

对新闻评论下定义的基础就是新闻评论的内涵与外延，即从两个方面回答新闻评论是什么。参考以往学者的新闻评论定义，在此将新闻评论这一概念进行简化概括，将其定义为：新闻评论是一种通过大众传播媒介向公众传递意见性新闻信息的新闻体裁。

第二节　新闻评论内在要素和外在因素的变化

一、新闻评论内在要素的演进

了解新闻评论的变化，需要关注其发展过程中的社会环境和媒介生态变化。新闻评论深受传播的社会环境、媒介生态的影响。从历史的纵向面来看，时间轴线上新闻评论历史演变的主要内在因素如图 1－2 所示。

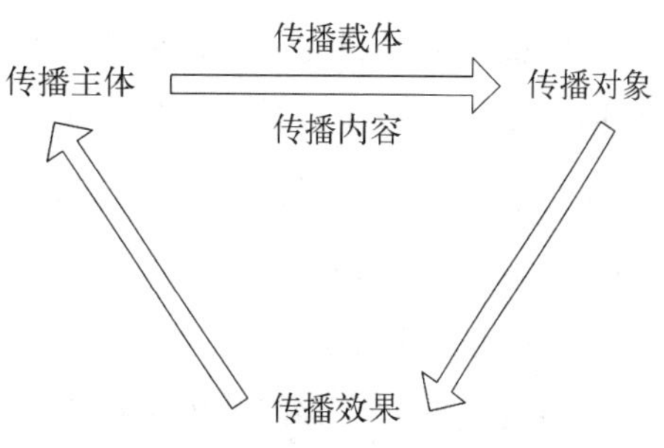

图 1－2　影响新闻评论演变的主要内在要素

这里的传播主体就是我们所说的评论作者——评论的写作者或制作者，即评论作者个人或编辑部集体。从早期外国传教士开始在中国创办近代化报刊，到资产阶级改良派、革命派的报刊，到中国共产党创办报刊，新闻评论的作者一般是职业报人或政治家。新中国成立以后，在党的领导下，所有媒体公有公营，新闻评论的主要作者是党和政府工作人员和媒体。信息时代来临后，网络环境下新闻评论的作者进一步扩大：在专业媒体之外，自媒体作者也占据了重要位置。新闻评论传播主体的变化呈现出从媒体到媒体、个人的特点。

早期的传播载体为报刊，随着技术革命的发展，出现了广播、电视、网络等多种媒体形式。每一种新媒体形式的出现，都给新闻传播业和新闻评论带来了变化。现今，短视频、移动直播、虚拟现实（VR）、增强现实（AR）、H5、人工智能、三维特效、数据可视化等新技术，开始出现在新闻评论作品中，使新闻传播呈现出由单一到融合的特点。

内容是新闻评论的核心，与传播主体相对应，主要由话语权的主导方决定。早期外国传教士多传播的是基督教教义。旧民主主义革命时期、新民主主义革命时期，传播的主要是革命思潮，主要评论内容是中国当时的政治、思想、制度等话题。新中国成立后，党领导下的媒体为党的中心工作进行舆论引导和舆论支持，包括为新中国成立初期的经济建设、政治工作服务。随着改革开放后市场经济的繁荣，社会政治、经济、文化都焕发出新的生机，全球化的不断推进和技术革命的不断发展，促使新闻评论的内容与新闻传播工作整体一样，覆盖各个方面。传播内容的变化呈现出主题从较少到丰富多样的特点。

传播对象就是新闻评论的接受群体，也就是受众。在早期新闻传播活动中，是从媒体到受众的单向过程。“魔弹论”等早期传播理论，强调传播过程中受众的接受者属性，是传播效果中的“受控”对象。后来引入的“受众中心”观点，关注受众的媒介需求。受众的使用需要、心理需要都成为新闻传播活动关注的重点。这里的受众仍是信息接受群体，不拥有媒介使用权利。在网络社会，信息权利逐步转移，受众也开始掌握媒介使用权，参与新闻评论制作活动。受众已不仅仅处于传统的被动“接受”状态，而是变为广泛参与的公众群体。传播对象的变化呈现出从被动接受到积极参与的特点。

传播效果是新闻评论发挥功能的主要指标，传播效果的评估主要通过传播对象的反馈。早期的传播效果量化很难实现，如早期的报纸传播效果基本是通过现实的舆论反应，人为直观地进行判断。如这篇报道很多人看了，反响很热烈，就是效果好，但是热烈的程度评估很难准确。随着传播学研究的深化，各种传播效果量化方法开始出现，如报纸的订阅量、广播电视收听收视率等，都成为考量新闻评论传播范围、传播效果的重要指标。网络时代的传播效果估量在科学可量化的基础上，更具突破性。借助大数据时代的计算机技术，新闻评论的传播效果评估更加科学。例如点击率、转发量、评论数这些数据，都可以直观反映出一篇新闻评论实际覆盖的受众人数以及产生的传播效果。传播效果的评估呈现出由直观估测到量化的特点。

表 1-2　新闻评论传播要素的历史演变

新闻评论传播要素	历　史　演　变
传播主体变化	从媒体到媒体、个人
传播载体变化	从单一到融合
传播内容变化	主题从较少到丰富多样
传播对象变化	从被动接受到积极参与
传播效果评估变化	从直观估测到量化

二、新闻评论的社会存在空间的变化

新闻传播活动是一种社会实践活动，社会实践活动的变化基于一定的社会存在空间。马克思在 1859 年的《〈政治经济学批判〉序言》中，从历史唯物主义的角度进行阐述："物质生活的生产方式制约着整个社会生活、政治生活和精神生活的过程。不是人们的意识决定人们的存在，相反，是人们的社会存在决定人们的意识。"[①]从整个媒介生态角度来看，媒介是社会子系统的一部分，媒介与外部环境、媒介与媒介、媒介外部机制、媒介内部机制等多个要素都是相互关联的。这里将新闻评论的存在空间划分为政治、经济、文化环境，公共讨论空间，参与机会，将其作为整个新闻评论的社会环境进行探讨。

① 马克思恩格斯选集(第二卷)[M]. 北京：人民出版社，1995：32.

表 1-3　新闻评论的存在空间要素

<table>
<tr><th colspan="2">新闻评论的存在空间</th><th>要　　素</th></tr>
<tr><td rowspan="3">政治、经济、文化环境</td><td>政治</td><td>社会权力、主要矛盾</td></tr>
<tr><td>经济</td><td>经济发展、社会变革、信息革命</td></tr>
<tr><td>文化</td><td>社会思潮、人文精神</td></tr>
<tr><td rowspan="2">公共讨论空间</td><td rowspan="2">公共领域</td><td>公共社会参与</td></tr>
<tr><td>公共舆论</td></tr>
<tr><td rowspan="2">参与机会</td><td rowspan="2">媒介参与</td><td>媒介使用</td></tr>
<tr><td>自我表达</td></tr>
</table>

(一) 政治、经济、文化环境

社会空间指的是特定社会阶段里政治、经济、文化的实际存在状态。新闻评论受社会空间影响显著。

政治权力机构决定新闻评论的意识形态，决定新闻评论的话语权。“媒介霸权”的出现往往就是某一权力机构或利益集团完全掌握了新闻话语权，导致新闻传播活动成为一种垄断性的传播行为。清末清政府对于现代化报刊刊载的新闻评论，民国时期北洋政府和国民政府对于报纸和广播刊登的新闻评论，新中国成立后党和政府对于多种媒体发表的新闻评论，都给予意识形态的指引，也给予存在和发展空间，同时也有严格的法律和行政政策规范。

社会发展中的主要矛盾对新闻评论的内容有重要的影响。中国新闻评论的历史演变表明，在不同时期由于社会主要矛盾的变化，新闻评论的关注内容、侧重点也完全不一样。旧民主主义时期、新民主主义时期，社会的主要矛盾是反对帝国主义、殖民主义，新闻评论的主要话题均集中于国家政治领域，呈现出“文人论政”情景；“文化大革命”时期认为主要矛盾是“阶级斗争”，报刊上出现的新闻评论都是此类主题。经过数十年的改革开放，社会进入重要的转型期，产生了新的社会矛盾。

随着全球政治经济局面的不断改变，经济发展和社会变革也是影响新闻评论的重要因素。马克思、恩格斯对社会经济形态与意识形态进行了阐述，在《德意志意识形态》中写道：“发展着自己的物质生产和物质交往的人们，在改变自己的这个现实的同时也改变着自己的思维和思维的产物。不是意识决定生活,而是生活决定意识。”[①]这是对于意识形态与经济基础关系的阐述。新闻传播作为一种意识形态,受到经济基础的影响,换言之,物质发展水平决定着新闻传播业的发展情况。例如中国改革开放以来,由于市场经济的竞争趋势,只争朝夕、力争上游成为新闻评论的精神底色;而新闻传播业本身也在不断丰富创新。新闻评论的形式、内容等都在不断变化,比如为了适应竞争的局面从“传播本位”转向“受众本位”。

信息革命在让我们进入信息时代的同时,重塑了我们的社会形态,带来了新的社会变革。马歇尔·麦克卢汉(Marshall McLuhan)在网络初步诞生时期就说过,任何技术都会逐渐创造出一种全新的人类环境。[②] 未来学家泰普思科(D. Tapscott)认为:“今日的网络,不仅结合了科技,更联结了人类、组织及社会。”[③]在《数字化生存》中,尼古拉斯·尼葛洛庞帝(Nicholas Negroponte)描述了网络的价值,认为信息高速公路正创造一个新的全球性社会结构,不仅仅是使用国会图书馆藏书的捷径。[④] 在社会变革的大趋势下,新闻传播业也在不断创新。技术赋能成为新闻传播业发展的驱动力,新技术产生新形式和新内容:形式上更直观、生动,如简明的微信、微博评论;内容上更生活化,如理财、健身等。

社会思潮是带有某种趋向性的思想体系,是基于社会变革的文化背景。我国最早对“社会思潮”一词进行界说的是梁启超的《论时代思潮》一文。梁启超将社会思潮描述为“思而成潮”,认为社会思潮是“环境之变迁”“心理之感召”导致的,“凡‘时代’非皆有‘思潮’,有思潮之时代,必文化昂进之时代也”[⑤]。社会思潮是具有时代性的,对新闻传播来说,特定社会阶段的社会思潮对新闻评论影响巨大。特别是早期的中国新闻评论,就是社会思潮中的重要文化产品。它推动着社会思潮的进步,讨论的是社会变革的出路、国家民族的未来、兴邦安国的策略等。

人文精神对新闻传播业的影响也极为深远。中国自古以来的各种论说文体,对我国新闻评论文体、语言特征等方面都有明显影响。从古至今,中国都有“文人论政”的传统,知识分子的新闻评论文章都具有明显的“以天下为己任”的人文精神内涵。随着现代教育的普及和知识群体的扩大,传播主体不仅是少数的知识分子,公众也都可以参与到新闻传播活动中。另一方面,在“精英文化”之外,“草根文化”“大众文化”的兴

① 马克思,恩格斯.德意志意识形态(节选本)[M].北京:人民出版社,2018:17.
② 马歇尔·麦克卢汉.理解媒介——论人的延伸[M].何道宽,译.北京:商务印书馆,2019:10.
③ 泰普思科.泰普思科预言——21世纪人类生活新模式[M].卓秀娟,陈佳伶,译.北京:时事出版社,1998:10.
④ 尼古拉斯·尼葛洛庞帝.数字化生存[M].胡泳,范海燕,译.海口:海南出版社,1997:214.
⑤ 夏晓虹.梁启超文选(下)[M].福州:福建教育出版社,2020:171.

起也导致新闻评论内容的变化。除了政治、经济等宏大主题，民生、娱乐、粉丝等众多话题都成为新闻评论的主要话题。

（二）公共讨论空间

公共领域的本质就是为人们提供自由、公共的话语交流平台，即公共话语空间。网络的普及为实现这种机会均等、平等参与、自由讨论的"理想的话语环境"提供了可能。

"公共领域"这一概念是由德国法兰克福学派代表学者尤尔根·哈贝马斯(Jürgen Habermas)在其著作《公共领域的结构转型》中提出的。所谓公共领域，哈贝马斯意指一种介于市民社会中日常生活的私人利益与国家权利领域之间的机构空间和时间，其中个体公民聚集在一起，共同讨论他们所关注的公共事务，形成某种接近公众舆论的一致意见，并组织对抗武断的、压迫性的国家与公共权力形式，从而维护总体利益和公共福祉。①

公共空间指的是公共领域内，公众进行自由、公共的社会活动与话语讨论，形成公共活动空间和公共话语空间，主要包括公共社会参与和公共舆论两方面。新闻评论作为一种新闻体裁，在公共领域内发挥着重要作用，也受到公共领域的影响，如新闻评论经常选用社会热点话题。往往正是公共话语空间内的话题，引起了传播主体的关注，从而创作出新闻评论作品。同时，新闻评论的传播也可以引发进一步的公共舆论发酵，推动公共社会活动，促进公共领域建设。

从网络社会角度来看，当下我们的社会地域区隔逐渐被打破，不再局限于传统的地理空间。未来学家约翰·奈斯比特(John Naisbitt)指出，在电子计算机时代我们是与电子有关的概念空间打交道，而不是同汽车相关的物质空间打交道。② 安东尼·吉登斯(Anthony Giddens)认为在传统社会中，人们的社会关系受"在场"控制，往往在特定地域中发生。传统意义的"在场"即人类社会生存空间被局限在一定的地理空间范围内，生活、行为和经验意义基于一定的地理范围内所产生的历史文化背景。他将当代社会超越地域关系限制的现象称为"脱域"，"指的是社会关系从彼此互动的地域关联中，从通过对不确定的时间的无线穿越而被重构的关联中脱离出来的现象"③。无空间感的空间来自网络科技对时间和空间的压缩和改变，如缩短了空间距离，加速了时间流动。跨时空的交互性实现了我们在网络虚拟空间中的互动交流，形成广泛参与的公共空间范围。新闻传播业在公共网络空间范围内传播范围更大，影响力更广，形式

---

① 尤尔根·哈贝马斯.公共领域的结构转型[M].曹卫东等，译.上海：学林出版社，1999：32-35.

② 约翰·奈斯比特.大趋势——改变我们生活的十个新方向[M].梅艳，译.北京：中国社会科学出版社，1984：52.

③ 安东尼·吉登斯.现代性的后果[M].田禾，译.南京：译林出版社，2000：18.

更加多样。

(三)参与机会

参与机会指的是现实范围内,个人在新闻传播行为中的媒介参与可能和参与媒介活动的积极性。信息时代,网络赋予人们新的权力。阿尔温·托夫勒(Alvin Toffler)指出,随着网络蔓延,权力也开始转移。[①] 在网络社会的网络空间内,不论是成为UGC(User-Generated Content,用户生成内容)模式下的内容生产者,还是在互动交流中实现言论自由,都让网络使用者变成权力的主体,开放的网络环境让使用者更具主动性。美国社会学家丹尼尔·勒纳(Daniel Lerner)认为,人们对媒介的使用与经济、政治发展程度直接相关,"媒介使用率增加后,人们在经济与政治方面的参与程度随即扩大"[②]。随着个人在媒介参与中的权力扩大,传播主体首先发生了变化,在专业媒体外,自媒体也成为传播主体的重要部分。如今,"人人都拿着麦克风","意见领袖"在各种网络平台不断出现,也就是我们所说的"大V"文化盛行。不管是微博"大V"、知乎"大V"、豆瓣"大V"、B站UP主、微信公众号、VLOG博主等,在发表新闻评论类产品时所辐射的传播人群和传播效果的广泛,都显示出现实空间中个人的媒介参与对新闻传播业的重要影响。

同时,基于自我表达的媒介心理,也是现实空间下个人参与到新闻评论的重要因素。网络虚拟空间的生活状态会成为个体表达真实自我和展现个体期望的工具,网络环境提供了虚拟身份构建的平台,产生了一种"可能的自我"[③]。在网络空间中,使用者的身份是虚拟化、边缘化的,权力被重新分配。随着新媒体的发展、融合,新闻评论中的受众参与已成为一种常态,如早期论坛、博客中的话题参与,各种新闻评论产品中的意见表达等。个人的情绪、价值取向、理想信念等社会意识、社会态度都影响着媒介心理,影响着受众的媒介行为,也反映在实际的新闻传播活动中。

第三节 新闻评论的政治属性

一、意识形态性质

新闻具有客观性,但是新闻传播活动是具有阶级性的,往往代表着阶级、政党或利

---

① 阿尔温·托夫勒.权力的转移[M].黄锦桂,译.北京:中信出版社,2018:136.
② 郭建斌,吴飞.中外传播学名著导读[M].杭州:浙江大学出版社,2005:156-159.
③ 乔纳森·塔普林.冲击波:对美国互联网巨头的文化思考[M].何万青,译.北京:机械工业出版社,2022:110.

益集团的观点和倾向。新闻评论是一种新闻体裁，新闻评论的本质属性与新闻一样，具有意识形态性质。毛泽东曾强调新闻是客观事物的能动反映，属于意识形态范畴，新闻事业是一定社会经济基础通过新闻手段的反映。他直接指出："我们党所办的报纸，我们党所进行的一切宣传工作，都应当是生动的，鲜明的，尖锐的，毫不吞吞吐吐。这是我们革命无产阶级应有的战斗风格。"①

"意识形态"最早是由19世纪初法国的哲学家、政治家德斯蒂·德·特拉西(Destutt de Tracy)提出的。他在《意识形态的要素》中首先提到"意识形态"这一概念，认为人无法完全认识事物，但是可以认识感知事物所形成的观念。② 社会意识形态是上层建筑的重要组成部分。马克思指出，意识形态是阶级社会的特有现象。

马克思曾指出："统治阶级的思想在每一个时代都是占统治地位的思想。这就是说，一个阶级是社会上占统治地位的物质力量，同时也是社会上占统治地位的精神力量。支配着物质生产资料的阶级，同时也支配着精神生产的资料。"③

我国的新闻事业是具有社会主义性质的，是社会主义事业的重要组成部分，坚持中国共产党的领导是正确政治方向的保障。2013年8月19日，习近平总书记在全国宣传思想工作会议上提出："经济建设是党的中心工作，意识形态工作是党的一项极端重要的工作。宣传思想工作就是要巩固马克思主义在意识形态领域的指导地位，巩固全党全国人民团结奋斗的共同思想基础。"新闻评论是具有鲜明意识形态特征的信息产品。在我国，政治立场的正确和社会效益的向上向善是新闻评论的根本特征。

二、党性原则

党性原则是社会主义新闻工作的根本原则。新闻事业的党性原则，指无产阶级政党和社会主义国家对新闻事业的地位、性质、任务、作用等总的看法和纲领性的意见。它是无产阶级党性在新闻事业中的体现，要求无产阶级政党领导或主办的大众传播媒体在新闻实践中贯彻和表达无产阶级的利益和意志。

我国社会主义新闻事业必须坚持党性原则，这是根本原则。2016年2月19日，习近平总书记主持召开党的新闻舆论工作座谈会，提出："党的新闻舆论工作坚持党性原则，最根本的是坚持党对新闻舆论工作的领导。党和政府主办的媒体是党和政府的宣传阵地，必须姓党。做好党的新闻舆论工作，事关旗帜和道路，事关贯彻落实党的理论

① 毛泽东选集(第四卷)[M].北京：人民出版社，1991：1322.

② 杨生平.关于意识形态概念的理解问题——兼与俞吾金等同志商榷[J].哲学研究，1997(09)：41-46.

③ 马克思，恩格斯.德意志意识形态[M].北京：人民出版社，2004：52.

和路线方针政策，事关顺利推进党和国家各项事业，事关全党全国各族人民凝聚力和向心力，事关党和国家前途命运。”党和政府的媒体必须在思想上、政治上、行动上与党中央保持一致，始终在政治立场、政治方向、政治原则、政治道路上与党看齐，全面宣传党的主张，解读党的政策，体现党的意志，维护党中央的权威。

从历届中国新闻奖获奖篇目来看，新闻评论类的获奖篇目中，文字评论特别奖获奖作品都旗帜鲜明地坚持党性原则，具有鲜明的政治立场和态度。如第26届中国新闻奖文字评论特别奖作品《凝聚当代中国的价值公约数——论培育和践行社会主义核心价值观》[①]对社会主义核心价值的内涵外延进行定义，强调社会主义核心价值的重要性，阐释了党的十八大提出的社会主义核心价值观：

> 从“引导人们树立正确的世界观、人生观、价值观”，到“物质贫乏不是社会主义，精神空虚也不是社会主义”，精神文明建设、核心价值锻造，一直是我们党执政的重要内容、社会主义建设的根本取向。
>
> 富强、民主、文明、和谐是国家层面的价值目标，自由、平等、公正、法治是社会层面的价值取向，爱国、敬业、诚信、友善是公民层面的价值要求。这个概括，实际上回答了我们要建设什么样的国家、建设什么样的社会、培育什么样的公民的重大问题。

第27届中国新闻奖文字评论特别奖作品《以信仰之光照亮奋斗之路》[②]在中国共产党成立95周年之际，对共产党的历史进行回顾，对马克思主义、共产主义信念的时代价值进行了深度阐述，阐明党的立场与观点：

> 伟大的思想，总能诉说时代深藏的心曲，总是属于人类永恒的历史。“阶级斗争”“无产者”“社会主义”这些概念，深刻地切中了当时中国的脉搏；为人类解放而奋斗的理想，更与沉沦日久渴望复兴的精神诉求相通。这个从遥远西方引来的火种，一经播撒便在中国大地形成燎原之势。以95年前的7月为起点，一代代共产党人汇入信仰的洪流，不屈不挠的奋斗、义无反顾的牺牲、改天换地的豪情，推动百年中国的浩荡前行。

---

① 任仲平. 凝聚当代中国的价值公约数——论培育和践行社会主义核心价值观[N]. 人民日报，2015-04-20(要闻1-2).

② 任仲平. 以信仰之光照亮奋斗之路[N]. 人民日报，2016-06-29(要闻1-2).

正因此，党的十八大以来，习近平总书记不断重申信仰、强调理想，视理想信念为共产党人的"钙"，以人生观、世界观、价值观为共产党人的"总开关"，把对马克思主义的信仰、对社会主义和共产主义的信念，比作共产党人的"政治灵魂""精神支柱"，告诫全党在新的时代条件下，共产党人唯有对马克思主义真正做到"虔诚而执着、至信而深厚"，才能"练就共产党人的钢筋铁骨，铸牢坚守信仰的铜墙铁壁"。

第28届中国新闻奖文字评论特别奖作品《领航，思想的力量开辟新时代》①深刻领会党的十九大精神，抓住中国特色社会主义主线，指出了习近平新时代中国特色社会主义思想的现实意义：

如月之恒，如日之升。这片近40年来进行着全世界"最有勇气的制度实验、发展实践"的土地，以"令人难以置信"的成功，写下了中国共产党人的责任担当。过去5年，这个创造"地球上最大的政治奇迹"的政党，在中国大地取得举世瞩目的历史性成就。一个多月前，中共十九大再次标定一块里程碑，当代共产党人以巨大勇气、巨大智慧和巨大力量，推动中国特色社会主义进入新时代。作为5年变革最直接的思想动力，习近平新时代中国特色社会主义思想，这一中国共产党和人民实践经验和集体智慧的结晶，被写入党章并确立为党必须长期坚持的指导思想，成为一面高高飘扬的精神旗帜。

可以看出，这三篇新闻评论作品都是围绕党的中心精神进行论述，"党""马克思""社会主义""共产主义"是评论文章中的高频词汇，是具有社会主义特征的意识形态传播内容。党的路线、纲领、方针、政策通过新闻评论得以解读和宣传，政治立场、政治态度坚定而明确，充分发挥了新闻评论的政治引领功能。

扩展阅读

[1] 杜涛. 新闻评论的定义之争与研究路径整合[J]. 新闻界，2013(22)：41-45.
[2] 曾丽红. 新闻评论定义的语义学探讨[J]. 新闻爱好者，2010(02)：118-119.

① 任仲平，何鼎鼎. 领航，思想的力量开辟新时代——学习党的十九大精神的思考(上)[N]. 人民日报，2017-12-05(要闻1-2).

第二章　新闻评论的特点

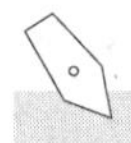

内容提要

新闻评论的主要特点：新闻性、论证性和公共性。

思考练习

1. 新闻评论有哪三个主要特点？
2. 新闻评论的特点是由什么决定的？
3. 结合案例，分析新闻评论的真实性和时效性。
4. 理解新闻评论作为论说文体所具有的思辨性和针对性。
5. 在新闻评论的公共性中，群众性和广泛性主要指什么？

第一节　新闻评论的主要特点

新闻评论是一种具有新闻性、政治性和群众性等显著特征的评论文章。[①] 对于新闻评论的特点，学界和业界观点众说并存。

新闻评论的主要特点为：鲜明的政治性、强烈的新闻性、广泛的群众性和严格的科学性。[②]

新闻评论应该有这样四个特点，即鲜明的党性、较强的时间性、明显的指导性、广

① 范荣康. 新闻评论学[M]. 北京：人民日报出版社，1988：86.
② 胡文龙，秦珪，涂光晋. 新闻评论教程[M]. 北京：中国人民大学出版社，1998：5－10.

泛的群众性。[①]

新闻评论的主要特点可以概括为四个方面：新闻性、政治性、群众性和指导性。[②]

新闻评论的特性为三点：论题的新闻性、论理的思想性和论说的公众性。[③]

新闻评论的特性突出表现在政论性、新闻性和群众性三个方面。[④]

新闻评论本身的特点主要是：(1) 强烈的新闻性；(2) 鲜明的政治性；(3) 广泛的群众性。[⑤]

新闻评论的五个根本特性：一是新闻评论依赖事实的新闻性；二是新闻评论传播的时效性；三是新闻评论论说的理论性；四是新闻评论内涵的思想性；五是新闻评论传播知识的有益性。[⑥]

新闻评论最为显著的特征，主要表现在时事新闻性和论证说理性两个方面。[⑦]

新闻评论的内涵概括为：强烈的时效性、评论对象特定性和直接针对性三者的统一。[⑧]

总的来说，关于新闻评论的特点，目前并没有一个统一的说法，高频词汇主要集中在新闻性、政治性、群众性等几个特性上（如图 2－1 所示）。

图 2－1　关于新闻评论特点的说法

根据新闻评论的基本属性和本质属性，这里将新闻评论的特点概括为三点：新闻性、论证性、公共性（如图 2－2 所示）。

新闻评论从属于新闻和论说，这两种从属关系是新闻评论的基本属性，决定了新闻评论的新闻性和论证性。新闻评论的本质属性是一种意识形态，作为社会主义新闻事业中的文化产品，具有公共性。

---

① 于宁，李德民. 怎样写新闻评论[M]. 北京：中国新闻出版社，1988：10－20.
② 邵华泽. 新闻评论探讨[M]. 北京：人民日报出版社，1993：4.
③ 丁法章. 当代新闻评论教程[M]. 上海：复旦大学出版社，2012：31.
④ 胡文龙. 现代新闻评论学[M]. 成都：四川人民出版社，1997：9.
⑤ 王兴华. 新闻评论学[M]. 杭州：浙江大学出版社，2003：40－49.
⑥ 赵振宇. 现代新闻评论(第二版)[M]. 武汉：武汉大学出版社，2009：48－57.
⑦ 徐兆荣. 实用新闻评论写作教程[M]. 北京：北京大学出版社，2014：21－24.
⑧ 王振业，李舒. 新闻评论写作教程[M]. 北京：中国广播电视出版社，2009：5.

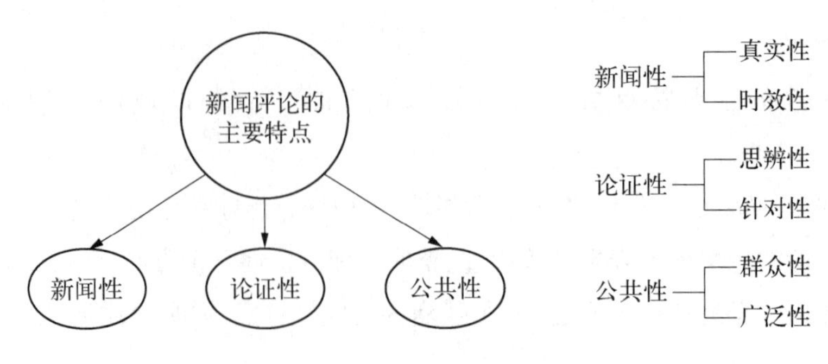

图 2-2　新闻评论的主要特点

第二节　新闻评论的新闻性

新闻评论是一种新闻体裁，具有新闻文体的基本属性和特征，也就是新闻性。这是新闻评论与其他论说文的区别。新闻评论从属于新闻体裁是新闻评论的本质属性，所以新闻评论的基本特点之一就是新闻性。新闻性主要表现为真实性和时效性。

一、真实性

无产阶级新闻理论的原则之一是真实性。马克思主义世界观认为，世界是物质的，客观的物质存在决定主观思想意识。新闻的本源就是客观事实，新闻评论应坚持新闻事实的真实性，把客观的新闻事实作为本源。2016 年 2 月 19 日，习近平总书记在党的新闻舆论工作座谈会上强调："真实性是新闻的生命。要根据事实来描述事实，既准确报道个别事实，又从宏观上把握和反映事件或事物的全貌。"《新闻学大辞典》中对真实性的定义是：新闻报道的真实性，不仅要求所写的事例、人名、地名、时间、引语准确无误，而且要求反映事物的本质和主流，反映事物发展的客观规律性。

新闻评论作为一种新闻体裁，具有真实性特征：一是指评论对象是真实存在的，评论的新闻事件、社会问题、思想理论必须是真实的；二是指评论内容中使用的论据必须是真实的，不可凭空编造。下面结合第 26 届中国新闻奖文字评论一等奖作品《中国故事，更精彩的书写还在后面》[①]这一案例来看新闻评论的真实性。

① 新华社评论员.中国故事，更精彩的书写还在后面[J/OL].(2015-09-10)[2020-01-16]http://www.xinhuanet.com/world/2015-09/10/c-1116526956.htm.

中国故事，更精彩的书写还在后面

九月的阳光，洒在中国大地上，也照进爱好和平人们的心里。

时光飞逝中，历史新的书写已经开始。回望刚刚结束的纪念抗战胜利70周年的国家盛典，历史将会记住什么？是铁流滚滚、战鹰呼啸的胜利日大阅兵，还是中国裁军30万的铿锵宣示？是抗战老兵微微颤抖的军礼，还是国歌响起时中华儿女心中涌起的波澜？无数的瞬间与场景，无数的掌声与感动，汇成了一个个精彩难忘的中国故事，写在了我们心灵深处，凝结成新的集体记忆。铭记历史、缅怀先烈、珍爱和平、开创未来，此刻的中国，无比坚定地向前行进；此刻的世界，倾听着来自东方的讲述。

这是一个民族复兴的故事。天安门广场，长安街，浓缩一部中国近现代史。在这里，曾闯入八国联军的队列，曾踏进日寇的铁蹄；在这里，也迸发出“外争国权，内惩国贼”的呐喊，发出了新中国成立的庄严宣告。落后与挨打，抗争与奋起，高耸的华表见证这一切，红墙黄瓦又承载多少兴衰成败。

历史，何尝不是饱含感情的回忆？这些天，有两幅颇具深意的图片在网上流传甚广，令不少国人观之泪下：一是周恩来总理站在天安门城楼上的历史图片，一是邓稼先、钱学森等亮相大阅兵的假想画。有网友配文：“这盛世，如你所愿。”这是怎样的一个宏愿？只有重温甲午年“四万万人齐下泪”的巨痛、柳条湖的惊天一爆、卢沟桥畔的枪声，我们才能深切感受70年前神州沸腾、喜极而泣的胜利喜悦；才能深刻理解，一个饱受磨难的民族，一个在现代化进程中奋起直追的民族，为何如此渴望独立与富强，为何如此不懈追求文明与进步。

100多年前，两位法国摄影家拍下了天安门广场的第一张彩色照片：残破的城楼下，一辆人力车冒着寒风，匆匆而过。今天，那个积贫积弱的旧中国早已远去，一个日益繁荣昌盛的新中国挺立于世界东方。漫步在游人如织的天安门广场，感怀巨变，仰望苍穹，人民英雄纪念碑上赫然刻着“由此上溯到一千八百四十年”。沿着无数先烈铺筑的复兴之路前行，那豪迈的宣言——“中国人民从此站起来了”依然让人热血沸腾，那不变的呼声——“愿相会于中华腾飞世界时”依然让人热泪盈眶。

……

观察和理解中国，民族精神始终是一个重要维度，这正是中国故事的根与魂。1941年，海明威来到中国，看到10万农民唱着号子建造机场的壮观场景不禁感叹，中国人民有勤劳勇敢、不怕艰难牺牲的精神，必将取得最后胜利。硝烟散尽，精魂永存。气壮山河的抗战精神，早已融入雄壮激昂的旋律——“我们万众一心，冒着敌人的炮火，前进！”就是在这旋律中，我们赢得了抗战胜利，我们举行了开国大典，我们开始了改革开放，我们创造了中国奇迹，我们迎来了港澳回归、北京奥运、上海世博等百年盛事，我们和世界分享着胜利日的荣光。不论时代如何变幻，以爱国主义为核心的伟大民族精神，永远是中国人心灵的灯塔，总能汇聚起磅礴的力量，照亮民族复兴的光明未来。

历史不会终结，我们仍在路上。中国故事远未结束，更精彩的书写还在后面……

这篇新闻评论发表时间是纪念抗战胜利 70 周年之际，选题抓住中国人民抗日战争暨世界反法西斯战争胜利 70 周年这一主题。整个评论基于历史事实和最新的新闻事件，阐述了中国过去的故事、现在的故事，认为中国未来的故事会更加精彩。从真实性的角度来看，评论的新闻背景是真实存在的，评论开头提到的“胜利日大阅兵”“中国裁军 30 万的铿锵宣示”“抗战老兵微微颤抖的军礼”是纪念中国人民抗日战争暨世界反法西斯战争胜利 70 周年大会上发生的新闻事实，评论中出现的场景、故事都是真实发生的历史进程。民族复兴的故事里，“甲午年‘四万万人齐下泪’的巨痛、柳条湖的惊天一爆、卢沟桥畔的枪声”是曾经发生过的真实历史；和平与正义的故事里，“相互尊重、平等相处、和平发展、共同繁荣，才是人间正道”是习近平总书记在天安门广场上发表的重要讲话；民族精神的故事里，“抗战胜利、开国大典、改革开放、港澳回归、北京奥运、上海世博”这些事件都是中国故事里真实发生过的。这些真实的细节，让整篇新闻评论更加鲜活，更具有说服力。

二、时效性

消息、通讯重视时效性，尽可能地缩短新闻事实与新闻作品发布的时间差，以最小的时间差传播客观存在的新闻事实。新闻评论同样重视时效性。

新闻评论作为一种新闻体裁，时效性的特征不仅仅反映在时间差一个方面。新闻评论的时效性是时间效率上呈现的特征，分为“时间”和“时机”两个时效概念。时间层面上的时效性指的是新闻评论对于新闻事件、新闻报道、社会热点、社会话题、社会思潮等问题反应要快，往往要在事件发生的第一时间发表评论。而时机层面上的时效性指的是新闻评论要在恰当的时机发表，发挥其传播功能。

网络新媒体缩短了新闻信息传播的时间差，对于新闻评论的时效性要求更高，但是在追求时效性的同时必须注重新闻评论的真实性：真实性是创作新闻评论的前提。时效性强的新闻评论因为第一时间发表出评论，往往传播效果更好。例如第26届中国新闻奖网络评论三等奖作品《人民网评：喜看中国互联网排云而上》[①]充分反映了网络评论的强时效性。2015年12月16日，习近平总书记在第二届世界互联网大会上发表开幕演讲后1个小时，人民网便发布了本篇评论，这是最快发布的评论作品，超11万人点击，120多家媒体转载，各门户网站在首页推荐，网络留言达1 000条。

喜看中国互联网排云而上

乌镇，一个白墙黑瓦、橹声咿哑、雨巷丁香的中国小镇。江南，一幅采莲捉蟹的水乡江南，一幕李杜清吟的诗酒江南，一片寄托乡愁的柔雅江南。在茅盾的笔下，走出乌镇的老人会被现代城市的繁华吓得惊厥而亡，这个曾与现代化格格不入、1985年才有第一条公路、1992年才有第一座现代桥梁的江南小镇，今日迎来地球上最新锐、最现代、最“云端”的空前盛会——第二届世界互联网大会，迎来120多个国家和地区的2 000多名中外嘉宾。

中国古镇与世界互联，这两个反差极其强烈的意象，让人仿佛历经一场瞬间横跨中西与古今的穿越之旅。一个小镇的互联网革命，让它几乎一夜之间完成了和现代世界的接轨。这是一个意味深长的象征，古老的中国正意气风发地搭上信息时代的过山车，扶摇而上，直冲云端。“晴空一鹤排云上，便引诗情到碧霄”，古镇不但有洋溢的诗情，更凸现东道主云中漫步的底气与豪情。

“在新一轮全球增长面前，惟改革者进，惟创新者强，惟改革创新者胜。”在小小的乌镇，中国再一次与世界对话，共同续写互联网故事，这让我们有理由期待，中国的梦想，世界的梦想，将在一个网络空间的命运共同体中徐徐展开，你中有我，我中有你，互联互通，共享共治。

记住这个名为乌镇的江南小城，见证这个激动人心的历史时刻，世界因互联网而更多彩，生活因互联网而更丰富。茅盾当年的形容依然贴切，一切旧的东西，“在新时代的暴风雨中间很快的很快的在那里风化了”……

这篇新闻评论在具有时效性的同时，结合了习近平总书记的重要讲话，认为“中国

① 李泓冰. 人民网评：喜看中国互联网排云而上[J/OL].（2015－12－16）[2020－01－15]. http://opinion.people.com.cn/n1/2015/1216/c1003-27936260.html.

互联网排云而上"是未来发展态势。文中将大会举办地点乌镇这一中国古镇与世界互联这两个意象相连接，结合中西、古今的纵向连接，表达出中国推动构建"互联互通，共享共治"全球网络共同体的担当。

新闻评论的时效性还体现在发表新闻评论的时机。2019 年下半年起的香港修例风波是一场反中乱港分子与境外反华势力相勾结的港版"颜色革命"，斗争空前激烈。受多重不利因素影响，爱国爱港力量在 11 月底举行的香港区议会选举中遇挫。对香港形势怎么看？如何办？中国内地、国外及中国香港三个舆论场高度关注。第 30 届中国新闻奖文字评论二等奖作品《新华时评：止暴制乱，香港需要穿云破雾再出发》①在错综复杂的舆论斗争中，在选举结果公布当天即刻播发评论，敢于发声，第一时间抢到发言权、定义权，及时准确发出中央权威声音。评论高站位、形象地指出，香港需要穿云破雾再出发，客观、理性、明确地回答了人们的疑问。评论针对香港形势问题，把握时效性，在关键时机发表评论，发挥了激浊扬清、指明方向、稳定人心的作用。

第三节　新闻评论的论证性

新闻评论是一种论说文体，具有议论文所具有的论说性。这是新闻评论与其他新闻体裁的主要区别，所以论证性是新闻评论的基本特点之一。

在网络新媒体逐渐凸显其影响力的情况下，新闻评论的政治性、指导性都已显现弱化态势。可以发现，新闻评论在历史演变的前几个阶段，"文人论政""政治家办报"以及党媒时期，确实内容上具有明显的政治性，但在当今，新闻评论的主要内容已经不完全是政治主题，政治传播也不是唯一目的；指导性的提法主要是从新闻评论的功能角度出发，突出新闻评论发挥的指导作用，更适用于媒介资源稀缺阶段的情况，在互联网时代，新闻评论的发表平台众多，指导性已经不再是新闻评论的主要特征。

论证性的主要表现是思辨性和针对性。

一、思辨性

思辨性指的是新闻评论中运用逻辑思辨方法，通过论证传达观点，表达倾向。论说文最大的特点就是论说。"论"就是一种逻辑思辨过程，而新闻评论的论点就是思辨

① 林甦，牛琪，李凯．止暴制乱，香港需要穿云破雾再出发[N]．新华时评，2019－01－25(海外中文专线)．

产生的结果。

新闻评论往往涉及政治、经济、思想、伦理、社会、文化等多个维度的内容，选择合适的选题就是思辨过程的起点；在论证过程中，选择什么样的论据，对论据进行合理的归纳，也是一种思辨过程；在论证过程中使用逻辑工具，进行说理分析，配合论据概括出论点，就是在思辨过程中创造新的意见和观点。整个论证过程都表现出强烈的思辨性。

第26届中国新闻奖文字评论二等奖作品《不“唯GDP”并非“去GDP”》[①]就通过明晰的思辨阐明了“唯GDP”与“去GDP”的区别与表现。

不“唯GDP”并非“去GDP”

近期，在各地召开的两会上，许多省份都下调了今年GDP增长预期，上海干脆不再提具体目标。人们在对这种坚持科学发展不唯GDP的态度给予肯定的同时，也产生了疑虑：GDP是否可以一去了之了。

其实，盲目攀比、“唯GDP”是误区，任由下滑、完全不讲GDP同样是误区。我们不提倡“唯GDP”，并不意味着可以“去GDP”。如果看不到经济发展仍然是我们的中心任务、看不到改革发展稳定之间不可偏废的有机联系，我们就会脱离中国的最大实际，甚至造成经济政策的失误。

不“唯GDP”，是我国经济发展进入新常态的必然要求。改革开放以来，我们坚持党在社会主义初级阶段的基本路线，以经济建设为中心，推动我国以世界上少有的速度快速发展起来。但在这个过程中，一些地方、一些领域出现了“唯GDP”的现象，把发展简单等同于增加生产总值，一味在增长率上进行攀比，以排名比高低，层层加码，追求过快的速度，违背了经济发展的客观规律，衍生出不少问题。近些年我们遇到的资源过度开发、环境污染严重、经济结构不合理等，都与此密切相关。对“唯GDP”说“不”，势在必行。尤其是在进入经济发展新常态的大背景下，我国的潜在增长率、资源环境的承载能力，都不容许再盲目追求高速度；解决高速发展过程中积累下的诸多深层次矛盾，也需要把增速调整到合适的“挡位”，留下余地和空间。

但必须看到，经济增长不能强行推高，也不能任其失速，我们追求的应当是有效益、有质量、可持续的经济发展。决不能忘记：我国还是一个发展中国家，我国

---

① 马志刚. 不“唯GDP”并非“去GDP”[N]. 经济日报，2015-02-11(新闻版视屏版，1转10版).

最大的国情是处于并将长期处于社会主义初级阶段，没有一定的发展速度是万万不行的。没有一定的速度，就业和收入就上不去，深化改革、调整结构的力度就会放缓，甚至会影响社会的稳定。去年，一些地方经济增长出现较大回落，有的地方甚至出现负增长。如果任由经济增速持续下滑，以致滑出合理区间，市场预期就会受影响，民生和社会支出就难以保障，全面深化改革的回旋空间就会被压缩，保持社会稳定的经济基础就会动摇。从这个角度说，稳增长不仅是经济问题，也是政治问题，对一些地方是重中之重，是当务之急。

从更广阔的视角看，改革、发展、稳定是现代化建设的三个重要支点。无论哪个方面出了问题，现代化建设的“大厦”都会不稳。只有把改革的力度、发展的速度和社会可承受的程度统一起来，才能实现经济社会持续健康发展。上海不提GDP增长具体目标，把考核重点向改革等支点倾斜，与其经济发展的阶段、经济总量的基础和发展势头较好等特殊情况有关，这并不是“去GDP”，更不能成为一些地方盲目效仿的对象。每个地方有每个地方的实际，要因地制宜、因时制宜。

对领导干部而言，在政绩考核中不再简单地以GDP论英雄，不是没有发展的压力了，而是压力更大了、要求更高了、任务更重了。既然摒弃了以往单纯比经济总量、比发展速度的模式，就要在更加优质的模式下比经济总量增长，比发展效益、发展品质、发展方式、发展后劲；不再为GDP纠结了，就需要把主要精力放到通过转方式、调结构、促改革、惠民生来加快发展上，多做打基础利长远的工作，切切实实把民生改善、社会进步、生态效益等指标和实绩作为重要考核内容，从根本上提高经济发展的质量。

这篇新闻评论基于2015年众多省份下调GDP增长预期目标的新闻事件，对人们的疑惑进行解答。文字一开始就表达“唯GDP”和“去GDP”都是误区，第三段分析为什么不可“唯GDP”以及“唯GDP”出现的问题，第四段谈对于经济增长不能“去GDP”，指出任由其失速也会导致问题。在辩证地分析了“唯GDP”和“去GDP”的问题后，文章提出经济建设应该注重质量，经济发展应该有合理的增长速度。这篇具有思辨性的新闻评论明辨是非，贯穿着一条清楚的逻辑线条，有效地回答了新闻事件引起的社会疑惑。

二、针对性

新闻评论作品都有针对的评论对象。评论不是空谈空想，是针对一定的评论对象发表的有针对性的思想观点。新闻评论作品往往源于新闻，在新闻事件、新闻现象的基础上发表评论。如新华社《新华时评》的要求就是“缘事而发”“抓住新闻事件，紧扣时代脉搏”，也就是要有针对性。

新闻评论的评论对象是一种客观存在，但新闻评论作品中的评论对象不拘泥于一定的时间、空间。现代社会时间、空间在信息时代已经“脱域”：从时间维度上看，新闻评论的评论对象可以是现今发生的，也可以是过去发生的，甚至是未来可能发生的；从空间维度上看，新闻评论的评论对象不局限某一地域内，而是随着人类社会化活动范围的扩大不断扩展。

2019年下半年，多重原因导致生猪产能连降、猪肉价格攀升，引发社会舆论对于猪肉供应和价格的恐慌，更牵动了党中央、国务院的心。习近平总书记多次作出重要指示批示，国务院多次开会研究生猪保供稳价工作。第30届中国新闻奖文字评论三等奖作品《生猪价格不断攀升——保供稳价慢不得，转型升级等不起》[①]针对这一新闻事件，全面系统地分析生猪保供稳价问题，深刻揭示了生猪产业“不想养、不敢养、不让养、缺钱养”的现实难题，还围绕生猪产业的痛点难点，提出了诸多前瞻性、建设性意见。

生猪价格不断攀升——保供稳价慢不得，转型升级等不起

今年6月份以来，不少家庭主妇发现猪肉贵了，还贵了不少。此前二十几块钱1公斤的猪肉，现在卖到了三十多块。涨价的直接原因是生猪产能的下降。据农业农村部监测数据，全国生猪存栏已连续7个月下降，7月份同比降幅更是达到32.2%，降幅之大近十年未有。产能连降，肉价攀升，家庭主妇皱了眉，更惊动了党中央、国务院。前不久，李克强总理在哈尔滨考察时专门到菜场问价，特别关注猪肉涨价情况。8月底，国务院先是开了常务会，又专门开了电视电话会，主题紧紧围绕稳定生猪生产、保障市场供应。

周期性价格波动，似乎是生猪市场常态，但这一轮涨价，原因却比较复杂。远的说，去年2月份开始，生猪价格周期性下行，养猪业不景气，养猪场户“不想养”，形成了一轮去产能周期。近的说，非洲猪瘟疫情致死率高，没有有效疫苗，很多养猪场户“不敢养”。还有一些长期性因素，比如，发展养猪业地方财政没税收，还要贴钱、要占地，要承担环保责任、防疫责任、食品安全责任，有些地方政府觉得不划算，禁养限养层层加码，“不让养”；还比如，养猪场户缺乏担保抵押物，长期存在的

① 冯克，孟德才. 生猪价格不断攀升——保供稳价慢不得，转型升级等不起[N]. 农民日报，2019-09-02(4).

融资难问题导致农民“缺钱养”。从母猪怀孕到育肥猪出栏约 10 个月，没有及时补栏的后果刚好在今年 6 月份开始显现。

尽管今年猪肉减产已成定局，但考虑到替代品禽牛羊等生产发展较快，适当进口增加，以及猪肉消费下降等因素，今年肉类供应总体是有保障的，老百姓碗里不至于缺肉。不过，我们却丝毫不能掉以轻心。俗话说，猪粮安天下。碗里有肉是小康社会的一个基本标志，是老百姓对幸福生活的直观感受。如果不能尽快遏制生猪生产下滑势头，一旦猪肉市场严重短缺，价格远超普通群众承受范围，老百姓吃不到、吃不起猪肉了，必然会影响他们的幸福感和获得感。因此，考虑到生产周期，要打赢猪肉保供稳价之战真是慢不得！当前，必须按照国务院常务会议精神和电视电话会议要求，循因施策、对症下药，拿出一系列大招、硬招、实招，千方百计扭转生猪产能下滑势头，千方百计保障市场供应。

加快恢复生猪生产，这是火烧眉毛的要紧事。治急症要用猛药，只要是对恢复生猪生产有用，该使出来的招都要使，能用的办法都要用。比如，以种猪场和规模养殖场为重点开展生产救助，稳定能繁母猪和生猪存栏；发挥龙头企业和专业合作社作用，带动农户补栏增养；优化种猪跨省调运检疫程序，打通仔猪、种猪及冷鲜、冷冻猪肉运输“绿色通道”等，用足政策工具箱，加速恢复生产。

抓好非洲猪瘟疫情防控，相比之下这是个慢工程，却来不得半点松懈。在有效疫苗研制出来之前，要做好打持久战的准备，摸清底数，真实全面掌握疫情，强化疫情传播重要关口、重点环节的监管，把已发生的疫情控制住，竭力避免发生新疫情。

还要好好治一治有些地方不愿养猪的心病。落实环保要求无可厚非，但以此为借口“甩包袱”，采取不当行政手段以“禁”代“治”就不对了。必须立即取消、坚决纠正超出法律法规范围的禁养限养规定，对确需关停、搬迁的规模化养殖场，要支持异地重建，不能“一拆了之”。

也要多措并举提振养猪场户的信心。信心贵比黄金，要尽快将生猪调出大县奖励、疫病扑杀补助、规模养殖场临时性生产补助、能繁母猪和育肥猪保险、养殖场户贷款贴息等政策落实到位，用真金白银的支持增强养殖场户的补栏底气。

尽快恢复生产的同时，市场这头也要关注到两个群体。一是困难群众，要及时把价格临时补贴发放到他们手中，避免因涨价吃不上肉；二是投机商贩，要加强市场监管和行政处罚，一旦发现捏造散布谣言、囤积居奇、串通涨价等违法行为，查处一起，曝光一起。战略上高度重视，战法上迅速得当，相信打赢这场生猪保供稳价之战指日可待。然而，偶然中蕴含着必然。造成此轮猪价上涨的偶然因素叠加在一起，暴露出我国生猪产业规模化养殖比重偏低，活猪长距离调运弊端多，基层防疫体系不健全，养殖粪污处理不到位等深层次痛点。如果说保供稳价是当务之急，那么产业转型才是治本之策；如果说保供稳价慢不得，那么产业转型更是等不起。只有加快建立起现代化的生猪养殖、流通、防疫体系，才能从根本上降低猪周期发生的频次和波动幅度，避免生猪生产和市场供应再次出现大的反弹。

推动产业转型升级，要干的事很多，"重中之重"要推动养殖体系实现"小散弱"向规模化转变，流通体系实现从"运猪"向"运肉"转变。如此，先进技术应用、疫病防控、绿色养殖、质量安全等产业转型预期才能真正实现。当然，在这个过程中，要促进生猪散养户与现代化养殖体系的有机衔接，不能搞强制退出，保护好农民利益；要加快建立销区补偿产区的长效机制，引导生猪屠宰加工业向养殖集中区域转移，调整利益格局，充分调动主产区积极性。

总之，如何让市民买得起又让农民增收入，怎样让主产区养猪有实惠又要让主销区吃肉有保障，这是摆在我国生猪产业转型升级面前的紧迫课题。答好这一课题，我国生猪产业才能焕然一新，老百姓碗里有肉也才能得到更加有力的保障。

评论首先聚焦社会关切，深入浅出地剖析造成这一轮生猪产能连降和价格波动的多重因素，解疑释惑；同时讲清楚当前肉类产品供应形势和中央保供稳价的决心，稳定消费者情绪，提振生产者信心；最后，按照党中央、国务院决策部署精神，对于加速恢复生产提出有针对性的大招、实招、硬招建议。为生猪保供稳价提供了有力的舆论支撑，更为标本兼治提出了专业性、针对性、前瞻性极强的政策建议，为各地加快恢复生猪产能、推动生猪产业转型升级提供了有益参考。

第四节　新闻评论的公共性

新闻评论以信息产品、文化产品的形式在公共空间内传播，是具有公共属性的。从新闻专业主义的角度来看，新闻评论应自觉服务公众，发挥媒介社会功能，担负社会责任。这里将新闻评论的公共性概括为群众性与广泛性。

一、群众性

“天地之大，黎元为先。”坚持以人民为中心的根本立场，是习近平新时代中国特色社会主义思想的精髓要义。习近平总书记在十三届全国人大一次会议上指出：“必须牢记我们的共和国是中华人民共和国，始终要把人民放在心中最高的位置，始终全心全意为人民服务，始终为人民利益和幸福而努力工作。”中国共产党来自人民、植根人民、服务人民，任何时候都置群众利益于第一位。新闻评论必须有群众视角，坚持群众路线，以人民为新闻报道的主体和服务对象。新闻评论公共性中的群众性特点就是指新闻评论要服务于群众，坚持马克思主义的群众观，一切从广大人民群众的需要出发，忠实地代表和维护最广大人民群众的根本利益，满足人民群众多方面的需要。

著名新闻评论家赵超构先生（笔名林放）曾在《新民晚报》1982 年复刊后推出的《未晚谈》专栏留下无数篇优秀的新闻评论作品。终其一生，他始终站在人民的立场，关注重要的社会问题。例如他在 1946 年写作的评论作品《警察局诉苦》[①]：

警察局诉苦

据警察局卫生课的负责人诉苦：警察局最近几年捉了几个吸毒的名人，但因为他们有背景有势力，卫生课不但办不了，反而遭受许多麻烦与责备。因此拘捕烟犯一事不得不暂缓执行。

我很佩服这位负责人的坦白陈述，我以为在一般官方的谈话中，这可以说是最不带官腔的了。可是，事实既如此，警察局究竟将如何？名人管不了，难道警察局的责任只在管管非名人的老百姓？国家设立的警察机关，应否向强者低头向弱者示威？一般地说，警察的任务是保护民众，但从禁毒一事来看，我以为恰恰相反，它竟成了保护名人阶层的机构了。

在这里，我们不愿责备警察局，因为警察局本身也做不得主，责备他们也是冤枉的。我所要说明者，只是一点：这社会的确是有着两种阶层的，一种是有背景有势力的“名人”，一种是无势力无背景的穷苦人。干同样的事，在后一种人算是犯罪，而在前一种人便可以例外开恩，谁说在法律上是人人平等的呢？在不平等的社会基础上，哪里会有平等公道的法律？

① 高东. 新闻评论思维与写作[M]. 北京：化学工业出版社，2010：4.

评论文章中对警察局负责人的谈话提出拷问，谈到社会的人人平等问题，为普通民众呼吁。

第26届中国新闻奖文字评论二等奖作品《要帮进城农民算好三笔账》[①]针对2015年8月国务院办公厅印发的《关于加快转变农业发展方式的意见》，从农民权益保护出发，用“三笔账”对政策执行中可能出现的问题提出警示。

要帮进城农民算好三笔账

近日，国务院办公厅印发《关于加快转变农业发展方式的意见》，明确指出，在坚持农村土地集体所有和充分尊重农民意愿的基础上，在农村改革试验区稳妥开展农户承包地有偿退出试点，引导有稳定非农就业收入、长期在城镇居住生活的农户自愿退出土地承包经营权。应该说，这一决策意义重大，影响深远，不仅有利于推进农业适度规模经营、优化农业资源配置、提高农业生产率，也对进一步减少农民、促进人的城镇化具有重要指导性。

适度规模经营是推进农业现代化的必经之路，但现阶段面临着两方面的困难，一方面是我国农地的细碎化现象，农业劳动力人均耕作土地面积不到10亩；另一方面，由于农民工市民化问题没有解决，2.69亿的农民工依然保留着农村土地。老祖宗留给我们的土地只有这么多，推进适度规模经营只能走新型城镇化之路，让农民工更多、尽快融入城市。国家也提出，到2020年要解决约1亿进城常住的农业转移人口落户城镇。因此，探索让条件成熟的进城农民有偿退出承包地，其意义也就在于此。

方向和路径很明确。要保证这一历史进程顺利推进，关键还是如何维护离农进城农民的权益问题。这就需要帮他们算好三笔账，一笔是进城账，一笔是离农账，还有一笔是后路账。

……

目前我国农村改革试验区数量已达58个，覆盖全国28个省份，具有较高的代表性，其试验结果也相应具有较高的示范性。但尽管如此，在试验区试点有偿退出时，还是应该坚持稳妥的原则，不可操之过急、操之太切。毕竟，多一些审慎，就多一些妥善；多一分忧患，就多一分周全。不妨把试点范围再扩大一些，把困难考虑得再多一些，把时机把握得再准一些，真正做到既有战略视野又能切合实际，

① 何兰生．要帮进城农民算好三笔账[N]．农民日报，2015-08-12(3)．

既有统筹谋划又能辨证施策，既有推进机制又能及时完善，这样才不失试验的宗旨，才有试点的意义和作用。

探索承包地有偿退出的改革试点，是立足国情推进农业适度规模经营的现实路径，是促进人的城镇化的重要一环。因此，帮进城农民算好三笔账，不让他们的权益受损，就不仅是公平问题，也是效率问题，更是决定性的关键问题。

这篇新闻评论关注民生问题，从农民权益保障入手，首先对政策执行可能存在的问题进行阐述，用“三种账”突出表达，提出基层在执行政策过程中应该努力保护农民的权益，立足群众立场，从群众的角度出发，考虑群众的需要，解决群众需要解决的问题。

二、广泛性

通过新闻评论的历史演变过程，可以看到新闻评论的传播主体越来越多元化，传播载体、传播形式不断丰富，传播的人群范围不断扩大。信息时代，通过网络公共平台，公众掌握媒介使用权，参与新闻产品生产、传播环节，一篇新闻评论的辐射人群可呈爆炸式增长，传播范围也更加广泛。整个新闻评论传播过程都呈现出广泛性特征。

同时新闻评论选题更加多样，反映公共领域中的广泛问题。这里的广泛性不等同于随意性，指的是新闻评论的选题不局限于某一范畴，而是涉及政治、经济、军事、文化各个领域。它注重人民的意见、愿望、要求与呼声，对人民群众关心的问题、关系人民群众切身利益的问题都要有所关注。

下面对第 29 届中国新闻奖获奖作品进行分析，将获奖作品议题整理如下：

表 2－1　第 29 届中国新闻奖获奖作品议题梳理

奖　项	类　型	篇　　名	议题
特别奖	文字评论	创造历史的伟大变革——纪念改革开放 40 周年(上)	政治
一等奖	文字评论	对“私营经济离场论”这类蛊惑人心的奇谈怪论应高度警惕——“两个毫不动摇”任何时候都不能偏废	经济
		新华社评论员：向着更加壮阔的航程——致敬改革开放 40 周年	政治
	广播评论	开辟中国大豆“第二战场”	民生
	电视评论	何日“凤还巢”？	经济
	网络评论	在抓落实中重“绩”留“心”	政治

续 表

奖 项	类 型	篇 名	议题
二等奖	文字评论	传达不过夜不如落实不打折	政治
		让劳动光荣成为青年坚定信念	文化
		坚持“房子是用来住的,不是用来炒的”定位	民生
		明星什么时候起“不能批评”了?	文化
	广播评论	搞一次卫生何需9份“痕迹”	政治
		“贸易恐怖主义”救不了美国	政治
		治污必须要治官	政治
	电视评论	雇人住院为哪般	民生
		重生——海鑫重整启示录	民生
	网络评论	人民网三评浮夸自大文风之一:文章不会写了吗?	文化
		辛识平:“娘炮”之风当休矣	文化
三等奖	文字评论	哪来那么多“表叔”“表哥”	政治
		留“心”比留“迹”更重要	政治
		牢固树立马克思主义历史观——论深入开展马克思主义“五观”“两论”教育	文化
		依法纠正产权错案彰显法治中国新高度	民生
		以法律利器狠刹“戏说英烈”歪风	文化
		融入生活是最好的传承	文化
	广播评论	解“锁”	民生
		英烈之名 不容污蔑	文化
		从苹果败诉,看中国知识产权保护的自信	经济
		直面“校园欺凌”:让成长远离伤害	民生
	电视评论	西安:老旧车限行 非干不可?	民生
		反恐维稳的新疆实践	政治
		小区里的民宿之争	民生

续　表

奖　项	类　型	篇　　名	议题
三等奖	网络评论	国际锐评：中兴与美国终于签协议了！来之不易，值得各方深思和珍惜	政治
		马克思诞辰200周年：他始终"在场"	文化
		热眼"螃"观|为遭不实举报干部正名之后，哪些人该警醒	政治

可以看出，总计33篇新闻评论作品中，涉及文字、广播、电视、网络四种传播媒介，涉及的主要议题分布情况为：

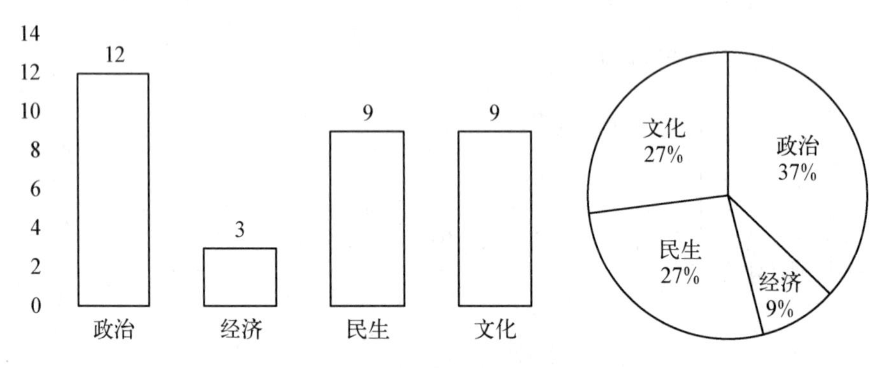

图2-3　第29届中国新闻奖获奖作品议题分布

政治、经济、民生、文化领域议题广泛：政治议题包含政策方针、基层工作、官员监督等若干方面，国际政治问题也有涉及；经济议题既谈到地方经济问题，也有国际贸易经济话题；农业、住房、医疗、教育等民生类议题也是新闻评论中经常提到的内容；文化类议题关注思想道德、民族文化等方面。可以看出，新闻评论选题多样，公共话题、公共问题都是新闻评论的重要内容，具有鲜明的广泛性。

第五节　新闻评论与新闻报道的区别

新闻报道和新闻评论是新闻传播两种最基本的形式。新闻报道传播事实信息，新闻评论传播意见信息。新闻报道是新闻传播的主体和基础，新闻评论是新闻传播的旗帜和灵魂，两者相互配合，不可或缺。① 新闻报道与新闻评论是两种新闻体裁，这里从

① 胡文龙，秦珪，涂光晋．新闻评论教程[M]．北京：中国人民大学出版社，1998：2.

定义、要素、内容、特点、表述特征等几个方面对两者进行对比：

表 2-2　新闻报道与新闻评论对比

比较项目	新　闻　报　道	新　闻　评　论
基本属性	记叙文、说明文	论说文
定义	对新近发生或者正在发生的事实的报道	是一种通过大众传播媒介向公众传递意见性新闻信息的新闻体裁
构成要素	六要素：时间、地点、人物、事件、原因、结果	三要素：论点、论据、论证
传播内容	以新闻事实为主	以意见观点为主
传播形式	文字、声音、图像	
传播载体	报纸、广播、电视、网络	
传播范围	公共领域	
主要特点	真实性、时效性、准确性	新闻性、论证性、公共性
表述特征	记叙为主：叙述、描写	论证为主：评说、议论

新闻报道与新闻评论都属于新闻体裁，传播形式、传播载体、传播范围都基本一致，但是由于两种体裁的不同，在构成要素上有所区别，传播内容、主要特点、表述特征都不相同。在新闻传播实践过程中，两者往往是相互配合出现的。例如针对某一新闻事件，新闻报道呈现真实可观的新闻事实，新闻评论在新闻事实的基础上进行论证评价，相互融合传播客观信息与主观观点，优化传播效果。下面以 2015 年 10 月 5 日中国药学家屠呦呦获 2015 年诺贝尔奖新闻为例，对比《人民日报》发表的新闻报道与新闻评论。

屠呦呦获 2015 年诺贝尔生理学或医学奖①

本报斯德哥尔摩 10 月 5 日电　（记者刘仲华、商璐）瑞典卡罗琳医学院 5 日宣布，将 2015 年诺贝尔生理学或医学奖授予中国药学家屠呦呦以及爱尔兰科学家威廉·坎贝尔和日本科学家大村智，表彰他们在寄生虫疾病治疗研究方面取得的成就。

屠呦呦的获奖理由是“有关疟疾新疗法的发现”。这是中国科学家因为在中

① 刘仲华，商璐. 屠呦呦获 2015 年诺贝尔生理学或医学奖[N]. 人民日报，2015-10-06(01).

国本土进行的科学研究而首次获诺贝尔科学奖，是中国医学界迄今为止获得的最高奖项，也是中医药成果获得的最高奖项。今年诺贝尔生理学或医学奖奖金共800万瑞典克朗(约合92万美元)，屠呦呦将获得奖金的一半，另外两名科学家将共享奖金的另一半。

屠呦呦是诺贝尔医学奖的第十二位女性得主。上世纪六七十年代，在极为艰苦的科研条件下，屠呦呦团队与中国其他机构合作，经过艰苦卓绝的努力并从《肘后备急方》等中医药古典文献中获取灵感，先驱性地发现了青蒿素，开创了疟疾治疗新方法，全球数亿人因这种"中国神药"而受益。目前，以青蒿素为基础的复方药物已经成为疟疾的标准治疗药物，世界卫生组织将青蒿素和相关药剂列入其基本药品目录。

诺贝尔生理学或医学奖评委让·安德森在接受本报记者采访时说，得益于3位科学家的贡献，千百万人得到了对症治疗的药物，这一事件具有里程碑意义。他说："屠呦呦是第一个证实青蒿素可以在动物体和人体内有效抵抗疟疾的科学家。她的研发对人类的生命健康贡献突出，为科研人员打开了一扇崭新的窗户。屠呦呦既有中医学知识，也了解药理学和化学，她将东西方医学相结合，达到了一加一大于二的效果，屠呦呦的发明是这种结合的完美体现。"

诺贝尔奖评选委员会说，由寄生虫引发的疾病困扰了人类几千年，构成重大的全球性健康问题。屠呦呦发现的青蒿素应用在治疗中，使疟疾患者的死亡率显著降低；坎贝尔和大村智发明了阿维菌素，从根本上降低了河盲症和淋巴丝虫病的发病率。今年的获奖者们均研究出了治疗"一些最具伤害性的寄生虫病的革命性疗法"，这两项获奖成果为每年数百万感染相关疾病的人们提供了"强有力的治疗新方式"，在改善人类健康和减少患者病痛方面的成果无法估量。

这篇新闻报道是当天《人民日报》的头版头条。新闻报道的第一段就对新闻的六要素，即时间、地点、人物、事件、原因、结果进行了叙述，报道中介绍了屠呦呦获奖的原因以及屠呦呦的研究经历，报道后两段则采用了对诺贝尔奖评选委员会的采访内容。整体新闻报道以记录、描写为主，传播新闻事实。

以自信，以自省[①]

北京时间10月5日，中国女科学家屠呦呦和其他两位外国科学家分享了

① 余建斌：人民日报评屠呦呦获诺奖：以自信，以自省[J/OL]．(2015-10-06)[2020-02-08]．http://opinion.people.com.cn/n/2015/1006/c1003-27665785.html.

2015年诺贝尔奖生理学或医学奖。由于在发现青蒿素和治疗疟疾的新型疗法上的贡献，这位85岁的女性获得了这项世界公认的卓越学术荣誉。她所从事的科学工作，显著降低了疟疾患者的死亡率，为促进人类健康和减少病患痛苦作出了无法估量的贡献。这正是科学研究的终极目的之一。

“呦呦鹿鸣，食野之苹”，在寻找青蒿素的艰难跋涉中所付出的智慧和汗水，诺奖的肯定，是对屠呦呦最好的回音。对这位药学家而言，40多年前的研究发现直到今天才获得诺奖，或许是姗姗来迟。而对一项科学发现来说，40多年来人们所目睹的其对于人类巨大的贡献，恰恰更证明了这项科学成果的牢固，因而对屠呦呦本人和她的科研伙伴们来说，并不嫌迟。更何况，实验室里千回百转后柳暗花明的那一刻惊喜和满足，应该会比不曾奢求的荣誉更永恒一些。

在2011年拿到号称“诺奖风向标”的拉斯克奖时，屠呦呦和屠呦呦现象就已引人瞩目。作为中国大陆第一位自然科学领域的诺贝尔奖获得者，屠呦呦真正了结多年以来国人的“诺奖情结”之时，人们仍然感觉幸福来得有点突然，来不及品味。有人开玩笑说，以后万能心灵鸡汤句式“中国人为什么拿不了诺贝尔科学奖”将不复存在。除此之外，这个“幸福”的确还有更多值得咀嚼的地方。

屠呦呦1951年考入北京大学医学院(现为北京大学医学部)，选择药物学系生药学专业为第一志愿，是中国本土科研体系所培养的获诺贝尔科学奖第一人，她的获奖可以增强我们这个时代科学家们的自信心。在40多年前相对简陋的科研条件下，和外面的世界交流不多、可供查找的文献很少的科研人员就能够作出如此重要的原创突破，40多年来，人才的积累厚度、科研条件的优越程度、全球交流合作的深度广度，以及对创新的热爱程度，都在不断水涨船高。正如李克强总理在贺电中所言，屠呦呦获奖，正是“中国科技繁荣进步的体现”。中国科学界水平在许多领域已经赶超甚至领先国际先进水平，有足够的理由相信会出现第二个、第三个“屠呦呦”。

同时，屠呦呦在青蒿素工作上的成就，获得“诺贝尔科学奖”青睐，也会帮助人们意识到，无论是诺贝尔奖，还是SCI论文，或是《科学》《自然》等看着高大上的国际刊物，也都只是评价手段而已，最重要的是做好自己，有足够信心坚持自己的方向，没必要妄自菲薄。有些人还在坚持“诺贝尔科学奖这次有没有照顾中国人”的疑问，这种缺乏信心的表现已经不合时宜——科学大奖并不会照顾任何人，只要有了足够的资格，自然就会被关注到。

另一方面，屠呦呦代表中国大陆科学家的诺贝尔奖首破纪录，也是对那些希望毕其功于一役的速成论者的提醒。科学有自己的科学规律，最忌的就是急功近利。它无法严格地用投入去预测产出，不是简单地资源叠加就能创造出新事物，也很难按部就班达到预定的目标。有人为屠呦呦抱不平，这位诺奖得主居然是一位"三无"科学家：无博士学历，无院士头衔，无留洋经历。但这很可能只是个例——第二个诺贝尔科学奖获得者，可能不会"三无"，但也很难说一定就是院士。我们没有必要因此给一位科学家本人贴上或许她并不情愿的标签，也并不合适通过这样一个标签来透视整个学术界。

但"三无"之于屠呦呦因为诺奖而再次放大后，倒是提醒我们，真正重要的是让科学回归科学，让热爱科学的人更容易碰触到科学的进口。科学的通途可能有很多走法，无论有什么样的头衔和身份，无论是在哪里，只要是做科学的人，就是一位科学家，无关其他。有人描述得很形象，真正钟情于科学的人并不想着拿奖，也许一辈子都不会有惊艳的成果，他们只是用毕生精力，在科学的某个关口书写了四个大字："此路不通！"

对这些科学家来说，更灵活、更多元的评价机制和激励机制更加至关重要。日本的诺贝尔科学奖的很多获奖者，都属于来自民间机构和企业的科学家。在美国，像微软这样的大公司，都集聚了一批有才华的科学家从事基础研究。实际上，对于科学和技术的创新体制机制认识是在不断刷新和提高的。最近刚刚出台的《深化科技体制改革实施方案》中，也可以看到这种政策和导向落实落地的迹象，"研究制定科研机构创新绩效评价办法，……突出中长期目标导向，评价重点从研究成果数量转向研究质量、原创价值和实际贡献"，类似的举措将让有志于献身科学的人坐下来，让被浮躁之风侵染的学术界静下来。

整个世界都在感谢青蒿素和科学。中国科学家也要感谢屠呦呦先生，诺奖的这层窗户纸终于被捅破：无论是中国人没能力拿诺贝尔科学奖，还是没能拿，都已经不再是一桩心魔。

《人民日报》的新闻评论中，第一段陈述了新闻事实，其余内容都是对新闻事件的分析评价。文章提出论点"以自信，以自省"，认为获得诺奖的"幸福"值得思考，这次获奖可以增加中国科学界的信心，也应反思学术界的评级机制和鼓励机制。基于新闻事实展开讨论，用屠呦呦的经历来分析说理，将诺奖与我国现今科学技术创新体制改革相联系，观点鲜明，思考深入，逻辑清晰。

扩展阅读

[1] 赵振宇.论新闻评论的根本特性[J].新闻大学,2006(01):86-90+56.
[2] 丁法章.谈谈新闻评论的特点[J].新闻大学,1981(01):61-63.

第三章　新闻评论的传播价值与社会功能

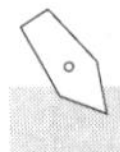

内容提要

1. 新闻评论的传播价值：新闻价值与论证价值。

2. 新闻评论的社会功能：监督批评、答疑解惑、教育宣传、民主参与、舆论引导、利益表达、情绪纾解。

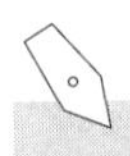

思考练习

1. 什么决定了新闻评论传播的新闻价值与论证价值？

2. 新闻评论的社会功能包括哪些内容？

3. 新闻评论在政治、经济、文化领域体现的社会功能是什么？

4. 新闻评论在公共领域范围内如何发挥民主参与、舆论引导功能？

第一节　新闻评论的传播价值

新闻评论是新闻传媒的旗帜和灵魂，是一种具备统率和引领意义的新闻体裁。著名政治评论家胡乔木说过，“培养名记者的一条重要方法是多写评论和述评”，“评论和述评是一种高层次的新闻报道”。[①]新闻评论在新闻传播业中发挥着重要功能。

根据新闻评论具有新闻性、论证性的基本特征，可以将新闻评论的传播价值概括为：

① 廖艳君.新闻评论[M].北京：清华大学出版社，2010：3.

新闻价值与论证价值。这里引入心理学的效度、信度概念，解释新闻评论的传播价值。

效度即有效性，指测量工具或手段能够准确测出所需测量的事物的程度。新闻评论的新闻价值在效度上的体现为媒介的传播是否达到传播效果，程度如何，也就是信息论中信息传播的有效程度。新闻评论的新闻性要素，即真实、时效、客观、公正等，既决定了新闻评论的新闻价值，也决定了新闻评论的传播有效程度。

信度即可靠性，指采取同样方法对同一对象重复进行测量时，其所得结果相一致的程度，通常指调查研究结果的可重复程度。新闻评论的新闻价值在信度上的体现为媒介信息和现实信息是否一致。从认知论角度看，媒介信息的可信度高，就会促进受众的认知行为改变。新闻评论的论证性要素，即思辨、针对等属性，既决定了新闻评论的论证价值，也决定了新闻评论的信度。

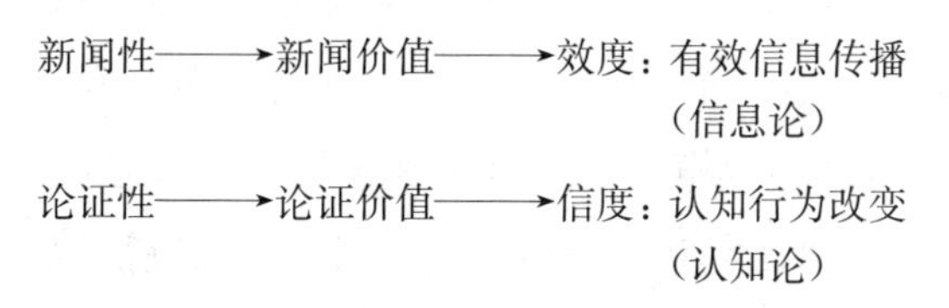

图 3-1 新闻评论的新闻价值与论证价值

一、新闻评论的新闻价值

余家宏主编的《新闻学词典》关于新闻价值的解释是："新闻价值是选择和衡量新闻事实的客观标准，即事实本身所具有的足以构成新闻的种种特殊素质的总和。素质的级数越高，价值就越大。"新闻评论的新闻价值主要是信息传播的有效程度。这里的信息包括新闻的客观存在事实，但最主要的是新闻评论中的主观意见观点。

第 26 届中国新闻奖电视评论三等奖作品《我们需要什么样的中国制造》[①]基于 2015 年中国经济改革发展背景，开篇以"中日马桶盖的较量"为切入口，提出目前民族品牌信心及信任度的缺失问题，采访了多位企业家、经济学家，结合国家出台的"供给侧结构性改革"战略，得出问题的关键在消费者，最后以"泉州制造"为案例，认为中国制造的未来发展之路需要"匠心制造"。整个作品结合社会大的经济改革背景，以独特角度评论话题，提出问题、分析问题、解决问题。整个作品思辨过程严密，传递出的新闻信息有深度，评论观点新颖而有说服力。

① 杨旭东，郭曦阳，潘海阳，黄国安，潘馨颖：《我们需要什么样的中国制造》，都市生活频道泉州财经报道，2015 年 12 月 21 日 20 时 00 分 30 秒。

二、新闻评论的论证价值

论证价值是由新闻评论的特殊性决定的，是新闻评论与其他新闻体裁的不同之处。新闻评论往往通过夹叙夹议、说理议论的方式来展开论证过程，通过论据证明论点。这种展现思辨过程的作品相对于描述性的作品更容易引起阅读者的思考与探索，对受众认知行为的改变效果也更加明显。第27届中国新闻奖文字评论二等奖作品《肆无忌惮的权钱“旋转门”》①在2016年美国大选之际发表，运用例证，深入浅出地对西方民主制度的弊端进行了评论。

肆无忌惮的权钱“旋转门”(节选)

其一是挥舞“白手套”，让权钱交易更加隐晦。媒体揭露，美前副总统切尼帮助他曾经担任总裁的世界第二大石油服务公司哈里伯顿在伊拉克拿到了订单；希拉里在任国务卿期间，美国国务院为克林顿基金会捐款者提供便利。

其二是采取类似“延期兑付”形式实现权钱交易。所谓“延期兑付”，就是在职时不收钱，但一旦离职则去公司等利益集团任职谋取好处。这种现象被欧美公众称之为“权力旋转门”。

在欧洲，近年来最典型的“旋转门”有两例：一是德国前总理施罗德卸任后仅数周就担任俄罗斯天然气公司高管，而施罗德在任期间曾极力推动俄向德输气项目；二是欧盟委员会前主席巴罗佐今年7月加入美国投资银行高盛集团，令欧洲舆论大哗。

在美国，“权力旋转门”现象更是屡见不鲜。许多官员们在仕途和从商之间不断转换，企业高薪便是对其当政期间“努力”工作的回报，或者干脆将自己人安插到政府部门。

还有的政客离职后“下海”开咨询公司，提供所谓“战略性建议”。前总统克林顿的国防部长科恩离职两天后就创立了咨询公司，前国家安全事务助理塞缪尔·伯杰、前白宫办公厅主任托马斯·麦克拉蒂等也步其后尘。《纽约时报》指出，他们“巧妙地”为华盛顿政府部门与利益集团牵线搭桥，出售“打通门路的本事”。

这篇新闻评论基于国际新闻热点，抓住关键问题，揭露了西方的“金钱政治”。文章观点明确，论据充足，以欧美的真实“旋转门”案例充分证明西方政治制度的内在缺

① 吴黎明：肆无忌惮的权钱“旋转门”[J/OL].(2016-10-31)[2020-02-10]. http://www.xinhuanet.com/world/2016-10/31/c_1119818458.html.

陷与虚伪性。作品说理思辨性强，超越大选现象本身，引发公众新思考、新认识。

第二节　新闻评论的社会功能

美国学者威廉·瑞弗斯(William Rivers)在《言论写作：社论》一书中把评论的目的和写作要求归纳为：解释新闻、补充背景、预测未来和判断评价。① 新闻评论的新闻价值与论证价值在于，作为一种现实意见，可以对社会客观存在产生影响，也就是新闻评论的社会功能。对于新闻评论的功能分析，目前未有统一说法，对主要观点进行统计后，可归纳为以下几个关键词：引导舆论、监督批评、答疑解惑、深化报道、传播信息、教育引导、情绪释放、利益表达、判断表态。

这些关键词基本涵盖了新闻评论的主要功能。我们根据新闻评论的社会存在空间的社会环境和媒介生态，结合以往研究内容，将新闻评论的功能进行细化，主要概括为以下几个方面：

表 3-1　新闻评论的主要功能

新闻评论的存在空间		要　　素	功　　能
社会空间	政治	社会权力、主要矛盾	监督批评
	经济	社会变革、信息革命	答疑解惑
	文化	社会思潮、人文精神	教育宣传
公共空间	公共领域	公共社会参与	民主参与
		公共舆论	舆论引导
现实空间	媒介参与	媒介使用	利益表达
		自我表达	情绪纾解

一、监督批评

在中国早期的新闻评论中，“文人论政”占据重要地位。新闻评论的主要社会功能

① 李法宝. 新闻评论：发现与表现[M]. 广州：中山大学出版社，2005：8.

就是对权力机构进行监督批判，对社会的各种问题进行讨论，评论的主要议题就是时事政治。在新闻传播业发展进程中，政治时事议题一直是新闻评论的核心。新闻评论对权力机构发挥监督作用，对社会的各种矛盾、问题发挥分析批判作用。2016 年 2 月 19 日，习近平总书记主持召开党的新闻舆论工作座谈会并发表重要讲话："新闻媒体要直面工作中存在的问题，直面社会丑恶现象，激浊扬清、针砭时弊，同时发表批评性报道要事实准确、分析客观。"新闻媒体担负监督社会运行，维护社会公平与正义的职责，这也是新闻评论主要的社会功能。

针对政府的"传达不过夜"这一现象，第 29 届中国新闻奖文字评论二等奖作品《传达不过夜不如落实不打折》[1]通过分析其中存在的形式主义问题，一针见血地提出批评，发挥对政府工作的监督功能。

传达不过夜不如落实不打折

《中国纪检监察》杂志近日刊发文章称，有的领导干部时时把上级精神挂嘴上，表态比谁都早，会议传达不过夜、一开到半夜，但抓落实干劲韧劲不足。明明是担当精神差，慢作为、不作为，却还要装模作样、大搞花拳绣腿。

在百度上搜索关键词"传达不过夜"，有 170 多万条词条。不仅有传达中央精神不过夜、传达省市精神不过夜，还有传达某县政府精神不过夜、传达某校党委精神不过夜等等。各种"传达不过夜"，不外乎是为了表明对某个会议"高度重视"，对某项工作"高度负责"。及时传达有关精神很有必要，但如果光有风风火火的姿态，没有扎扎实实的行动，不见真真切切的效果，即便"传达会议不过夜，开会开到大半夜"，又有什么用呢？

时下，一些地方的确存在类似问题。有的领导干部对于贯彻党的路线方针政策、上级部门的工作部署安排，胸脯拍得砰砰响、调门也起得很高，但一到具体落实，就大打折扣。有的空有表态没有具体措施，有的工作进展缓慢，长期不见成效，有的只说不做，以会议落实会议、以文件落实文件、以态度落实态度，这些都是特别需要警惕的"四风"新表现。

开会传达，是保证上级精神上下贯通的重要手段，但绝非主要手段，更不是唯一手段。相反，以具体行动扎实贯彻精神、落实部署才是最根本的。中央领导同志一再强调"一分部署，九分落实"，我们都应该想一想，在时间上、精力上、力度

① 李思辉. 传达不过夜不如落实不打折[N]. 湖北日报，2018-01-17(06).

上，是不是真正做到了呢？有没有把“一分”与“九分”弄得不协调，甚至本末倒置的情况呢？仅仅满足于“传达不过夜”也并不科学。在传达精神的同时，更有必要进行深入的调查研究，结合本地的实际情况，拿出科学、可操作的办法，让落实更进一步、更细一层，而不是简单地做个传声筒。

言行一致，做多少说多少，是党员干部坚持党性原则的重要体现。“华而不实，怨之所聚也。”十八大以来查处的不收敛、不收手的党员干部尤其是一把手，如黄兴国、周本顺、万庆良、王敏等，都是言行不一、光说不练的典型；甘肃省委原书记王三运经常把牢固树立“四个意识”挂在嘴边，也热衷于表态，然而实际工作中并没有真正抓好落实，以致祁连山生态环境遭到严重破坏。把喊喊口号、表表态、开开会当作“对党忠诚”，是一种自欺欺人。担当才见忠诚、落实才见忠诚、把蓝图变成现实才见忠诚，否则半点忠诚都没有。

栗战书同志曾在《秘书工作》上刊文提到：“习近平总书记要求我们干工作要‘案无积卷、事不过夜’。总书记自己也是这么做的。”都是“不过夜”，与其注重“开会传达不过夜”的形式，不如践行干实事“事不过夜”的扎实。把自己摆进实干的队伍中，做领飞云天的头雁，带出务实重行、言行合一的队伍，确保落实中央精神不打折。

评论对工作中普遍存在的形式主义、官僚主义问题提出明确批评，认为这种“传达不过夜”的行为不是落实工作的关键，应当以具体行为贯彻精神、落实部署。评论针对政府存在的工作作风问题进行批评，促其改变，发挥了新闻评论的监督功能。

获得第29届中国新闻奖电视评论三等奖作品《西安：老旧车限行 非干不可?》[①]对西安市环保局发布的《关于老旧车辆限行的意见》提出质疑，在节目中通过说理分析指出政策的不合理性以及存在的问题，并采访了西安市民与法律专家，事实论据充分，说理层层递进，引起了社会的广泛关注。最后，西安市环保局对外宣布政策暂缓发布，西安市副市长对政策草率发布做出道歉。针对政策出台后引起的社会矛盾问题，新闻评论节目很好地发挥了监督批评的功能，维护了西安市民的利益。

二、答疑解惑

在社会变革的复杂环境中，信息革命催生的“大数据”拥有不断变化的信息流：信

① 马召平，孙增胜，侯强，张仲良：《西安：老旧车限行 非干不可?》，陕西广播电视台新闻综合频道，2018年7月27日19时17分00秒。

息起点更加多元，传统媒体、新媒体都是信息的传输起点，"泛众传播"已成为新的传播趋势。曼纽尔·卡斯特(Manuel Castells)在《网络社会的崛起》中提到新信息技术正以全球的工具性网络整合世界[①]，网络社会空间内的信息可能来自任何节点。信息时代的庞大信息量造成"无影灯"效应。"无影灯"原为医学概念，是医学手术中所采用的一种灯光技术，通过高强度发光光源，让光源从不同角度照射，从而没有光源形成的影子。"无影灯"效应则是将这一医学概念加以引申。网络社会受众的信息量巨大，所有信息都被呈现在接受者面前，导致信息失去重点和焦点，以致对有效的、真实的信息难以分辨，实际接受不到精确的内容，造成信息紊乱。在信息数据流快速传播中，很多信息更要求时效性，而在大面积的数据覆盖下，公众接受到的往往是碎片化的信息。

在此背景下，新闻评论对社会变革中出现的各种新问题进行解答，在多信息起点的海量信息中"过滤"信息，给公众提供合理的信息与观点。

2016 年，全国 31 个省份陆续出台户籍制度改革方案，取消农业户口和非农业户口的区分，统一登记为居民户口(农改居)。第 27 届中国新闻奖文字评论二等奖作品《"农改居"：农民的权益只能增不能减》[②]依据政策精神和内容，解释了"农改居"政策的政治意义和历史意义：

"农改居"：农民的权益只能增不能减

近日，北京市发布关于进一步推进户籍制度改革的实施意见，宣布将取消北京地区农业户口和非农业户口区分，统一登记为居民户口。作为特大型城市和首都，北京加入"农改居"行列，对于户籍制度改革而言，尤其具有里程碑意义。至此，全国 31 个省份均出台了以"农改居"为核心的户籍制度改革意见，全面取消了农业户口。这标志着自 1958 年实行的二元户籍制度退出历史舞台，也是推进国家治理现代化和"三农"改革发展的一件大事。

农业户口和非农业户口之分，是我国计划经济时代的产物，它在适应当时经济发展条件和社会管理水平的同时，也在城乡之间横亘起一道壁垒，造成了城乡经济社会的严重二元化，导致城乡差距的持续扩大和农民权利的巨大损害，其本身也成为经济社会发展的痼疾和瓶颈，一直广受诟病。随着经济社会的发展，加快推进户籍制度改革，不仅成为时代的呼声，也具备了实施的条件。

全面取消农业户口，实施"农改居"，其巨大的政治意义和深远的历史意义，不

① 曼纽尔·卡斯特.网络社会的崛起[M].夏铸九等，译.社会科学文献出版社，2000：26.
② 何兰生."农改居"：农民的权益只能增不能减[N].农民日报，2016-09-23(01).

仅在于，我们党的执政宗旨是全心全意为人民服务，农民作为人民中的大多数，理应享有其应有的权利；也不仅在于，历史的欠账必须清还，农民为革命、建设、改革开放作出的巨大牺牲和贡献，必须得到合理合法和有尊严的补偿；还不仅在于，在推进城乡一体化的当下，农民当然应该平等参与现代化进程，共同分享现代化成果；而且还在于，建设富强民主文明和谐的现代化国家，实现中华民族伟大复兴的中国梦，绝不能有二元社会的存在，绝不能有“二等公民”的存在。农民，将历史性地回归其本来之义，它是一种职业，而不是身份！

全面取消农业户口，实施“农改居”，是城乡一体化进程的重大决策和关键节点。因此，对待“农改居”，就应从城乡一体化的视角来看待，从城乡居民权利同等化的要求来落实。实施“农改居”，关键就是要落实好“一体”和“同等”，就如人的身体各器官，虽然处于身体的位置不同、功能不一，但都是身体的一部分，都不可或缺，都要加以呵护，不仅营养要均衡送达，还要有针对性地固本扶弱。城乡之间亦然。面对城乡之间在基本公共服务方面的不平等和差距，如何让农民真正享受到城市居民同等的福利和保障，是“农改居”题中应有之义。因此，下一步还需要出台更有针对性的政策细则，加大对农村地区公共服务的延伸覆盖，逐步弭平城乡居民福利待遇方面的差距，创造条件不断改善农村居民在教育、医疗、就业、养老、卫生、文化等方面的弱势和不足，着力消除各种或显或隐的福利差距，让好政策真正落地，让农民有一种明显的获得感，如此方符合政策设计的初心。

取消农业户口，实施“农改居”，农民的权益只能增不能减。比如，土地承包经营权、宅基地使用权和集体收益分配权等是法律赋予农民的经济、政治权利，也是农民的基本权利和核心权利，是农民生存发展的“命根子”，任何人都不能侵害，任何人都不能打任何的“小算盘”！要坚决防止以“农改居”名义打农民土地权利的主意，更不得以各种理由改变农村土地集体所有的属性，严重侵害农民的土地财产权利。要坚决防止“农改居”后搞所谓的“以土地换社保”、强行要求农民退出承包地。农民的土地承包经营权是法赋权利，本质上是一种财产权，要不要退出，是他的自由，任何人都不能剥夺，就像任何人不能因为一个市民搬到乡下生活就要求他退出城里的房产一样，任何人也无权要求一个进城农民必须退出他的承包地。当然，我们鼓励在城市有稳定就业生活的农民工有偿退出承包地，也相信只要我们保持历史耐心，会有更多的二代、三代农民工自动退出承包地。但请记住关键的两个词：有偿、耐心！任何退出都必须有偿，都要交换;任何退出都要有耐心,都要时间!令人欣慰的是,随着各地正在开展的土地确权登记颁证工作的全覆盖,农民的土地权利将会牢牢地攥在农民自己手中。

开弓没有回头箭。取消农业户口,实施"农改居",是顺应时势、呼应民心之举,但宣布取消易,扎实实施难。而这不仅与政策意愿相关,还与经济实力相连,在经济新常态下这更是一个考验。因此,在政策确定之后,"落实"很重要,"扎实"更显功夫。不能脱离本地实际地好高骛远,不能不管经济水平地贪多求快,一定要量体裁衣,有多少米做多少饭,虽然不能一夜之间实现城乡居民权利福利真正一样,是很遗憾的事,但每天都有小进展,积小胜终能成大胜。

"任何时候都不能忽视农业、忘记农民、淡漠农村",这是全党全社会高度重视"三农"的重锤响鼓。实施"农改居",为增进农民福祉创造了新的契机,但农业弱质、农民弱势、农村发展滞后的总体态势没有改变,城乡之间的差距在短时期内也很难消除。因此,"农改居"之后,对"三农"的支持力度只能增强不能减弱,农民的权益只能增加不能减少。这应该成为一种共识并始终坚持。

作品提出主要论点即"农改居"的关键在于保护好农民的权益,并通过论证"城乡一体化""权利均等化"的背景下如何开展"农改居",为公众解读了政策信息,同时提出前瞻性的政策意见,对农民权益保护问题中可能出现的"以土地换社保""强行要求农民退出承包地"等问题提出警示和完善对策。

三、教育宣传

当前,社会思想意识复杂多样、相互交织,意识形态领域多元思想文化相互交流、交融、交锋,已是一种客观存在,主流意识形态与多样化社会思潮长期并存、相互激荡趋势更加显著。此种环境,新闻评论在其中主要发挥的社会功能包括:对社会思潮进行教育引导,对人文精神进行解读宣传。新闻评论的观点传播,可以促进社会主义核心价值观的树立和社会主义文化建设。

第27届中国新闻奖文字评论三等奖作品《不能以极端个案指责社会否定时代》[①]就是针对社会思潮中出现的"盛世蝼蚁"论这一热点话题进行批判,对公众的思想意识进行教育引导。

---

① 崔文佳.不能以极端个案指责社会否定时代[N].北京日报,2016-09-14(07).

不能以极端个案指责社会否定时代

近日，一篇名为《盛世中的蝼蚁》的文章在网络上热传，作者从最近引爆舆论的"甘肃农妇杀子案"谈起，将当事人比作"盛世中的蝼蚁"，认为其在社会最底层苦苦挣扎却始终看不到出头之日，被遗弃、碾压是必然结局。无独有偶，辽宁一个运钞车司机劫持运钞车抢走600万元现金的事也被热议，有人起底称他是为还债而抢劫，言下之意是，此人本性善良，铤而走险实属现实所迫。

恻隐之心，人皆有之。即便在一些极端案件中，犯罪嫌疑人本身所遭遇的窘迫与不幸，确有值得同情的地方，但一码归一码，同情不能代替谴责。首先要强调的是，这两起案件的事实是清楚的，一个杀了人，一个抢了银行的运钞车，再多悲情渲染也无法改变他们犯罪的事实，无法帮他们开脱罪责。任何时代、任何社会里，贫穷困厄都不能成为走向犯罪、戕害他人的理由，陷于困境的人不在少数，绝大多数人也不会因此而去走极端。放大犯罪嫌疑人的悲情，以此来为他们的犯罪行为辩解，不能不说是颠倒了基本的是非。

至于所谓"盛世蝼蚁"论，更是完全不顾逻辑。仅从目前报道出来的事实已不难了解，甘肃农妇杨改兰的悲剧，并非完全缘于贫穷，而是有着更为复杂的原因，其家庭因素、个人因素恐怕不容忽视。无法想象，一位母亲会仅仅因为贫穷就对四位亲生骨肉举起斧头、灌下农药。这样的人伦惨剧，显然是极为极端的个案。将这样的极端个案扩大化，推论到全社会，归因于社会对弱势群体的漠视和社会保障的失败，无疑是荒诞的，逻辑上根本不能成立；倘若借此来否定现行各种制度，否定这个社会、这个时代整体上的巨大发展成就，那属于别有用心。像"一个人为钱犯罪，这个人有罪；一个人为面包犯罪，这个社会有罪"之类"警句"，缺乏基本的逻辑理性和法治精神，只能煽惑人心而已。

近些年，总有一些声音，喜欢将少数极端个案夸大为社会普遍现象，将事情的复杂成因简化为体制失败，用情绪淹没理性，用个案否定整体。你说"伟大复兴"，他说"与我何干"；你说"大国崛起"，他说"蝼蚁屁民"，想要制造的效果，无非是消解国家民族的宏大叙事，导致个人与国家的疏离。这种论调值得引起我们高度警惕。事实是，中国正在蒸蒸日上，十几亿中国人的生活正在发生巨大改变，这是全世界有目共睹的事实，也是中国人民的切身感受。于每一个体而言，国家的富强、民族的复兴、社会的进步，不是不重要，而是太重要。所谓国家、所谓社会，不就是所有国民、所有社会成员的总和吗？

当然，中国是有着13亿多人口的发展中国家，内部发展还十分不均衡，所以我们还必须面对扶贫攻坚的重任、转型升级的阵痛，也很难完全避免某些个案的发生。但我们需要在全社会构建这样的信念：发展中的问题，终究要靠进一步的发展来解决，也一定能够随着进一步的发展而得到解决。这已被改革开放三十多年来的事实反复证明。在这样的共识下，共建更理性平和的社会，不以任何原因作为侵害他人的借口，不以任何言论为犯罪行为开脱，不以情绪混淆是非判断，不以个案否定社会的整体进步，或许这才是我们期许中的法治社会应有的样子。

文章针对《盛世中的蝼蚁》一类意图宣传社会负面情绪的文章，鲜明地提出反驳观点，指出这类文章无逻辑事实、无法律观点，呼吁人们明辨是非，并在此基础上加以延伸，对社会舆论中以个案否定整体，甚至上升到否定中国社会制度的错误思想进行批判，深入论证了这一偏激、错误思潮出现的原因，具有明显的教育引导作用。

习近平总书记在党的十九大报告中指出："青年兴则国家兴，青年强则国家强。青年一代有理想、有本领、有担当，国家就有前途，民族就有希望。"针对社会中出现的"佛系青年"这一精神层面问题，第28届中国新闻奖文字评论一等奖作品《新时代呼唤蓬勃的青年精神》[①]揭示这种亚文化的危害，提出"新时代呼唤蓬勃的青年精神"这一中心论点，传播社会正能量，强化青年社会主义核心价值观教育。

新时代呼唤蓬勃的青年精神

2017岁末，各种"盘点"集中登场，其中"佛系青年"成为各大媒体竞相讨论的一种文化现象。

所谓"佛系青年"，并不是真的出家，而是形容一些青年人的生活态度：无欲无求，看淡一切，心若止水，怎么都行。显而易见，"佛系青年"是一个群体与一种哲学的结合，其现实土壤是当前青年人的生存处境，究其实质则是一些青年人逃避现实压力的一种精神选择。客观而言，"佛系青年"的说法微妙而传神地还原了当下一些青年人的精神面貌，而究其根本，它脱胎于网络空间方兴未艾的一种文化谱系——丧文化。

谈及丧文化，不能不提那张著名的"葛优瘫"照片：演员葛优饰演的一个角色浑身瘫软地半躺在沙发上，满脸胡茬、双目无神，不少青年人看到后都大呼一声"那就是我"。从此，"葛优瘫"成为网络空间里颓废的代名词，也成为丧文化的典

① 刘涛.新时代呼唤蓬勃的青年精神[N].中国教育报，2017-12-29(02).

型意象。丧文化某种程度上反映出当下一些青年人在现实问题面前的焦虑、失落和无奈,而“佛系青年”一定程度上是对丧文化的延续,表面上是对一种颓废状态的“诗意拯救”,但本质上还是一种“犬儒化生存”。

简单来说,面对现实问题和生存处境,“佛系青年”给出的答案就是回避,即对虚幻、痛苦、冲突统统采取回避的态度,从而寻求内心的平静。然而,作为一个社会中的人,真的就存在“无我之境”吗?如果一切都随大流,一切都无所谓,我们如何理解并诠释责任、主体性、生命意识这些不能回避的问题?

党的十九大报告指出:“青年兴则国家兴,青年强则国家强。青年一代有理想、有本领、有担当,国家就有前途,民族就有希望。”实现中华民族伟大复兴的中国梦,无疑需要一代代青年的接力奋斗。因此,新时代的青年人需要有公共担当,需要有直面社会问题的参与意识。站在这个高度上看,网络空间中存在的一些包含颓废、消极等负能量的文化形式,某种程度上类似于一种“精神胜利法”。

有人或许会说,所谓“佛系青年”不过是一些青年人的一种戏谑说法或自嘲。其实,从文化维度来看,“佛系青年”是一种典型的青年亚文化。亚文化和主流文化有很大一部分是重合的,然而在一些特别的面向上,二者存在巨大的冲突。英国伯明翰学派的研究发现,如果一种亚文化可以赋予特定群体更具有辨识度的身份属性和精神风貌,那往往会潜移默化地影响并改写一个群体的价值观念与生活方式。换言之,“佛系青年”虽诞生于网络,但其影响却可能延伸到真实的社会空间,这是我们绝不能忽视的。

因此,关注“佛系青年”,不仅仅是关注青年人的精神价值问题,同样是关注网络空间的文化选择问题:我们究竟需要什么样的青年精神,我们又需要什么样的网络文化?

2017年9月,由中共中央文献研究室编辑的《习近平关于青少年和共青团工作论述摘编》正式出版,全景式地呈现了习近平总书记青年工作思想。习近平总书记指出,“为实现中华民族伟大复兴的中国梦而奋斗是中国青年运动的时代主题”。如何实现这一宏大的社会使命,习近平总书记反复强调要发扬青年精神,“勇做走在时代前列的奋进者、开拓者、奉献者”。

作为网络空间的一种亚文化,“佛系青年”排斥人的社会状态,强调人的反社会状态。在现实问题和矛盾面前,当青年人尝试将自我悬置起来,实际上也将生命意识和主体责任一并悬置起来了,而这显然不利于他们“做走在时代前列的奋进者、开拓者、奉献者”。这就涉及网络文化建设这一命题。营造风清气正的网络空间，需要我们敢于抵制一切负能量，更需要我们铸就网络文化空间的新时代青年精神。因此，要强化青年人的社会主义核心价值观教育，以真正挽救一些青年人精神上的消沉与退缩。此外，也要加强网络文化空间的舆论生态建设和引导。

青年人群体的一些行为可能会带来重大的文化或者社会变化，面对当下网络上存在的含有负能量的文化氛围，我们有必要呼唤青年人在社会问题和生存现实面前的担当、抱负与梦想。

评论结合习近平总书记的讲话精神，从社会、文化、价值三个维度分析“佛系青年”这种亚文化产生的原因及社会影响，对青年精神中出现的问题进行警示，深入浅出地进行论证，提出中心论点——现代社会需要的是蓬勃的青年精神，青年人应该有担当、有梦想、有抱负。评论弘扬了正面的社会主义人文精神。

四、民主参与

公共领域空间内，公众的媒介参与行为实际上是一种公共社会参与行为。新闻评论的民主参与功能根植于公众逐步建立的民主意识。所谓民主意识，是指在一定的社会历史条件下，社会主体对于社会民主制度、主体民主权利、民主参与的观念和认知。[①]民主参与功能可以通过媒介“期望价值”模型来分析：

图 3-2 “期望价值”模型

这一模型由菲利普·帕姆格林(Philip Palmgreen)、雷伯恩(Rayburn)提出，公式为：$GS_i = b_i e_i$。

GS_i 代表从某一媒介对象 X(媒介、节目、内容类型)中寻求的第 i 个满足；

b_i 代表信念(主观可能性)，即相信 X 具有某种特质，或与 X 相关的行为会带来特定的结果；

e_i 代表对某一特质和结果的感性评价。[②]

新闻评论作品作为一种媒介对象 X 可以让公众获得一种媒介使用满足，这种媒介使用满足表现为信念和评价两方面，信念即了解新闻评论中所传达的新闻意见观点，

① 赵振宇. 新闻评论研究引论——功能、品格、思维、发现[M]. 北京：中国人民大学出版社，2011：57.
② 转引自丹尼斯·麦奎尔. 受众分析[M]. 李燕南，李颖，杨振荣，译. 北京：中国人民大学出版社，2006：93.

评价即认同新闻评论对于新闻事件的评判褒贬。公众对于新闻评论作品的满足感和认同过程，就是参与到社会公共新闻事件的一种表现。

在新闻评论的传播过程中，公众参与其中，对于新闻评论所传播的有效信息形成一种媒介满足，通过新闻评论的民主参与社会功能，实现个体在民主意识、平等意识上的“期望价值”。公众的媒介参与行为，实际上是一种民主监督、民主管理行为。

第26届中国新闻奖广播评论二等奖作品《民意被满意 民众不满意》①，评论线索来源于群众爆料，针对“民意调查包办民意”现象，作者采访了十几位亲历民众，了解事实真相，批评政府“民意造假”的不正之风。

互联网等新媒体平台上的用户参与度更为明显，如新闻网站论坛，公众在阅读新闻评论的同时，可以通过发帖形式进行媒介参与。如人民网“强国论坛”除了媒体评论帖，用户评论帖也占据重要篇幅；各类新闻类APP中新闻评论作品都设置评论、分享、点赞功能；直播类新闻评论中，公众可通过实时讨论参与节目；微信公众号、微博等平台新闻评论作品也均有互动交流空间。如《人民日报》《你好，明天》栏目中的一则评论，转发数达2 551，互动参与评论数达1 363条，点赞数达1.7万，见图3-3。

图3-3 人民日报微博平台《你好，明天》新闻评论互动

---

① 郑华雯，郭莹莹：《民意被满意 民众不满意》，广西人民广播电台综合广播广西新闻联播，2015年12月31日19时35秒。

五、舆论引导

舆论是公众关于现实社会以及社会中的各种现象、问题所表达的信念、态度、意见和情绪表现的总和，具有相对的一致性，其强烈程度和持续性会对社会发展及有关事态的进程产生影响。[①] 在流动的公共话语空间内，如何引导公共舆论是新闻传播业一直关心的重要问题。

目前舆论引导面临的问题包括：一方面是技术革命催生的时效性。皮埃尔・布尔迪厄曾提到，报纸之间的竞争，如同报纸和电视之间的竞争以及电视之间的竞争一样，表现为对时间的争夺——获取独家新闻，抢先报道。[②] 另一方面在于市场经济发展的媒介竞争环境中，为了吸引舆论关注，不具有新闻价值的新闻、假新闻出现在公共空间内，扰乱媒介生态环境。新闻评论的正确信息、明确观点有利于发挥议程设置功能，进行良好议程的建设，同时形成信任传播体系，在公共话语空间内构建良好的舆论环境。

第 27 届中国新闻奖文字评论二等奖作品《魏则西事件下的污名化狂欢要不得》，[③] 针对网络热点舆论话题“魏则西”事件，主动发声，在网络非理性舆论中传播正确信息和理性观点，有效地引领了社会舆论的发展方向。

魏则西事件下的污名化狂欢要不得

最近几天，一些网站、社交媒体、朋友圈等，被铺天盖地而来的魏则西事件所占据。以此事件为导火索，众多有关或者无关、有错抑或无辜的对象纷纷“躺枪”，无可奈何地被裹挟进几乎一边倒的舆论漩涡：先是涉事医院，继而莆田系，进而整个民营医院产业，时至今日矛头甚至已然指向了莆田人乃至福建人乃至整个民营经济……

好一副“洪洞县里无好人”的架势。在此情势下，虽然明知可能会招来骂声一片，但笔者还是不得不说：即使是由一个年轻生命的伤逝所引出的悲情话题，这种逮谁骂谁过度情绪化的舆论宣泄，缺乏必要的理性和冷静，于事无补。魏则西事件下的污名化狂欢要不得。

生命诚可贵，何况陨落在人生花样年华的鲜活生命。21 岁大学生魏则西之死的确令人扼腕，向他致以深切的哀悼，对他的家人表示深切的同情，再多也不为

---

① 陈力丹. 舆论学——舆论导向研究[M]. 北京：中国广播电视出版社，1999：11.
② 皮埃尔・布尔迪厄. 关于电视[M]. 许钧，译. 北京：北京大学出版社，2020：34.
③ 张杰. 魏则西事件下的污名化狂欢要不得[N]. 福建日报，2016 - 05 - 08(01).

过，这是对生命最起码的尊重。

然而，当舆论场开始过度“消费”这个已逝的生命之时，风向就开始转了，且与尊重生命毫无瓜葛：对一家医院的责任人痛骂或鞭挞也就罢了，毕竟事情发端于此，即使骂得有些激烈、偏颇，也基本都属于人之常情可以理解。

但由骂一家医院而起底医院的合作方，乃至整个莆田系、整个民营医院产业，甚至骂到和骂人者并无不同的莆田人甚至福建人，就不是一种可以理解的正常情绪宣泄了，而是一种以偏概全、一棍子打死、生拉硬扯找联系的污名化举动。在这种“奋臂一呼人尽墨”的非理性舆论狂欢背后，模糊的是事件本身，损害的只能是中国民营经济的形象和发展基础，最终毒化的是整个社会氛围，包括正在努力修复的医患关系——而这，同样关系到包括义愤填膺痛骂者自己的切身利益。

可能有人会问，你是不是在为民营医院辩护，你怎么证明民营医院不是骗子？实话实说，作为非医学专业人士，自然无法证明什么。不过，有权威部门提供了这样一组数字：截至2014年年底，我国拥有民营医院1.22万家，数量占全国医院总数的47%，每年医疗产值保守估计在数千亿元乃至上万亿元。所以我就纳闷了：如果民营医院真的都是有些人口中所谓的骗子，那恕我孤陋寡闻，还真没见过折腾出这么大动静、“骗”术如此高明的“骗子”。至于把矛头指向莆田人、福建人，面对如此低智商的伪命题我只能一笑了之：哪个省份的人没有被“黑”过？这些年，类似的事情还少见吗？

当然，话说回来，魏则西事件也以一个年轻生命为代价给我们提了个醒：民营医院行业乃至整个医院行业确实存在着害群之马。对于这样的害群之马，最好的解决办法就是交由相关部门依规依法处理（实际上，魏则西事件发生后，相关部门已经介入调查）。而对于时下正处在风口浪尖的民营医院来说，更应该抱着“有则改之，无则加勉”的态度，以魏则西事件为契机，为自己认真地号号脉，对照、检视自己可能存在的问题，找出病灶，去除沉疴顽疾。切实把患者的生命健康和切身利益放在第一位，这才是今后发展壮大的根本之道。

逝者已去，生活还将继续。不让悲剧重演，同胞间多些理解、多些关爱，将是对逝者最好的告慰。我们这个社会，经不起撕裂，经不起折腾，污名下的狂欢和舆论暴力，摧毁的正是你我不可或缺的爱的阳光与空气，是和谐与梦想。

这篇作品发表的时间正是“魏则西事件”的舆论高点，整体舆论态势呈现出一边倒的非理性批判观点，作者抓住“污名化狂欢”这一问题，论证非理性舆论对社会的危害。

作为第一家对事件发表观点的主流媒体,《福建日报》在这种非理性的舆论态势下做到了冷静思考,有效地引导了公共话语空间内的舆论走向。

六、利益表达

认识是主体有目的、有计划地主动收集目标客体的属性和规定知识,分析发现主体生存和发展面临的现实危机、矛盾和问题,探索解决矛盾和问题的方法、路径的行为。[①] 勒温用场域心理生活空间理论解释人的心理与行为的交互关系,代表公式为 B=f(PE)。其中 B(Behavior)代表行为,P(Person)代表个人,E(Environment)代表环境,而 f(function)为函数。他在研究中提出,心理场中,人 P(Person)的心理平衡状态 E(Environment)一旦被破坏,就需相应的行为手段 B(Behavior)释放张力,实现心理补偿。[②]

他认为人的一切心理活动行为,是随着环境变化而改变的,人的行为受到个体所处的心理环境以及个人的特性影响。新闻评论作为一种意见会打破个体的心理平衡,引发心理张力。为了寻求心理空间的平衡状态,个体的心理情绪发生改变,进而发生行为改变。

一方面,新闻评论的效度发挥作用。个体在接受新闻评论信息时,会引发心理的失衡,联想到与自我的关系,是否对自我产生影响,是否会涉及个人利益,从而通过媒介参与传达个体的心理情绪,进行个人利益表达。另一方面,新闻评论在这个过程中,基于受众对于主要议题、人物关系、关键信息、主要矛盾等所产生的心理反应与行动,代替公众进行利益表达。

个体通过新闻评论的利益表达在自媒体平台中较为常见。基于 UGC 生产模式,微信公众号、微博、知乎等平台都成为公众传播新闻评论的渠道。以知乎为例,在敏感新闻事件发生时,个人由于在接受新闻信息时的主观判断,基于个人利益,往往会从自我的角度进行新闻评论,这也是知乎"如何评价"话题下各种新闻事件的评价呈现多元化评价趋势的原因所在。

新闻评论的公共性表现在服务于公众,为公众发声,表达公众的利益追求。毛泽东说过,新闻评论"使群众认识自己的利益,并且团结起来,为自己的利益而奋斗"[③]。例如 1985 年中央人民广播电台针对 1985 年 6 月北京东郊火车站野蛮装卸电冰箱事

---

① 李舒.新闻评论[M].北京:中国人民大学出版社,2013:24.

② Burnes B, Cooke B. "Kurt Lewin's Feild Theory: A Review and Re-evaluation", International joural of management reneus, Vol.15, Issue 4, 2013, pp.408-425.

③ 中共中央文献研究室,新华通讯社.毛泽东新闻工作文选[M].北京:新华出版社,1983:149.

件进行评论，针对社会热点新闻事件，说出公众所想说的话，代表公众发出诘问："人民的铁路啊，什么时候人民才能放心地把货物托付给你们呢？"①

野蛮装卸何时休

北京东郊火车站野蛮装卸，损坏了三百多台电冰箱。这个事件所造成的经济损失，超过了两年前双城堡火车站摔坏洗衣机的事件。摔坏洗衣机事件被揭露出来之后，国务院领导同志多次亲自过问，铁路部门改组了双城堡火车站的领导班子，对直接责任者作了严肃处理。双城堡车站经过整顿，转变了路风，被评为"文明车站"。这个从后进转变为先进的生动过程，曾经在铁路系统和社会各界引起很大的反响，到现在人们还记忆犹新。想不到，两年之后，在我们的首都竟然又闹出个损坏电冰箱事件。从这个意义上说，损坏电冰箱事件的性质，要比摔坏洗衣机事件严重得多。人们不禁要问：野蛮装卸事件为什么会重演，而且越演越烈呢？群众历来就有着强烈意见的野蛮装卸的歪风，为什么总是煞不住呢？

当然，这两年，铁路部门为转变路风做了很多工作，取得了一定的成绩，但是，大大小小的野蛮装卸事件仍然时有发生。这说明，铁路系统的有些装卸部门，路风还没有好转，有些装卸工人缺乏应有的职业道德观念。对这部分装卸工人加强职业责任、职业道德和职业纪律的教育，仍然是需要认真解决的一个重要课题。铁路系统有一个口号，叫做"人民铁路为人民"，有些装卸部门的领导和工人的心目中，并没有把全心全意为人民服务作为自己的根本宗旨和行动准则，这是问题的要害所在。

随着人民群众生活水平的逐步提高，家用电器正在进入千家万户。现在，我国人民的平均生活水平还不高，有些人攒点钱购买高档消费品并不容易，人们担心过去有个洗衣机事件，现在又发生了电冰箱事件，将来会不会再来个彩电事件，或者别的什么事件呢？人民的铁路啊，什么时候人民才能放心地把货物托付给你们呢？人们迫切地期待着铁路部门认真查清这次事件的真相，拿出切实有效的办法来，从此真正煞住野蛮装卸的歪风。

野蛮装卸问题在给国家和集体造成经济损失的同时，也造成了不良的社会风气，评论从公众利益角度出发，揭露野蛮装卸产生的原因，提出应该把"人民铁路为人民"

① 刘梓良，王润泽. 中国百年新闻经典·评论卷[M]. 北京：人民出版社，2013：179－180.

作为铁路工作的根本宗旨和行为准则，既有对事件的说理分析，也有对问题的解决期望。评论发表后促进了政府对装卸问题的重视和改进，对维护公众利益具有良好效应，作品也荣获全国好新闻一等奖。

七、情绪纾解

在个体认知结构的基础上，个体产生的反应也不完全相同。由于刺激信息的传递，个体反应上还会形成个体选择倾向，也就是基于信息的个体心理。[①] 个体认知发生改变的过程包含三个部分——S为刺激信息，AT为个体认知结构，R为个体反应，构成S－AT－R个体认识发生机制[②]：

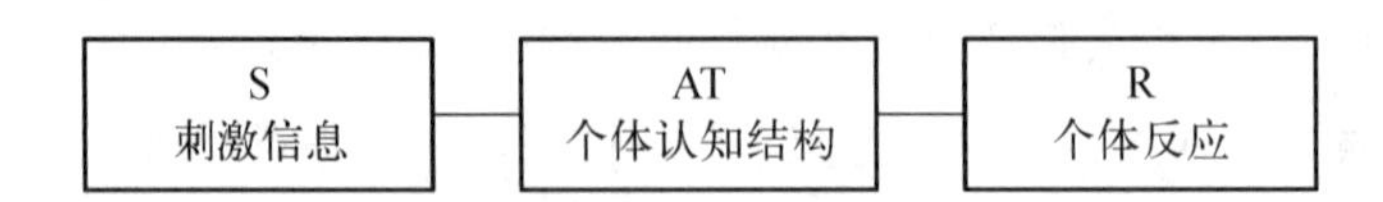

图3－4　让·皮亚杰(Jean Piaget)S－AT－R个体认知发生机制

在现实生活中，个人认知是在对信息接受的基础上产生的个人反应。新闻评论在这个过程中所传递的观点意见，对个人可以起到一定的情绪纾解作用，通过价值共振、情感共鸣等方式对个体心理进行疏导。从传播效果的角度看，这也是新闻评论发挥论证价值的效度；从接受者的角度出发，关注新闻评论传播对象的需求，促成传播对象的认知改变。

2016年，在G20杭州峰会开幕之际，杭州实施车辆、行人限行政策，增强安保力量，给杭州市民带来了一些生活上的不便，公众反映出的是以抱怨不满为主的负面情绪。第27届中国新闻奖网络评论二等奖作品《展现大国风范　不妨多一份理解和宽容》[③]呼吁公众多一份理解与宽容，有效地纾解了社会情绪。

展现大国风范 不妨多一份理解和宽容

当前世界经济正处于深度调整期，国际金融市场频繁动荡，多国经济增长乏力，再加上区域分化蕴藏新型社会危机，地缘政治冲突、难民问题、英国脱欧等都给全球经济复苏带来负效应。2016年G20峰会恰在如此纷繁复杂的形势下举办，中方将以开放、透明和包容的姿态，向世界展现大国风范。

---

① 让·皮亚杰. 发生认识论原理[M]. 王宪钿等，译. 北京：商务印书馆，1981：66.
② 施良方. 学习论[M]. 北京：人民教育出版社，2001：167－170.
③ 哲言. 展现大国风范 不妨多一份理解和宽容[J/OL]. (2016－08－21)[2020－02－15]. http://opinion.zjol.com.cn/qjcp/ttsp/201608/t20160821_1861324.shtml.

国强则民强,民智则国智。每一个中国公民都在为中国智慧贡献力量,国家与民众之间的互相理解和宽容,是构建大国心态的重要基石。

随着峰会脚步的临近,精细化的安保难免打乱一些人的正常生活节奏,他们抱怨安检队伍太长,车辆限行导致出行不便。想必政府也很为难,既要保障会议以及每一个公民的安全,又要把对他们的影响降到最低限度。峰会不仅是国家层面的战略部署,也是事关每一个人的民生课题。既然政府和民众有着相同的利益和目标,彼此多一份理解和宽容,就能实现共赢。

民意借助网络得到最大程度的释放,有欢呼点赞的,有吐槽的,有表示理解支持的,也有提出意见建议的。这恰是互联网时代的巨大进步,意味着政府的一言一行都被纳入民众的监督视野。理解吐槽,宽容诤言,体现执政者的气度。

问题在于,无论是从国际还是国内层面看,如此高规格会议完全不影响日常生活的理想化状态还难以实现。本次峰会筹备期间的演练,安排在晚上 11 点到凌晨 4 点;交通管制方案一调再调,尽量缩小管控区域;民警日夜加班,努力缩短安检时间,等等,把对百姓生活的影响降至最低点,恐怕也是有关部门所能做到的极限了。

一位网友在微博评论中留下这样的词句:“暂时克服一下困难,就能换来杭州国际地位的提升,我觉得是值得的。”这种宽容和理解,相信也是代表了无数杭州市民的心声。当我们因为几分钟的安检等待而烦躁的时候,从另一个角度想想,辛苦的安保人员每天都在重复同样繁琐的检查程序,只为了确保每个人的平安。

杭州即将与世界“触手可及”,杭州的城市竞争力、杭州人的生活品质和获得感都将同步提升,开放包容的胸怀是杭州的最大底气。峰会当前,多一份理解,少一份抱怨,多一份宽容,少一份责难,是应有的大国心态。政府需要理解民众的吐槽,吸纳民智,改善相关工作。同样地,民众也不妨拿出宽容之心,理解政府的良苦用心,支持为峰会举办采取的必要措施。

安全是一种公共产品,维护全体民众的公共利益是政府的必然职责。大型国际性会议之所以存在一定的安全风险,很大程度上因为其人群密集、舆论关注度高、管控难度大,而这也正是对一个国家安保能力的检验。近年来,多个国家都发生过恐袭事件,敲响国际安全警钟。据英国《卫报》统计,自 2015 年来,法国至少发生 14 次恐袭。今年 3 月,比利时首都布鲁塞尔遭受连环爆炸袭击。2014 年“3·1”昆明火车站发生了暴力恐怖案。这些触目惊心的案例无不在提醒我们,忽视安全就是漠视生命。

临近高端会议，安保措施必然加码。2008 年 G8 峰会在日本举办，日本首相府要求各航空公司飞往欧洲和俄罗斯的航班必须绕开北海道上空飞行，否则有可能被当作恐怖袭击的飞机击落。2015 年 APEC 会议在菲律宾马尼拉举行，有记者回忆，下榻的饭店周围的几个街区，基本上全部是封闭的。即便佩戴证件，走出饭店后，隔一段距离就会有安保人员过来盘问和查验证件。

峰会安保，最终要从国家和平发展、社会和谐稳定的大局出发，杭州即将走向国际视野，没有安全，相应的国际美誉度必定大打折扣，投资、创业方面的竞争力更无从谈起。如何在发展和便民之间寻求一个最佳的平衡点，有关部门已是再三考量。再完备的安保体系，也难以做到完全不影响正常社会生活秩序。民众的付出，都将转变成杭州发展的红利，杭州市民也一定能享受到这份红利。多一份理解和宽容，我们将会共同见证安全、开放的杭州，展现当今中国的大国风范。

评论作品在恰当的时间发表，观点明确，有理有据地阐述了峰会举办时国内外大型活动的安保政策以及恐怖行为的危害性，有效论证了杭州在峰会之际安保政策的合理性。评论提出国家与人民应相互理解宽容，杭州在走向国际视野的过程中需要大家的共同努力，对社会中的负面情绪做了有效纾解。

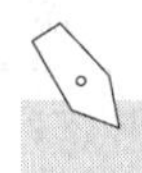

扩展阅读

[1] 曾建雄. 转型期新闻评论功能的拓展与内容形式创新[J]. 国际新闻界，2012，34(12)：6－12.

第四章　新闻评论的发展历史

内容提要

1. 新闻评论的发展历史。
2. 报刊、广播、电视、网络新闻评论的发展。

思考练习

1. 新闻评论的发展历史可以分为哪几个阶段？
2. 中国最早的新闻评论是什么时候出现的？
3. “文人论政”时期的新闻评论有什么特点？
4. 新、旧民主主义革命时期的新闻评论代表人物有哪些？
5. 新中国成立初期的新闻评论遇到了什么问题？
6. 广播、电视新闻评论是什么时候出现的？
7. 网络新闻评论分为哪四个时期？

中国是世界上最先有报纸的国家，早在距今 1 200 多年的唐朝开元年间（713—741 年），就出现了被称为“邸报”的古代报纸。这是我国最早的报纸。和现代的词义已经十分接近的“新闻”“编辑”等新闻事业的常用词汇，也都起源于唐代。受到中国古代政治、经济和文化传统的制约，古代报纸并未能演进成近代化报刊，而是随着封建制度的灭亡而消亡。17 世纪初，随着资本主义的萌芽，欧洲开始出现报纸。1609 年，《通告报》在德国沃尔芬比特尔（Wolfenbüttel）出版，是欧洲目前保存最久的印刷报纸。近代化报纸的传入，一改中国古代报纸“有抄录无采访，有记事而无评论”的面貌。戈公振先生认为："所谓报史者，乃用历史的眼光，研究关于报纸自身发达之经过，及其对于社会文化之影响之学问也。"[1]这里以时间的维度来梳理新闻评论的发展历史，对不同时期新闻评论的传播主体、传播内容、传播载体、传播效果进行一个整体描述。

表 4-1　新闻评论的发展历史

历史时段	传播主体	传播内容	传播载体	传播对象
近代报刊萌芽时期(清末)	外国传教士	基督教义	报刊	读者
多元媒体时期(清末至社会主义改造完成)	知识分子	反帝、反封建、反侵略、争民主	报刊、广播(20世纪20年代)	读者、听众
社会主义传统媒体时期(社会主义改造完成至1994年)	机构媒体	党和政府的中心工作	报刊、广播、电视(20世纪50年代)	读者、听众、观众
社会主义新媒体时期(1994年互联网引入至今)	机构媒体、自媒体	政治、经济、文化、民生	报刊、广播、电视、互联网	受众

第一节　中国近代报刊萌芽时期

一、外国传教士主办报刊时期

中国的第一份近代报刊是《察世俗每月统记传》，1815年由英国传教士马礼逊(Robert Morrison)和他的弟子米怜(William Milne)在马六甲创办。《察世俗每月统记传》主要为了"阐扬宗教、砥砺道德"，其中就有新闻评论文章，短评也已出现。如曾刊登一篇文章《负恩之表》，以寓言"农夫与蛇"为论据，提出："夫此蛇，乃负恩者之表。盖世上多有人受人之恩而不但不报，反害恩人者也。"

1833年《东西洋考每月统记传》在广州出版，其新闻评论文章与现实结合，多"论述"基督教教义。鸦片战争之后，一大批中外文报刊在中国出现，多为外国传教士创办。如1853年9月在香港创办的宗教刊物《遐迩贯珍》，强调主要任务是"以增闻见、格物致知"，刊登内容包括中外新闻、科学文化内容以及社会政治评论，评论形式夹叙夹议。例如它刊登的《上海税务补衰救弊原委》，批评清政府官员的腐朽无能，要求英、美、法三国人士参与中国海关的管理工作。值得一提的是，该刊物《近日杂报》栏目中

① 戈公振. 中国报学史[M]. 济南：山东画报出版社，2019：1-2.

刊登过一些中国读者的来论，是最早的“读者来信”，如1855年第8号、第9号刊登的《赌博为害本港自当严禁论》《戒打白鸽票略言》。《赌博为害本港自当严禁论》对香港当时放开赌禁、明设赌场的危害和弊端进行了评述，指出：“赌乃盗之源，四民好赌，则必坏品。侥幸之心生，廉耻之道丧。赢钱则花销燎饮，输钱则鼠窃狗偷。”

同类型的刊物还有1857年11月在上海创办的《六合丛谈》。该报也刊登了较多的新闻评论。宣传宗教、布道说教是此类报刊的主要内容，如《耶稣主义之大要》《天地万物之始论》《异教徒反对基督教之回答》《神理》《全知与遍在》《论世人都有难处》《贫之害说》《论西贤教子之法》一类议论文章。

这一时期，外国传教士、外国商人在上海、广州、福州、香港等地创办了一批报刊。如在上海地区创办了《上海新报》(1861年)、《中外杂志》(1862年)、《教会新报》(1868年)；1865年在广州创办的《中外新闻七日录》；1868年在福州创办的《中国读者》；1861年在香港创办的《香港新闻》。这一批刊物的主要撰稿人为外国人士，如《教会新报》的编辑慕维廉(William Muirhead)、艾约瑟(Joseph Edkins)虽然对汉语不是很精通，但是寻找“秉笔华士”撰稿发表。其中《上海新报》的新闻评论文章最为突出，短评、按语、短论均有出现。该报第三任主编美国传教士林乐知，曾在1868年针对山东烟台开矿问题发起了一次讨论，撰写过多篇短评、按语，收到大批读者来稿。1869年10月23日就当时苏州上海官府查禁娼妓活动的告示，《上海新报》除了新闻，还配发了林乐知的“短评”文章，其中提到“贩卖人口娼妓之本也”，认为官府的告示并不能解决问题，提出应“严拿贩卖人口之徒，照原定例加等治罪”，认为对贩卖人口进行打击，就可以消除对人口的拐卖行为，从根源上解决问题。

二、国人始办报刊时期

中国人主办的第一份近代化日报是1858年在香港出版的《中外新报》，最初是两日刊，后变成日刊，除了《京报全录》等新闻栏目，也刊登新闻评论类文章。如1859年3月针对当时港粤闽地区的拐卖华人问题发表《猪仔论》，在700字左右的短文中批判外商及华人“猪仔头”是“昧心丧良，卖人求利”，呼吁“劝止是举，禁止是事”，建议采用正当途径招收华工来解决问题。

十九世纪七八十年代，报刊政论文体开始流行，《昭文新报》《循环日报》《汇报》《新报》《维新日报》《广报》《述报》等报刊创办，以政论为主要内容，文章多“代圣立言”“援古证今”，开头多用“子曰”“孟曰”或古训。例如《万国公报》1889年9月刊登的论说《兴矿利说》，从中国秦汉的开矿历史说起，谈论西方的开矿情况，认为开矿有利于积累财富，对反对开矿的言论进行反驳，要求大兴开矿业。

1874 年王韬在香港创办的《循环日报》，是国人第一批自办报纸中历史最长、影响最大的报纸。王韬担任主编期间，《循环日报》刊登大量政论文，系统地宣传“强中以攘外，诹远以师长”的改良主义思想。对于自己的政论文，王韬在《弢园文录外编·自序》中写道：“文章所贵在乎纪事述情，自抒胸臆，俾人人知其命意之所在而一如我怀之所欲吐，斯即佳文。至其工拙，抑末也。鄙人作文窃秉斯旨，往往下笔不能自休。”[①]王韬的政论文主题多以内政、外交、重要时事为对象，反映了资产阶级改良派的政治主张，是早期“文人论政”的代表。《变法》《重民》《洋务》《变法自强》等政论文章，揭露社会时弊，呼吁社会变革，影响巨大。《循环日报》成为当时的言论中心。如对于“变法”问题，他在《操胜要览·仿制西洋船炮论》中说：“今日急务在平贼，平贼在于治兵，治兵必习西人之所长，使之有恃无恐，兵治、贼平而已器精用审矣。”[②]

1872 年 4 月 30 日，《申报》在上海创刊，是中国出版时间最长的中文报纸之一。初由英商安纳斯·美查(Ernest Major)、伍华德(C. Woodward)、普莱亚(B. Pryer)和麦基洛(J. Mackillop)4 人出资创办，后产权归美查一人所有。它从 1872 年 4 月 30 日(清同治十一年三月廿三日)创刊，初为双日刊，从第 5 号起改为日报。至 1949 年 5 月 27 日停刊，前后办了 77 年，共出版 25600 号。在外国人办的报刊中，由中国人主持笔政的，《申报》是第一家。第一任总主笔是清朝末期的举人蒋芷湘，随后也多选用中国人担任编辑。自第 2 号(农历壬申三月二十五日)刊登第一篇社论以后，开始使用“编者按”，《申报》也成为具备新闻、广告、副刊、评论四个要素的第一家近代报纸。《申报》的评论主题非常开阔。如 1872 年阴历五月八日刊登的《论西国七日各人休息事》，讨论西方的生活规律；1873 年阴历八月二十五日刊登的《议遍考医家以救生命论》，关注民间医生问题。

第二节　“文人论政”时期

戈公振在《中国报学史》中对中国近代报刊发展史进行了描述：

> 同(治)光(绪)间之报纸，因受八股盛行之影响，仅视社论为例文。经甲午

① 王韬. 弢园文录外编[M]. 上海：上海书店出版社，2002：1.
② 操慧，等. 新闻评论教程：原理、方法与应用[M]. 成都：四川大学出版社，2019：74.

(1894年)，庚子(1900年)诸变后，康(有为)梁(启超)辈之"新民""自强"诸说出，始为社会所重视。革命派之报纸，则以社论为主要材料，执笔者亦一时知名人士；惟其有明确之主张，与牺牲之精神，故辛亥革命乃易于成功耳。当光绪末，宣布预备立宪时，各报均延学律之士主笔政。《时报》创始后，曾于社论外别立时评一栏，分版论断，扼其机枢，与今之模棱两可，不着边际者，截然不同，故能风靡一时。民国初元，报纸之论调，虽以事杂言庞为病，然朝气甚盛，上足以监督政府，下足以指导人民。乃洪宪(袁世凯称帝时年号)以后，钳口结舌，相率标榜不谈时政，惟以迎合社会心理为事。故其或以营业为宗旨，不欲开罪于人；或以党派与金钱之关系，不敢自作主张。于是人民无所适从，军阀政客无所顾忌；造成今日之时局，报纸不能不分负其责也。①

这里将中国近代报刊从清末到北洋军阀时期报刊的新闻评论进行了一个梳理。当时的报刊社论执笔者都是"知名人士"，也就是知识分子。总的来说，是以"文人论政"为主要特征的时期。方汉奇认为，所谓"文人论政"，是"知识分子对国家兴亡的关注和他们以匡扶时世为己任，将'天下兴亡，匹夫有责'的忧患意识贯穿到言论当中，力图以言论来指引国家的走向"②。不论是资产阶级维新派、革命派，还是无产阶级政治家等，所发表的新闻评论多关注政治问题。可以划分为这几个时期：

表 4-2 "文人论政"时期的代表人物

历史时期	代表人物
旧民主主义革命时期	梁启超
	孙中山
新民主主义革命时期	陈独秀
	李大钊
	毛泽东
	张季鸾
	储安平

① 戈公振.中国报学史[M].济南：山东画报出版社，2019：379-380.
② 方汉奇.《大公报》百年史[M].北京：中国人民大学出版社，2004：2-3.

一、旧民主主义革命时期

（一）资产阶级维新派

甲午战争后，资产阶级维新派提出变法维新，以“保国、保种、保教”为号召，以“变法”“改制”为旗帜，期望通过自上而下的社会改良，改革封建专制政体，建立君主立宪体制，发展资本主义。这一时期，他们“以报馆为倡始”，大力呼吁变法维新。例如上海《时务报》的《时务报馆文编》、澳门《知新报》的《时论辑译》、天津《国闻报》的《本馆论说》、湖南《湘报》的《南学会问答》等，都是著名的评论专栏。

资产阶级维新派代表人物梁启超这一阶段在《时务报》《清议报》发表了大量政论文章，风格独特、影响广泛的“时务文体”于此时形成。“时务文体”继承王韬开创的“报章文体”通俗易懂的特点，语言半文半白，夹杂口语与外来语，平易畅达，且笔端常带感情。而后，梁启超在主编《新民丛报》时，将这一文体运用得更加成熟。这种文体又称为“新民文体”。“时务文体”以《时务报》政论为代表，从1896年6月创刊至1898年8月停刊的两年间，共刊行69期，刊登众多政论文章。在《时务报》创刊号上，他发表了《论报馆有益于国事》《变法通议·自序》两篇政论。《论报馆有益于国事》中指出当时的社会政治问题：“战国之强弱，则于其通塞而已。血脉不通则病；学术不通则陋；道路不通，故秦越之视肥瘠，漠不相关；言语不通，故闽粤之与中原，邈若异域。惟国亦然。上下不通，故无宣德达情之效，而舞文之吏，因缘为奸；内外不通，故无知己知彼之能，而守旧之儒，乃鼓其舌。中国受侮数十年，坐此焉耳。”从中国古代报刊、西方报刊两个角度提出办报是“益于国事”。《时务报》刊登的《变法通议》系列，阐述了资产阶级维新派的政治主张。例如在《论不变法之害》中用激烈的言辞论证中国变法的急迫性，表达了自己的变法主张：“要而论之，法者，天下之公器也。变者，天下之公理也。大地既通，万国蒸蒸，日趋于上，大势相迫，非可阏制，变亦变，不变亦变。变而变者，变之权操诸己，可以保国，可以保种，可以保教。不变而变者，变之权让诸人，束缚之，驰骤之，呜呼，则非吾之所敢言矣！”

梁启超创办的《清议报》设置了专栏《国闻短评》，刊登评论文章。同样由梁启超主编的《新民丛报》也设置了专栏《国闻短评》《饮冰室自由书》以及《舆论一斑》。1900年2月10日，梁启超在《清议报》第35期发表《少年中国说》一文，以老年与少年进行比喻论证，认为少年是未来中国的主人。

欲言国之老少，请先言人之老少。老年人常思既往，少年人常思将来。惟思既往也，故生留恋心；惟思将来也，故生希望心。惟留恋也，故保守；惟希望也，故进取。惟保守也，故永旧；惟进取也，故日新。惟思既往也，事事皆其所已经者，故惟知照例；惟思将来也，事事皆其所未经者，故常敢破格。

老年人常多忧虑，少年人常好行乐。惟多忧也，故灰心；惟行乐也，故盛气。惟灰心也，故怯懦；惟盛气也，故豪壮。惟怯懦也，故苟且；惟豪壮也，故冒险。惟苟且也，故能灭世界；惟冒险也，故能造世界。老年人常厌事，少年人常喜事。惟厌事也，故常觉一切事无可为者；惟好事也，故常觉一切事无不可为者。老年人如夕照，少年人如朝阳；老年人如瘠牛，少年人如乳虎。老年人如僧，少年人如侠。老年人如字典，少年人如戏文。老年人如鸦片烟，少年人如泼兰地酒。老年人如别行星之陨石，少年人如大洋海之珊瑚岛。老年人如埃及沙漠之金字塔，少年人如西比利亚之铁路；老年人如秋后之柳，少年人如春前之草。老年人如死海之潴为泽，少年人如长江之初发源。此老年与少年性格不同之大略也。任公曰：人固有之，国亦宜然。

通过对比论证，描绘了“少年中国”的未来情景，在当时极为振奋人心。

（二）资产阶级革命派

1900年由孙中山领导、在香港创办的兴中会机关报《中国日报》是资产阶级革命派的第一份机关报。《中国日报》设有《论说》栏目，发表评论宣传资产阶级民主思想。如1900年8月4日，《中国日报》刊登章太炎评论文章《解辫发说》：“余年已立，而犹被戎狄之服，不违咫尺，弗能剪除，余之罪也。”该报还增加“编者按”介绍作者，对文章、发表意图进行阐述：“章君炳麟余杭人也，蕴结孤愤，发而罪言，霹雳半天，壮者失色，长枪大戟，一往无前，有清以来，士气之壮，文字之痛，当推此次为第一。隶此野蛮政府之下，追而思及前明，耿耿寸心，当已屡碎矣。君以此稿封寄前来，求登诸报，世之深于世味者，读此文，当有短其过激否耶？本馆哀君之苦衷，用应其请，刊而揭之，俾此文之是非，得天下读者之公断，此则本馆之私意也。”①

中国在日本的留学生创办了一批传播民主革命思想的报刊。如1899年在横滨创办的半月刊《开智录》，主编为郑贯公，撰稿人冯自由、冯斯栾，宣传自由平等、天赋人权等思想。1901年5月10日在东京创办的月刊《国民报》，总编辑为秦力山，沈翔云、冯自由等人担任编辑撰稿人。此刊专栏包括《论说》《时论》《丛谈》《外论》等，语言“峻削

① 王振业，李舒．新闻评论写作教程[M]．北京：中国广播电视出版社，2009：44.

锋利”。在日本创办的刊物还有《译文汇编》《游学译编》等。

1896年在上海创办的《苏报》，原为“日商报纸”，1903年5月由章士钊担任主笔，以“鼓吹革命为己任”，扩大评论栏目。因1903年6月刊登章太炎文章《康有为与觉罗君之关系》惹怒清政府被封。1901年，由于右任、宋教仁主办的《民立报》在上海筹建创立，以“振发国民精神，痛陈民生疾苦，保存国粹，讲求实学”为宗旨，设立《社评》专栏，在当时产生了广泛的社会影响。[①]

1905年8月，孙中山在日本东京与黄兴、宋教仁等组织成立中国同盟会，1905年11月26日创办《民报》为中国同盟会机关报。《民报》重点宣传孙中山“民族、民权、民生”三民主义，内容设有《论说》《时评》《纪事》《谈丛》《译丛》《小说》《图画》等多个栏目。

1909年5月，于右任在上海法租界创办的《民吁日报》，“大声疾呼为民请命”，发表众多反对日本侵略野心、宣传爱国情怀的言论文章，后被迫停刊。

作为资产阶级革命派报刊，《民报》于1906年4月至1907年10月与资产阶级维新派报刊《新民丛报》针对中国改良还是革命的问题进行了一场大论战，论证“要不要用暴力革命推翻清王朝”，是新闻评论发起和参与重大社会思潮交锋的经典案例。在论战中，革命派思想占据优势。1907年11月，《新民丛报》宣布停刊。

二、新民主主义革命时期

新民主主义革命是无产阶级领导的，人民大众的，反对帝国主义、封建主义、官僚资本主义的革命。它的目标是无产阶级牢牢掌握革命领导权，彻底完成革命的任务，并及时实现由新民主主义向社会主义的过渡。[②] 1949年，中华人民共和国的成立标志着中国新民主主义革命的胜利。在这一时期，新闻评论的主要代表人物是一批无产阶级革命家。他们撰写大量言论文章，参与社会政治活动，推动新民主主义革命的进程。

（一）陈独秀、李大钊

1917年，俄国“十月革命”一声炮响，给中国人民送来了马克思主义。1919年爆发的五四运动是中国从旧民主主义革命走向新民主主义革命的转折点。这一时期的代表人物是陈独秀、李大钊。1915年9月15日，陈独秀在上海创办《青年杂志》。1916年9月1日，《青年杂志》改名为《新青年》出版。《新青年》高举“民主”“科学”两面大旗，陆续发表《敬告青年》《一九一六年》《宪法与孔教》等文章，倡导民主精神。

① 胡文龙，秦珪，涂光晋. 新闻评论教程[M]. 北京：中国人民大学出版社，1998：37.

② 刘建美：什么是中国的新民主主义革命？[J/OL]. [2020-02-21]. http://cpc.people.com.cn/GB/64156/64157/4418387.html.

李大钊是我国最早的马克思主义传播者，曾任北京《晨钟报》主编，并为《新青年》写稿，先后发表《庶民的胜利》《布尔什维主义的胜利》《法俄革命之比较观》《新纪元》等文章，宣传马克思主义、科学社会主义以及无产阶级世界观。1918年12月22日，陈独秀、李大钊等在北京创办《每周评论》。《每周评论》属于小型政治周报，其《随感录》专栏发表众多随感式短评。例如《呜呼特别国情》[①]、《最危险的东西》[②]两篇短文，虽然仅百余字，但立意深远，引人思考。

呜呼特别国情

租界上的领事裁判权和警察权，海关的协定税法，世界上受外国这种不平等待遇的，现在只有我们中国一国。若问各国何以待我们这样特别，他们必定爽爽快快答道，就是你们常说的“中国有特别国情”的缘故。

最危险的东西

我常和友人在北京市步行。每过那颓废墙下，很觉可怕。怕它倒了，把行路的人活活压死。请问世间最危险的东西，到底是新的，还是旧的?

一篇以“特别国情”为话题，针对时事政治进行评论；一篇以墙为引，引出新旧话题，实际传达新思想，颇具哲理。

陈独秀的评论《除三害》（原载1919年1月19日《每周评论》第5号），深刻揭示了反动军人、官僚、政客对于中国社会的危害，并提出了除害的建议。

除　三　害

我刚写出这题目，有一位朋友见着，说：你是做戏评吗？我说：不是评那戏台上的旧戏，是评这中国政治舞台上的新戏。朋友说：你莫非要骂徐树铮、张作霖、倪嗣冲么？我说：不是，不是。你别忙，听我细细评论这中国的三害：

第一是军人害　世界上的军人都不是好东西，我们中国的军人算是更坏。威吓长官，欺压平民，包贩烟土，包贩私盐，只要洋枪在手，便杀人放火，打家劫舍，无恶不作。那为首的好汉，还要藉着这班“官土匪”的势力，来逼迫总统，解散国会，抢夺军械，把持政权，破坏法律。

直弄得全国人民除军人外都没有饭吃。

---

① 陈独秀. 独秀文存[M]. 合肥：安徽人民出版社，1987：462.
② 李大钊. 李大钊文集(下)[M]. 北京：人民日报出版社，1984：21.

这不是中国的大害吗?

第二是官僚害 我所说的官僚,并不是政治学上所谓"官僚政治"的官僚。

官僚政治,是中央地方所有的行政都归官办,自然不及人民自治的政制完善,却非那官僚本身的罪恶。

我所说的官僚,乃是中国式的官僚。一生的志愿,长在谋官做,刮地皮,逢迎权贵,欺压平民。国法是什么,官规是什么,地方的利弊是什么,人民的苦乐是什么,一概不问;一心只想发点财,回家享福。

其中厚脸的角色,还要自夸有经验,重道德。

拼命的勾结门生故旧,把持政权。拼命的抑制那新思想,新人物,不许他丝毫发展。不问是前清的旧官僚,或是民国的新官僚,不问是目不识丁的蠢物,或是学贯中外的名流,但凡官僚犯了以上所说的毛病,我就认定他为害中国不在军人之下。

第三是政客害 政客先生们口里也说军人和官僚不好。我们当初也只望他们比军人、官僚稍胜一筹。

照他们现在的行为看起来,实在令人不敢佩服。

其中固然不能说没有好人。

但是大多数的政客,有的是依附军人的新官僚,有的是混入政客的旧官僚,有的是改扮政客的军人。

满口的政治、法律,表面上虽然比军人、官僚文明的多,但是用 X 光线一照,他们那抢钱抢位置的心眼儿,都和军人、官僚是一样。

跑到北方就说要保全中央的威信,跑到南方就说要护法。

到了和他位置有关系的时候,什么中央威信,什么护法,都可以牺牲的。这几年,政治的紊乱,就说不是他们兴风作浪,却未见那一党、那一派的政客,堂堂正正的发表政见,诉诸舆论,来贯彻他的主张;都是鬼鬼祟祟的单独行动,东去运动督军,西去联络名流,忙着开什么和平会,把疏通一切法律问题和政治问题,都当作将来自己做总理,做总长,做次长,做省长,做道尹,做县知事,当厘金差事的手段。把这班政客烧成了灰,用五千倍的显微镜,也寻不出一粒为国为民的分子来。

并不是我好张口骂人。我们问问良心,中国若不除去这三害,政治能有清宁的日子吗?

苦想除这三害,第一,一般国民要有参预政治的觉悟,对于这三害,要有相当的示威运动。

第二，社会中坚分子，应该挺身出头，组织有政见的有良心的依赖国民为后援的政党，来扫荡无政见的无良心的依赖特殊势力为后援的狗党。

（二）毛泽东

1919年7月，毛泽东在湖南长沙创办并主编的《湘江评论》，是一份以评论为主的报刊。在《创刊宣言》中，他说："现在世界的革命潮流任何力量也阻挡不住。世界上最强大的力量是全体人民联合的力量，人们应当团结起来为自己的彻底解放向强权政治作斗争。《湘江评论》的职责，就在研究传播和推行当前世界的革命新思潮。"[①]《湘江评论》被反动当局停刊后，1919年11月，毛泽东兼任长沙《大公报》馆外撰写员。这一时期新闻评论作品更偏向时事新闻。

中国共产党成立后，在国内革命战争、抗日战争、解放战争等多个时期，毛泽东作为中国共产党领导人，发表过众多政论作品。例如毛泽东于抗日战争相持阶段撰写《新民主主义的宪政》："我们常劝那些顽固分子，不要进攻八路军，不要反共反边区。如果他们一定要的话，那他们就应该做好一个决议案，在这个决议案的第一条写道：'为了决心消灭我们顽固分子自己和使共产党获得广大发展的机会起见，我们有反共反边区的任务。'顽固分子的'剿共'经验是相当丰富的，如果他们现在又想'剿共'，那也有他们的自由。因为他们吃了自己的饭，又睡足了觉……过去的十年'剿共'，都是照此决议行事的。今后如要再'剿'，又得重复这个决议。因此，我劝他们还是不'剿'为妙。"在国民党阴谋掀起反共高潮之际发表这篇文章，揭露国民党破坏国共合作的事实，显示出无产阶级革命家的胆略和革命决心。

（三）张季鸾

《大公报》由英敛之于1902年创办，1925年宣布停刊，1926年，在吴鼎昌、张季鸾、胡政之共同努力下于天津复刊。张季鸾在创刊词《本社同人之旨趣》中确立"不党、不卖、不私、不盲"的"四不"办报方针。《大公报》以评论为主，敢于评论时事。1927年发表《蒋介石之人生观》："累累河边之骨，凄凄梦里之人！兵士殉生，将帅谈爱，人生不平，至此极矣。"评论以兵士大批牺牲的背景进行对比论证，揭露蒋宋联姻事件中蒋介石的虚伪。

1931年1月1日，《大公报》在要闻处刊出特别启示，"本报今年每星期日，敦请社交名家担任撰述'星期论文'，在社评栏目刊布"，实即邀请知识分子"言论救国""文人

---

① 廖艳君.新闻评论[M].北京：清华大学出版社，2010：31.

论政”。1940年5月10日第1版《上层知识分子的责任》称:“今日中国知识文化中心之一的上层知识分子,必须脱去沉默旁观态度,坚握当前的政治责任,发为声音,造成独立健全的舆论,方能与政治相辅相成,并轨前进。”《大公报》曾被美国密苏里新闻学院授予最佳新闻事业服务荣誉奖,1936年发行量达到10万份,是中国当时主流的报刊。西安事变中,《大公报》曾发表《西安事变之善后》《再论西安事变》《给西安军界的公开信》等评论,强有力地影响了当时的军心民心,推动了西安事变的解决。

(四)储安平

1945年8月15日,抗日战争胜利,国共两党斗争激烈,国际政治形势复杂。1946年9月1日,储安平在上海创办《观察》周刊,汇集自由主义知识分子发表言论文章,在主要栏目《专论》发表政治时事、文史哲及经济学方面的专论,针对当时国内外时局进行观察评价,宣传和平建国、民主建国理念。他在卷首语《我们的志趣和态度》中指出:“我们这个刊物第一个企图,要对国事发表意见。意见在性质上无论是消极的批评或积极的建议,其动机则无不出于至诚。这个刊物确是一个发表政论的刊物,然而绝不是一个政治斗争的刊物。”[①]1948年,蒋介石下令查禁《观察》并逮捕相关人员,《观察》停刊。

第三节 新中国成立后新闻评论的发展

一、报纸新闻评论

1949年新中国成立后,以中国共产党中央委员会机关报《人民日报》和各级党委机关报为核心的报业系统建立。报纸是当时新闻评论的主要载体,报纸新闻评论的类型包括编辑部文章、社论、评论员文章、短评、编者按等。新中国成立伊始,国家面临政治、经济等各方面的恢复、整顿和改造,报纸新闻评论在宣传方针政策、调动人民积极性等方面发挥了巨大的助推作用。

从新中国成立到“文化大革命”结束,这段时期的报纸新闻评论主要承担着政治宣传和社会动员的功能。[②]

1953年,私营或公私合营的报刊全部收归国有。[③] 随着国民经济的恢复建设,这

① 曾一果,许静波.中国传媒文化百年史[M].南京:南京师范大学出版社,2018:212.
② 曾丽红.新中国报纸新闻评论角色和功能的嬗变[J].新闻爱好者,2011(11):46-47.
③ 方汉奇.中国新闻事业通史(第3卷)[M].北京:中国人民大学出版社,1999:26.

一时期报纸新闻评论的主题主要是经济、政治话题。例如《人民日报》对康藏公路、青藏公路通车配发社论《在“世界屋脊”上创造幸福生活》，为武汉长江大桥建成通车配发社论《伟大的理想实现了》。①

1957年6月8日，《人民日报》发表社论《这是为什么?》，揭开了反右派斗争的帷幕：“必须用阶级斗争的观点来观察当前的种种现象。”当时，谈论政治形势，阐发反右方针、批驳右派言论分为两类：一是纵论政治形势、发动并阐明反右的方针和策略；二是专题批驳“右派言论”。②

“大跃进”时期，报纸新闻评论呈现严重浮夸特点。1958年7月23日《人民日报》社论针对违反科学常理的旱稻亩产数字，发表评论说，“一切认为农业产量只能按百分之几速度而不能按百分之几十的速度增长的悲观论调已经完全破产了”，“只要我们需要，要生产多少就可以生产多少粮食出来”。多年从事《人民日报》评论工作的范荣康指出：“由于思想上的失误，1958年的‘大跃进’，从某种意义上讲，只是一个美好而荒唐的梦。这个时期新闻评论的显著特点，可以说是充满了‘热烈的梦话’。”③

由于指导思想的错误，国民经济陷入困境。1960年，党中央以“调整、巩固、充实、提高”作为指导方针，调整国民经济，报刊新闻评论在这一时期开始走向正轨，更加注重实事求是，如《人民日报》于1960年3月19日提倡重视农民经验的社论《向老农问计》，1961年4月3日提出重视实践的社论《一切经过试验》。

1966年5月至1976年10月，“文化大革命”时期，新闻评论沦为“文革评论”，“两报一刊”(《人民日报》《解放军报》《红旗》杂志)被“四人帮”控制，新闻评论失去独立性，成为政治斗争的工具，众多新闻报刊停刊。例如1966年6月1日，《人民日报》刊发陈伯达撰写的社论《横扫一切牛鬼蛇神》，发动群众进行斗争，搅乱国内舆论思想。这一时期的新闻评论表现为“无中生有、无需论证、无限拔高、无限上纲”的“四无评论”。④

粉碎“四人帮”之后，1978年12月，中国共产党十一届三中全会召开。全会的中心议题是把全党的工作重点转移到经济建设上来，实行改革开放政策。报纸新闻评论工作自此恢复了“实事求是”的路线，以思想解放为主导功能，为改革摇旗呐喊。

1978年5月11日，《光明日报》刊发特约评论员文章《实践是检验真理的唯一标准》，引发真理标准大讨论。随着改革开放的推进，市场经济的不断繁荣，广播、电视、网络等多种传播载体出现，新闻评论走向多元、融合的新历史阶段。

---

① 胡文龙，秦珪，涂光晋. 新闻评论教程[M]. 北京：中国人民大学出版社，1998：45.
② 范荣康. 新闻评论学[M]. 北京：人民日报出版社，1988：136.
③ 范荣康. 新闻评论学[M]. 北京：人民日报出版社，1988：138.
④ 胡文龙，秦珪，涂光晋. 新闻评论教程[M]. 北京：中国人民大学出版社，1998：48.

二、广播新闻评论

（一）中国广播事业的诞生和发展

1923年年初，美国人奥斯邦（E. G. Osborn）创办的中国无线电公司与英文《大陆报》合作，办起"大陆报—中国无线电公司广播电台"，同年1月23日晚首次播音，是外国人在中国设立的第一座广播电台。1月25日，播出了孙中山《和平统一宣言》和他祝贺中国引进广播的消息。但是，由于它没有经过中国政府批准，很快被取缔，当年4月停止播音。同年5月底，美商新孚洋行也在上海办起广播电台，但因经费拮据很快停办。

1924年5月，美商开洛公司又在上海法租界办起一座广播电台，这座电台与《申报》合作，在报馆设发音室报告新闻。开洛公司广播电台设的广播节目有汇兑、市价、钱庄兑现价格、新闻、音乐、名人演讲等。这座广播电台是早期外商在上海开办的广播电台中时间最长、影响较大的一座，其播音一直持续到1929年10月。

北洋政府交通部于1924年8月公布了《装用广播无线电接收机暂行规则》，这是中国历史上第一个关于无线电广播的规则。该规则明确规定允许民间装设收音机，从而改变了原来严加禁止的办法。该规则还就收音机装设范围、收听内容、收音机收费等问题作了具体规定。这个规则的颁布，客观上促进了中国广播事业的发展。不久，北洋政府责成东北无线电长途电话监督处在北京、天津、哈尔滨、沈阳等地筹建广播电台。

1926年10月1日，哈尔滨广播电台开始广播，每天播音两小时，内容有新闻、音乐、演讲和物价报告等。这是中国政府自办的第一座广播电台。时隔半年，1927年5月15日，天津广播无线电台开始播音。同年9月1日，北京广播无线电台开始广播。1928年初，沈阳广播电台正式广播。与此同时，在上海、北京等地很快出现了几座中国自办的民营广播电台，其中最早的一座是上海新新公司广播电台，创办于1927年3月18日。同年年底，北京商办的燕声广播电台开始播音。

"中央广播电台"全称为"中国国民党中央执行委员会广播无线电台"，1928年8月1日开始在南京播音，1932年11月建成新台。国民党颁布了一系列针对广播事业的政策法规，如1928年12月的《广播无线电台条例》、1932年1月22日的《限制民营电台暂行办法（修正案）》、1934年1月15日的《装设无线电收音机登记暂行办法》等。

红色中华通讯社，简称"红中社"，是中华苏维埃共和国临时中央政府机关通讯社，1931年11月7日在瑞金成立，广播呼号为CSR（Chinese Soviet Radio），每日发稿一二千字，主要为临时中央政府文告、宣言、红军战报和根据地建设消息。它还利用红军电台抄收国民党“中央社”电讯和外国通讯社英文稿，经编辑后油印为《参考消息》，供中央机关参阅。1934 年 10 月随红军长征，途中新闻广播中断，但是抄报未停。1935 年 11 月，在陕西瓦窑堡恢复新闻广播。

1940 年 12 月 30 日，延安新华广播电台开播，电台的呼号为“XNCR”，X 为中国无线电台呼号的第一个英文字母，NCR 是 New Chinese Radio 的缩写。延安新华广播电台是中国共产党领导创办的第一座无线电广播电台，因而该台首次开播的日子后被定为中国人民广播创建纪念日。该台的播音时间为每天上、下午各一次，每次一小时左右，后增至每天两次三小时、三次四小时不等，波长也屡有调整。

新华广播电台播出内容主要是中共中央重要文件，《新中华报》《解放》以及后来创办的《解放日报》的重要社论及各类文章，国内外时事新闻、名人讲演、科学常识、革命故事、日语等，另外还有抗日歌曲、音乐戏曲等文艺节目。由于当时设备简陋，零配件奇缺，因而延安新华广播电台在创建后时播时停。1943 年春，该台因大型电子管被烧坏，不得不暂停播音，直至 1945 年 9 月 5 日才恢复播音。

在国统区，中共上海地下组织还乘民营电台纷纷申请复业之际，秘密创办起党在国统区唯一的一家广播电台——“中联广播电台”，以上海市文化运动促进会的名义开办，1946 年 3 月初开始播音，至 7 月间被国民党当局以整顿为借口而查封。

资产阶级民营广播电台因国民党当局钳制过多而难以获得较大的发展。抗战胜利后，上海的民营商业性广播电台陆续恢复，至 1946 年年初发展到 43 座。为了遏止民营电台的发展势头，国民党政府交通部于 1946 年 2 月 14 日颁布了《广播无线电台设置规则》，对电台的设置、分布、数量、功率以及广播内容等各个方面都详加限制。国民党交通部上海电信局还奉命自当年 3 月起对上海民营电台进行整顿，致使上海 54 家民营电台被封闭，仅剩的 22 家民营电台中的绝大多数电台必须同其他电台合用一个频率。

全面内战爆发后，国民党政府对新兴的广播事业的统制日趋强化。1946 年至 1948 年间，国民政府颁布了一系列法规，这些法规规定，中国公民及完全华人组织、公司、厂矿、学校和团体虽经批准可创办广播电台，但严格控制在规定的数额内：外国人及其机关、公司等一律不准在中国境内设立广播电台；每晚 9 点至 9 点 30 分，所有电台均须转播国民党中央台的新闻节目。在内容上，广播电台播音节目以新闻与教育内容为主，上述内容不得少于日播音时间的十分之四，商业报告不得超过日播音时间的十分之二；广播节目的内容必须经有关部门事先审查。

1945 年 8 月中旬，延安新华广播电台恢复工作并试验播音。1945 年 8 月 20 日，哈尔滨广播电台开播，1946 年下半年转移到佳木斯，并于 9 月 13 日起改组为东北新华广播电台，由中共中央东北局领导。1945 年 8 月 24 日，张家口新华广播电台开始播音，1946 年 10 月转移到阜平山区，并改组为晋察冀新华广播电台，于 1947 年元旦开播。

（二）广播新闻评论

民国时期主要由外国人兴办的无线电台，内容上主要报道美国、欧洲等国际新闻，中国地方新闻及娱乐，基本没有自采新闻，更没有新闻评论的内容，但客观上促进了无线电广播技术在中国的引进和发展，开阔了国人了解新闻的视野，传播了无线电知识，揭开了中国广播新闻发展史的第一页。

1940 年 12 月，中国共产党领导建设的第一座广播电台——延安新华广播电台开播，隶属于新华社。它标志着中国广播事业进入发展的新阶段。播出内容主要是中共中央重要文件，《新中华报》、《解放》周刊、《解放日报》等刊登过的重要社论和文章，国内外时事新闻，名人演讲，科学常识和革命故事。这个时期新华广播电台是新华社的一部分，只有广播报纸和通讯社的言论，还没有自己的新闻评论节目，没有独立的新闻评论。

一直到几年后的解放战争时期，真正的广播新闻评论才开始出现。1946 年 5 月，新华社语言广播组扩大为语言广播部，同时延长播音时间，增办新节目。其中包括延安新华广播电台开辟的《广播评论》节目。这个节目的创办标志我国广播评论开始产生，中国新闻广播评论事业进入起步阶段。除了播送报纸、通讯社已经写好刊登的言论评论，《广播评论》还播报一些电台自己编写的评论，但多数是“根据新华社文字广播稿改编的”，按照口语广播的要求做了一些口语化和通俗化的加工。如 1948 年播出的《驳斥国民党中央社对长春问题的造谣》，播出时在开头明确使用了“广播评论”的概念。

1949 年 3 月 25 日，中共中央由西柏坡迁至北平，陕北新华广播电台（1947 年后改为此名）同时进驻北平，改名“北平新华广播电台”。这期间一直保留《广播评论》节目。1949 年 9 月 1 日，北平新华广播电台将《广播评论》正式改名为《评论或综合报道》。播出内容大部分是经过改编的评论，少量是自己编写的评论。解放战争末期到新中国成立初期，毛泽东多次为陕北（北平）新华广播电台撰写广播稿，具有评论性质。如 1948 年 12 月 17 日播出的《敦促杜聿明等投降书》《北平问题和平解决的基本问题》以及后来的《评战犯求和》《四分五裂的反动派为什么还要空喊“全面和平”》《评国民党对战争责任问题的几种答案》等，实际上都是广播评论。

新中国成立后至改革开放前夕，广播评论有了一定发展。1950 年 2 月 27 日，新闻总署召开京津新闻工作会议，明确规定，广播电台要把新华社和报纸的新闻、评论作为主要内容来源，但同时也要有电台自己的新闻和评论。1950 年 4 月 10 日，中央台增设了一个 15 分钟的《评论》节目。1950 年 7 月，中央台组建了评论讲坛科，负责编播评论和人民讲坛节目。这时的评论节目，大部分是改编《人民日报》、新华社等媒体上的评论。1955 到 1958 年期间，中央台又先后创办《当前问题谈话》《时事谈话》《广播谈话》等评论节目。在此后相当长一段时间内，有关部门曾多次制定规划，力图推进广播评论进一步发展。1958 年“大跃进”期间，中央广播电台曾指出“没有言论就是没有灵魂”。

但由于种种原因，除了 1950—1951、1958—1959 年曾播出过少量新闻广播评论外，我国各级广播电台基本上没有自己的新闻评论。广播评论不仅没有得到进一步发展，相反却走向了沉寂。这种情况一直延续到“文化大革命”结束。

中国的广播事业自产生后，就主要播报报刊报道和一些纸质媒体已经刊登过的社论，后期对已有报道进行口语化和通俗化改编，形成具有评论性质的播报内容，但广播评论还处于不成熟的起步阶段，未能有真正意义上独立的广播评论栏目，未能形成规范的广播评论机制。一是因为人们对于广播电台建立评论的必要性和重要性认识不足，觉得靠播报报纸评论就足够了，所以对广播评论发展总是论而不决、决而不行；二是没有培养专职评论员，更没有建立一支评论队伍，阻碍了广播评论工作的发展。

这里有必要简述国民党统治区的广播评论发展状况。1927 年蒋介石在发动反革命政变后，为了巩固政权，实行新闻统制。1928 年陈果夫、戴季陶等人提议筹措广播电台，1928 年 8 月 1 日，“中国国民党中央执行委员会广播无线电台”开播。节目内容主要为新闻及决议案、军事消息、名人演讲、施政报告和统领通告、气象预报等，是国民党推行“党化新闻界”政策的工具。广播电台充当国民党反动宣传喉舌，主要配合国民党进行鼓吹和宣传，未出现独立的新闻评论节目。国民党统治期间，民营广播电台为了避免国民党审查，只播出一些娱乐节目和宣传科学知识的广播以及商业广告，不敢有发表独立见解的新闻评论。抗战爆发后，国民党政府中央广播无线电台主要配合作战宣传需要，邀请多位文人和将军在广播电台发表演讲。解放战争期间，国民党官办的广播电台以鼓吹内战和独裁为主，大肆播报造谣欺骗的新闻宣传，未重视新闻广播的良性发展，其广播评论未成形便受到战争的摧残和压迫。直至国民党的广播事业宣布破产，其广播评论业务也没有得到相应的发展。[1]

1978年12月，党的十一届三中全会召开，广播新闻评论进入了历史发展的新时期。随后，1980年中央人民广播电台(简称中央台)成立中央台评论组，以组织形式开始重新探索广播新闻评论，标志着中国广播新闻评论进入了新的阶段。1981年全国好新闻评选中增加评论项，中央台的广播评论《绝不允许有"特殊公民"》，作为广播新闻评论获奖。广播新闻评论逐步进入大众的视野中，不断丰富发展，开拓出更多的形式和内容。这篇《绝不允许有"特殊公民"》仅千字，短小精悍，但紧紧抓住特殊问题——特权，用鲜明的论点对问题进行批评，说理深刻，文字精练，读之朗朗上口。中央台评论组开始使用"本台评论"标识，借鉴已有的报纸评论形式丰富广播新闻评论。1981年的《为了美好的明天，加油干!》，用谈话体评论人民代表大会；1982年的《市长换锅的启示》，采用事例与评论相结合的形式；1983年的《保定地区军民共建精神文明》，采用的是记者的口头评论形式。

全国各地人民广播电台同期也开始探索新闻广播评论的新形式。如1985年上海台的《关心老年人的精神生活》，采用的是对话形式；1986年海峡之声则开启主持人评论，播出《愤怒之余的思索》；1987年新疆台《"0"的反思》采用多人交谈的方式；1992年上海东方台开始在广播新闻评论中接入热线电话；1993年"广播年"之际，广播新闻评论越发蓬勃繁荣；1994年中央台推出《新闻纵横》栏目，广播新闻评论进入了大发展时期。[2]

例如，《新闻纵横》栏目在开播一年间，收到的听众电话以及来信高达两万多封，而且连续上榜1995年、1996年中央主要新闻单位名专栏(节目)，可谓广播新闻评论的标杆节目。栏目中不仅有新闻事件报告，还有记者评述等多种创新方式：结合20世纪80年代逐渐出现的深度报道形式，对于新闻事件的评论更加深入；在记者评述的基础上，增加专家学者、政府人员以及普通民众的观点。如《京城反贪，万人瞩目》，9分钟的节目中，就用到北京市人民检察院检察长、国务委员、中央政法委副书记等的8处录音。《新闻纵横》栏目关注社会话题，对社会话题进行披露，在深入讨论的基础上，关注社会问题的解决。据《中国广播电视学刊》统计，1994年《新闻纵横》在半年间，批评类别节目揭示的问题90%得以解决。

在媒体报道评论的基础上，公众关注热烈，政府部门积极响应，推动了一个又一个社会问题得到解决，这也是《新闻纵横》栏目成功的主要标志。自关注问题至解决问题，真正发挥了媒体的舆论引导、舆论监督作用。如1994年的节目《姑娘，何处是你

---

① 1978年以前广播评论发展的资料由张芷若搜集和梳理。

② 白谦诚. 中国八十年代广播评论100篇[M]. 北京：中国广播电视出版社，1991：16.

家?》，紧紧抓住社会话题，以记者评述的形式给听众讲述了一位年轻姑娘被人贩子拐卖多次，最后造成神经错乱的悲剧故事。这一节目一经播出，当时的公安部副部长白景富、全国妇联副主席黄启璪就立刻进行批示，这位令人同情的姑娘得以获救，在公安部门的帮助下，被送至天津安康医院治疗。随后，其他媒体单位，如《人民日报》等进行了跟踪报道和评论。《新闻纵横》对此事件共进行了连续四期的报道。同期众多听众积极打电话、写信至媒体单位，表达对这位姑娘的关爱，进行捐赠和关怀活动。政府部门也积极响应，国务院相关部门增加工作经费，公安部门展开严厉打击拐卖妇女儿童行动。由此可以看到，新闻节目真实感强，而且参与性高。不仅仅媒体在发挥作用，政府机关、专家学者、人民群众都广泛参与到事件中，这也让广播新闻评论传播得更广。

三、电视新闻评论

1958 年 9 月 2 日，中央电视台的前身——北京电视台成立，新中国第一家国家电视台正式开播，电视媒体逐步进入公众的视野。蒙太奇手法、字幕、背景图像等传播符号，都是电视节目逐步发展的关键。电视新闻评论相对于报纸新闻评论、广播新闻评论出现较晚。1979 年国家广播事业局的电视节目会议明确提到电视要自办新闻类节目。电视新闻评论在 20 世纪 80 年代才开始出现。

电视台开始出现的电视新闻评论节目，主要为口播类新闻评论，采用“本台评论”的形式。真正意义上我国第一个电视新闻评论节目是 1980 年 7 月中央电视台开办的《观察与思考》。①

该节目区别于以往“本台评论”的流动性、不固定性，具有明确的播出时间和栏目名称；同时，节目中有新闻评论主持人，往往就当下的新闻事件、社会问题与公众共同深入探讨，进行评论交流。例如节目开办首期就关注北京蔬菜供应问题，以《北京居民为什么吃菜难?》开篇。节目主要以电视画面呈现的新闻事件为开端，主持人结合电视画面进行评论，将新闻事件的内容叙述与话题评论相结合，真正让电视新闻评论成为一种节目形式。1981 年《观察与思考》节目变更为《观察思考》，每期播放时间为 15 到 20 分钟，采用周播形式。节目内容更加深入，收视率达到 15%，覆盖观众数量达到 1.6 亿。在《观察与思考》之后，中央电视台继续尝试电视新闻评论节目探索。1993 年 5 月 1 日，在《东方时空》节目中开设《焦点时刻》，关注社会焦点问题，进行话题讨论和新闻评论。随后，1994 年 4 月 1 日，在晚间的新闻联播、天气预报后，在电视黄金时段开设

① 饶立华. 电视新闻专题作品选评[M]. 北京：中国广播电视出版社，1995：2.

《焦点访谈》节目，开启电视新闻评论的新阶段。从《焦点访谈》节目的宗旨可以看到节目的定位："时事追踪报道，新闻背景分析，社会热点透视，大众话题评说。"据《中国广播电视学刊》统计，《焦点访谈》节目收视率高达30%，创下电视新闻评论收视高峰，观众人数高达3亿多，观众来信每日约200封。在中宣部组织的中央新闻单位名专栏（节目）评选中，1995年、1996年《焦点访谈》均获提名。

《焦点访谈》平民化特征明显：关注群众关心的问题，从群众的角度出发。中央电视台评论部将其归纳为："硬焦点软着陆，软焦点硬道理。"如《37所高校实行收费制》这一期节目，就抓住社会热点话题，对于当时出台的全国高校试收费问题，给群众进行了解读。在大学免学费的历史背景下，介绍了收费制的国际惯例，以及高校体制改革下开始推行收费制的原因，收费后的费用主要用于奖学金、助学金等制度。节目对社会问题深入探讨，为群众解惑，真正关注到了焦点问题。

批评社会问题，发挥媒体监督功能，节目的警醒性也是关键。1994年的"棉花年"说法，来源于《焦点访谈》在1994年6月9日播出的《沉重的棉花》对河南棉花市场的掺假现象所做的曝光。1994年11月15日播出的《惜哉文化》则对吉林市博物馆、图书馆珍贵文物书籍在火灾中被付之一炬的事件进行批评。节目中不仅穿插专家学者的权威性意见，也包含了民众的意见，同时与领导的消极态度进行对比，让观众了解到事件的真相。尤其是节目中副市长多次推诿"无可奉告"的态度，引发群众的"群起而攻之"。

1995年中宣部和广电部发文提出：省级电视台均设立新闻评论部，开办电视新闻评论性栏目。随后，北京电视台推出《今日话题》栏目，上海电视台推出《新闻透视》栏目，江苏电视台推出《大写真》栏目，广东电视台推出《社会纵横》栏目。电视新闻评论栏目成为一种长期存在的新闻节目形式。

四、网络新闻评论

1995年5月17日，中国邮电部向公众开放互联网服务。1998年中国互联网开始普及，网络媒体被称为第四媒体。根据中国互联网信息中心（CNNIC）2021年2月3日发布的第47次《中国互联网络发展状况统计报告》，截至2020年12月，我国网民规模达9.89亿，较2020年3月增长8 540万，互联网普及率达70.4%，较2020年3月提升5.9个百分点；我国手机网民规模达9.86亿，较2020年3月增长8 885万，网民使用手机上网的比例达99.7%，较2020年3月提升0.4个百分点。[①] 网络已成为信息时

① 中国互联网信息中心.第47次《中国互联网络发展状况统计报告》[EB/OL].(2021-02-03)[2021-05-08].http://www.cnnic.net.cn/hlwfzyj/hlwxzbg/hlwtjbg/202102/P020210203334633480104.pdf.

代社会生活的关键组成部分，网络媒体的影响力巨大。

2016年2月19日，习近平总书记主持召开党的新闻舆论工作座谈会，在会上指出："随着形势发展，党的新闻舆论工作必须创新理念、内容、体裁、形式、方法、手段、业态、体制、机制，增强针对性和实效性。"要借助新媒体传播优势，"要适应分众化、差异化传播趋势，加快构建舆论引导新格局。要推动融合发展，主动借助新媒体传播优势"。自网络媒体诞生至今，网络新闻评论随着互联网技术的不断发展，也在逐步创新，传播内容、传播形式等多个方面日新月异，不断变化，呈现出越来越强大的竞争力和影响力。根据其发展进程，主要分为四个时期：

（一）传统媒体"触网"时期

早期中国互联网新闻主要由传统媒体尝试使用网络媒体，例如1997年1月1日《人民日报》推出网络版。这一时期传统媒体的网络新闻评论直接将报刊评论内容搬运至电子媒介中，出现"手机报""电子版"等初期网络新闻评论模式。

（二）门户网站集合新闻时期

随着互联网技术的快速发展，门户网站逐渐成为信息的集合平台。1998年12月1日，脱胎于商业网站的新浪网（www. sina. com. cn）宣告成立并致力于打造新闻产品，网络新闻传播开始进入一个新的时代。这一阶段，各类商业门户网站不断创新，除了网页版的新闻作品集合，相应开发的手机端APP开始出现，提供移动阅读。例如网易、新浪、搜狐、腾讯四大门户网站提供海量新闻信息，具有强社交性、互动性，增加用户黏性，获得大量的阅读流量。但新闻评论作品多为转载，原创性较少。

同时，传统媒体也在不断创新，推出网络媒体下的新闻评论新形式。例如1999年美国轰炸中国驻南斯拉夫大使馆，人民网设立论坛，也就是如今的"强国论坛"，网民纷纷参与发帖谴责北约的暴力行为，10天内论坛跟帖4万多条。传统媒体新闻网站也纷纷设立评论专栏，例如人民日报社所属人民网评论专栏《人民时评》、新华社所属新华网评论专栏《新华时政》等，都颇具影响力。

（三）UGC（用户生成内容）模式下的互联网2.0时期

UGC即用户参与内容生产，包括用户发现、用户使用、用户分享、用户扩展四个方面。随着互联网2.0时代的用户参与新闻生产过程，"人人都有麦克风"时代来临。亚当·乔伊斯认为，网络虚拟空间的生活状态，会成为个体用来表达真实自我和展现个体期望的工具，网络环境提供了虚拟身份构建的平台，产生了一种"可能的自我"。在网络空间中，使用者的身份是虚拟化、边缘化的，权力被重新分配。网络新闻评论的制作和传播主体不再仅仅是专业媒体和专业人士，公众也开始广泛参与新闻评论生产活动。

从新浪博客到新浪微博、微信公共平台的出现，社会媒体平台的强互动性、强交流性为新闻评论传播观点提供了新的空间。随着各类“意见领袖”的诞生，“大V”文化下，网络新闻评论的“把关人”也有所变化，不再只由专业媒体进行议程设置。“意见领袖”可以直接参与新闻评论生产，发表评论作品；也可以通过转载新闻意见与观点，形成“二级传播”效应。专业媒体在社交化媒体发展的大趋势下，纷纷开设微博账号、微信公众号，并根据社交化媒体特点，创新网络新闻评论形式。

（四）融媒体大发展时期

随着信息技术进一步发展，“全媒体”“混合媒体”“融媒体”概念成为新闻传播业讨论的热点话题，传媒集团纷纷开始转型发展，融合多种媒体的融媒体大发展时期来临。

图4-1 《Tea House(中国那些事儿)》融媒体专栏

第28、第29届中国新闻奖评选作品中，开始出现“融媒创新”“融合创新”作品；第30届中国新闻奖评选作品中，短视频现场新闻、短视频专题报道、移动直播、创意互动、融合创新等类别出现。例如被评为第30届中国新闻奖新闻名专栏的《Tea House（中国那些事儿）》是中国日报网原创融媒品牌栏目，于2018年10月上线，以原创图文和短视频为主要产品形态。它每天围绕“传播海外好声音”的宗旨定位，站牢国家立场，将国际社会各界于我有利的声音、内容集结成图文或短视频等融媒产品进行发布。2019年共推出原创作品400多篇/件，累计阅读超过8 000万次，短视频传播量近1 000万。

2014年8月18日，习近平总书记在中央全面深化改革领导小组第四次会议上指出：“推动传统媒体和新兴媒体融合发展，要遵循新闻传播规律和新兴媒体发展规律，强化互联网思维，坚持传统媒体和新兴媒体优势互补、一体发展，坚持先进技术为支撑、内容建设为根本，推动传统媒体和新兴媒体在内容、渠道、平台、经营、管理等方面的深度融合，着力打造一批形态多样、手段先进、具有竞争力的新型主流媒体，建成几家拥有强大实力和传播力、公信力、影响力的新型媒体集团，形成立体多样、融合发展的现代传播体系。”

专业媒体的未来发展之路，重在打造新型媒体集团，探索融合发展的传播路径。例如人民日报全媒体新闻平台“中央厨房”，采用融合策划、融合制作、融合传播的策略，旗下45个融媒体工作室，如“麻辣财经”“侠客岛”“一本政经”“金台点兵”“学习大国”等工作室，实现了“跨介质协作，项目制施工”，围绕时政、财经、军事、国际等垂直领域策划选题，探索新闻产品的个性化生产，推出了各类融媒体评论作品。

扩展阅读

[1] 李良荣.中国报纸文体发展概要[M].福州：福建人民出版社，2002.
[2] 高明勇.评论的轨迹——1978～2015年中国新闻评论简史[J].青年记者，2015(30)：9-13.

第五章　新闻评论撰写者的基本职业素养和职业道德素养

内容提要

1. 新闻评论撰写者的基本职业素养。
2. 新闻评论撰写者的职业道德素养。

思考练习

1. 新闻评论撰写者的基本职业素养包括哪七个部分?
2. 新闻评论撰写者的政治素养的具体表现有哪些?
3. 什么是新闻评论撰写者的新闻敏感度和新闻实践力?
4. 试论逻辑素养对新闻评论撰写者的重要性。
5. 新闻评论撰写者为什么需要知识素养、法治素养、情感素养?
6. 信息时代的发展对新闻评论撰写者的媒介素养有什么要求?
7. 结合《中国新闻工作者职业道德准则》,理解新闻评论撰写者的职业道德素养。

新闻评论本质上是一种意识形态,是一种信息文化产品。人是社会实践的动物,人发挥主观能动性,通过社会实践将社会客观存在转变为主观意识形态。在新闻评论的创作过程中,新闻评论撰写者的主观能动性决定着新闻评论的最终形态。可以说新闻评论的内容、质量等受到新闻评论撰写者自身特质的影响。

著名新闻教育家徐宝璜在《新闻学》中就“新闻纸之社论”写道,新闻评论要有“透辟之批评”,“然透辟之批评,不易发也。必也撰著者,学识广博,与政治、经济、社会诸学,研究有素,于本国及邻邦政治社会之历史,及当代之情事,知之极熟。每遇一事,先深思力索以考求之，设身处地以审度之。然后其所撰之文，方可望有独到之见解，原原本本，侃侃而谈，不仅一事之表而已。主持笔政者，应有洁白之胸怀，爱国之热心，公平之性情，听良心之驱使，作诚恳之文章，为众请命，或示人以途，总以国利民福为归。虽有所触忌，亦见义勇为，当仁不让。如是则其所撰之社论，自为读者所重视，政治因之改良，社会因之进步”①。新闻评论作为一种独特的新闻体裁，对新闻评论撰写者的基本职业素养与职业道德素养皆有一定的要求。

第一节　基本职业素养

一、政治素养

（一）人民立场

习近平总书记在十三届全国人大一次会议上提出：“始终要把人民放在心中最高的位置，始终全心全意为人民服务，始终为人民利益和幸福而努力工作。”新闻媒体和新闻工作者树立以人民为中心的工作导向，就是要在新闻工作中全心全意为人民服务，在为受众服务的问题上有高度热忱，对自己有严格要求，这样才能体现出坚持人民性的立场。② 新闻评论撰写者的最基本政治素养就是坚持以人民为中心的工作导向，保持人民情怀，及时回应人民群众的关切和期待，为人民群众发声。例如第30届中国新闻奖文字评论一等奖作品《向群众汇报》③，就体现出人民立场，从群众的角度出发，谈如何为人民服务。以“‘向群众汇报’，关键要抓住‘汇报’二字，这不是‘通知’，更不是上级对下级的‘通报’”为切入点，深入阐释了以“向群众汇报”的态度为民服务。

向群众汇报

“面对来访群众，我认真倾听，主动向他们汇报了解决问题的思路和举措，赢得了支持和理解。”近日，市委领导同志深入社区指导第二期“不忘初心、牢记使命”主题教育，一位干部在座谈中说。

“向群众‘汇报’用得十分准确，体现了群众与党员干部的‘主仆关系’。”市委领导同志立即对“向群众汇报”的做法给予充分肯定。

---

① 徐宝璜. 新闻学[M]. 北京：中国人民大学出版社，1994：83.
② 郑保卫. 马克思主义新闻观十二讲[M]. 北京：高等教育出版社，2019：76.
③ 刘冬梅，陈欣，闫丽. 向群众汇报[N]. 天津日报，2019-10-21(01).

"向群众汇报",是对人民群众的恭敬之心。我们党来自人民、植根人民,党员干部无论职务高低,都是人民的公仆。开展好"不忘初心、牢记使命"主题教育,把群众观点、群众路线植根于思想中、落实到行动上,必须始终牢记"人民公仆"的身份,从"向群众汇报"做起,打掉"官架子",扑下身子、找准差距,尽心竭力为民服务。

"向群众汇报",关键要抓住"汇报"二字,这不是"通知",更不是上级对下级的"通报"。做到做好"汇报",意味着党员干部要牢牢抓住"为民"这一出发点,不能有私心私欲,不能高高在上当"官老爷",不能生怕群众给自己找麻烦。党员干部必须时刻牢记,手中的权力是人民赋予的,无论职务多高、功劳多大,都并非什么特殊人物,在面对人民群众时要始终秉持恭敬之心。

人民群众是我们党的力量之源,我们所做的一切工作都是为了群众。"向群众汇报",就是把群众满意作为最高标准,一方面要问需于民,时时与百姓需求对标,让工作顺应群众的需要,将服务做到群众心坎上;另一方面要问计于民,接受人民群众监督评判,自觉向群众请教,从人民群众中汲取智慧和力量。言之倾心、行之尽心,才能和群众心连心。"向群众汇报",就是要走出机关、"走出"文件和书本,在与群众的互动交流中受触动、受教育、受启发,接上地气、摸透情况,从而有针对性地创新工作方式方法,拿出破解难题的实招硬招,真正让群众见到行动、感到变化。

党员干部的一举一动关乎党的形象。以"向群众汇报"的态度为民服务,就是把党的好形象树立在群众心中,任何党员干部对此都不能置身事外。甘当小学生、请群众担任"评判员",党员干部拿出诚心诚意,就会赢得百姓的真心实意。

党员干部如何牢牢抓住"为民"这一出发点?不能生怕群众给自己找麻烦,更要到群众中找难题,这是这篇评论给出的生动答案。该评论刊发后,在党员干部中引起强烈反响,被天津市委作为"不忘初心、牢记使命"主题教育学习材料印发。随后,天津日报又策划推出"向群众汇报、让人民满意"系列评论,持续有力引导舆论。从"向群众汇报"做起,成为天津党员干部践行初心使命的座右铭。

(二)马克思主义新闻观

"新闻观"是关于新闻"是什么",特别是"应是什么"以及"应该如何做新闻"的根本性和系统性的看法。新闻观是新闻主体的新闻信念,是指导新闻实践根本性和总体性的思想,是建设新闻共同体的灵魂,是新闻主体进行自我维护及与他者展开论辩的观念工具。在不同的视野中，新闻观有不同的具体构成方式，但每一种新闻观的核心都是它的新闻价值观。主导当前中国新闻业的新闻观是具有本土当代特色的马克思主义新闻观。①

马克思主义新闻观由马克思、恩格斯创始奠基，由列宁在无产阶级革命中继承发展，在俄国十月革命后来到中国，开启了马克思主义新闻观中国化的过程。毛泽东、邓小平、江泽民、胡锦涛和习近平等几代中国共产党领导人，对马克思主义新闻观的理论内涵进行了丰富创新。2016 年 5 月，习近平总书记在哲学社会科学座谈会上的讲话中明确提出，要以马克思主义为指导，立足于中国实际，加快构建中国特色哲学社会科学。

新闻评论撰写者要树立马克思主义新闻观，理解什么是中国特色社会主义新闻思想，学习马克思主义世界观、方法论，提升自己的理论水平，塑造自我的世界观、人生观和价值观，在马克思主义理论的基础上进行新闻生产实践活动。例如第 27 届中国新闻奖文字评论三等奖作品《站在真理和道义的高山上》②，围绕习近平总书记 2016 年的"七一"重要讲话，论述马克思主义与"不忘初心，继续前进"的深层次关系。

站在真理和道义的高山上

"不忘初心，继续前进"，是习近平总书记向全党同志发出的号令，是党在新的历史条件下"赶考""长征"的总动员。随着时间的推移，这八个字更加显示出深刻的内涵。

对于共产党人来说，初心如何恪守？前进的动力从何而来？首要的是坚持马克思主义的指导地位，把马克思主义基本原理同当代中国实际和时代特点紧密结合起来，推进理论创新、实践创新，不断把马克思主义中国化推向前进。

为什么马克思主义是第一位的"初心"？因为马克思主义是第一代中国共产党人苦苦求索找到的"真经"；因为马克思主义是共产党人之"本"，也是中国特色社会主义之"源"；因为马克思主义是真理和道义的高山。

毛泽东曾经说过，"有了学问，好比站在山上，可以看到很远很多东西；没有学问，如同在暗沟里走路，摸索不着，那会苦煞人"。马克思主义就是一座学问的高山，共产党人站在这样一座高山上，视野辽阔，俯仰自如；神清气爽，心明眼亮。站在这样一座高山上，能穿透历史的重重迷雾，掌握人类社会发展的规律；能引导革

① 杨保军. 论"新闻观"[J]. 国际新闻界，2017，39(03)：91 - 113.
② 龚政文，奉清清. 站在真理和道义的高山上[N]. 湖南日报，2016 - 09 - 08(01).

命者更快走出黑暗的丛林，找到救国救民的道路。中国革命的方向感、方法论、前行的道路和最初的制度设计，都是马克思主义教给我们的。没有马克思主义的指引，就“如同在暗沟里走路”，跌跌撞撞，摸来摸去，难以找到一条正确的、通往光明的路。

马克思主义不单是真理的高山，还是道义的高山。对剥削、压迫、侵略，以及一切诸如此类不公正不平等现象的抗争，为人类理想社会而奋斗，对共产主义道德品质的追求，让马克思主义者和共产党人永远站在道义的制高点上，让一切腐朽统治者、寄生虫、蝇营狗苟之辈相形见绌。

习近平总书记“七一”讲话所说的马克思主义，既包括马克思主义经典作家创立的马克思主义，也包括马克思主义中国化的几大理论成果：毛泽东思想、邓小平理论、“三个代表”重要思想、科学发展观。一百多年来，马克思主义的学说不断与时俱进，真理和道义高山的形象愈发鲜明。从毛泽东到习近平，中国共产党人坚持和发展马克思主义的立场从未改变。党的“十八大”以来，以习近平同志为总书记的党中央运用马克思主义的根本方法治国理政，提出了一系列新理念新思想新战略，形成了马克思主义中国化的最新成果。

在马克思主义中国化、时代化、大众化的道路上，毛泽东、刘少奇、胡耀邦、李达等湖湘伟人和先贤做出了特殊的贡献。湖南人有着探求“大本大源”和追求道德完美的传统，我们要发扬湖湘文化“心忧天下、敢为人先”和“实事求是、经世致用”的优良传统，立足湖南改革发展实践，坚持问题导向，倾听时代声音；紧紧抓住马克思主义这把通向真理之门的钥匙，牢牢把握辩证唯物主义和历史唯物主义这个“看家本领”，回答时代赋予我们的课题，凸显哲学中的湖湘因子，放大理论中的湖湘声音，为发展马克思主义做出我们应有的新贡献。

过去已然过去，未来即将到来。我们站在巨人的肩膀上，但不能坐享其成。“泰山不拒细壤，故能成其高”，真理和道义的高山从未停止它伟大的造山运动，需要我们不懈垒土，让它不断长高。这样，我们就一定能稳稳站在真理与道义的高山之巅，达到“不畏浮云遮望眼，只缘身在最高层”的境界。

作品立论为：坚持马克思主义就是站在真理和道义的高山上，马克思主义是中国共产党人的“初心”，马克思主义在中国不断创新。从整篇作品可以看到撰写者扎实的马克思主义理论知识，说理过程具有高度思辨性。

（三）党性原则

党性原则是马克思主义新闻工作的根本原则，是党的政治主张、思想意识和组织原则在新闻传播活动中的体现。新闻工作者要坚持党的领导，遵守党的组织原则和党的纪律，宣传党的纲领、路线、政策。

我国社会主义新闻事业决定了新闻评论的本质属性，因此要求新闻评论撰写者必须坚持党性原则，遵守党的纪律，维护党和人民的根本利益。新闻评论撰写者要融入党的中心工作，坚持学习党的思想、路线、方针、政策，保持同党中央在政治上、思想上的高度一致。这里需要强调的是，党性原则并不是要求在撰写评论的实践活动中，对党的思想政策进行照搬照抄或将其作为唯一选题，而是指要在正确的政治思想指导下坚持正确的舆论导向。《人民日报》2005 年 5 月 20 日发表的评论《准确把握和谐社会的科学内涵》[1]，围绕中国特色社会主义的最新战略举措，对“和谐社会”的科学内涵进行评论。

准确把握和谐社会的科学内涵

构建社会主义和谐社会，是我们党根据马克思主义基本原理和我国社会主义建设的实践经验，根据新世纪新阶段我国经济社会发展的新要求和我国社会出现的新趋势新特点提出来的重大战略举措。推进和谐社会建设，很重要的一条就是要全面、准确地把握社会主义和谐社会的科学内涵。

深刻理解和谐社会的科学内涵，要从人类社会发展的规律来把握。古往今来，无论中国还是西方，人们一直在追求社会的平等、安定、和谐。一部人类社会历史，就是人们追求美好社会理想的历史。马克思、恩格斯在继承前人思想成果的基础上，创立了科学社会主义理论，勾画了美好社会的蓝图，指明了实现美好社会理想的正确途径。在革命、建设、改革的长期实践中，我们党不断探索和发展了具有中国特色的社会主义社会建设理论，我们党进行的一切奋斗，归根到底就是为了实现最广大人民的根本利益，都是为了实现社会和谐，建设美好社会。社会发展的历史进程和我国现代化建设的实践都告诉我们，构建社会主义和谐社会，符合马克思主义的基本原理，符合马克思主义关于社会主义社会的科学设想，是对共产党执政规律、社会主义建设规律、人类社会发展规律认识的深化，是对中国特色社会主义理论的丰富和发展，也是对马克思主义关于社会主义社会建设理论的继承和创新。

深刻理解和谐社会的科学内涵，要从社会主义和谐社会的基本特征来把握。

---

① 人民日报评论员. 准确把握和谐社会的科学内涵[N]. 人民日报，2005 - 05 - 20(01).

在历史上，有过各种各样关于和谐社会的构想和实践，我们党所要构建的是社会主义和谐社会，其基本特征是：民主法治、公平正义、诚信友爱、充满活力、安定有序、人与自然和谐相处。这样的和谐社会，应该是社会主义民主得到充分发扬，依法治国基本方略得到切实落实，各方面积极因素得到广泛调动的社会；应该是社会各方面的利益关系得到妥善协调，人民内部矛盾和其他社会矛盾得到正确处理，社会公平和正义得到切实维护和实现的社会；应该是全社会互帮互助、诚实守信，全体人民平等友爱、融洽相处的社会；应该是一切有利于社会进步的创造愿望得到尊重，创造活动得到支持，创造才能得到发挥，创造成果得到肯定的社会；应该是社会组织机制健全，社会管理完善，社会秩序良好，人民群众安居乐业，社会保持安定团结的社会；应该是生产发展，生活富裕，生态良好的社会。这六个基本特征，体现了民主与法治的统一、公平与效率的统一、活力与秩序的统一、科学与人文的统一、人与自然的统一。建设这样一个和谐社会，适应了我国改革发展进入关键时期的客观要求，体现了广大人民群众的根本利益和共同愿望。

准确把握社会主义和谐社会的科学内涵，对于推进和谐社会建设十分重要。我们对这个科学内涵理解得越深刻，把握得越准确，就能在工作中增强自觉性和坚定性，减少盲目性，克服片面性，就能既立足当前，又着眼长远，扎扎实实地推进和谐社会建设。

评论抓住"和谐社会"这一宏观性选题，针对党的最新政策方针提出论点：建设和谐社会，需要准确把握和谐社会的科学内涵，并阐述应从"人类社会发展的规律"和"社会主义和谐社会"的基本特征两个方面来把握。作为党媒，其作品的选题体现出"党媒姓党"的特征。

二、新闻素养

曾被称为"中国第一个真正现代意义上的记者"的民国记者黄远生将新闻专业素养归纳为"四能"："调查研究，有种种素养，是谓能想；交游肆应，能深知各方面势力之所存，以时访谈，是谓能奔走；闻一知十，闻此知彼，由显达隐，由旁得通，是谓能听；刻画叙述，不溢不漏，尊重彼此之人格，力守绅士之风度，是谓能写。"[①] 他精到地指出了记者要能想、能奔走、能听、能写。这里将新闻评论撰写者的新闻素养分为新闻敏感度

① 方汉奇. 中国新闻传播史[M]. 北京：中国人民大学出版社，2002：169.

和新闻实践力两个方面，即新闻评论撰写者需要具有发现新闻评论选题的能力和将新闻选题转变为新闻评论作品的能力。

（一）新闻敏感度

新闻敏感度是新闻工作者必备的专业素养之一。作为新闻评论撰写者，首先要发现可评论的对象，确定选题，才能进行创作，因此新闻敏感度极其重要。这里的新闻敏感度指的是对现实客观存在的信息能进行有效的判断，判断是否有新闻价值、论证价值和社会功能。例如，新闻评论撰写者往往需要考虑信息中的新闻事实是否值得深入挖掘，如何从特殊的角度来对评论对象发表看法等。

第26届中国新闻奖文字评论二等奖作品《“怎么证明我妈是我妈！”》①的作者在与同事交流中了解到：一位同事办理出境游手续、另一同事为母亲办理异地医保手续都发生了需要证明母子关系的问题，作者的新闻敏感度很高，敏锐地对这个现象进行剖析，直击社会问题，引发广泛关注。

“怎么证明我妈是我妈！”

解决证明过多过滥问题，需要打破政府职能部门间的信息“壁垒”，真正实现让数据多跑路，让百姓少跑腿。

“该怎么证明我妈是我妈！”这是北京市民陈先生的一句感慨。听起来有些好笑，却是他的真实遭遇。

陈先生一家三口准备出境旅游，需要明确一位亲人为紧急联络人，于是他想到了自己的母亲。可问题来了，需要书面证明他和他母亲是母子关系。可陈先生在北京的户口簿，只显示自己和老婆孩子的信息，而父母在江西老家的户口簿，早就没有了陈先生的信息。在陈先生为此感到头大时，有人指了一条道：到父母户口所在地派出所可以开这个证明。先别说派出所能不能顺利开出这个证明，光想到为这个证明要跑上近千公里，陈先生就头疼恼火：“证明我妈是我妈，怎么就这么不容易？”而更令陈先生窝火的是，这一难题的解决，最终得益于向旅行社交了60元钱，就不需要再去证明他妈就是他妈了。

陈先生的遭遇，并非孤例，很多人在办事过程中遇到过类似令人啼笑皆非的证明：要证明你爸是你爸，要证明你没犯过罪，要证明你没结过婚，要证明你没有要过孩子，要证明你没买过房……这样那样的证明，有的听起来莫名其妙，办起来

---

① 黄庆畅.“怎么证明我妈是我妈！”[N].人民日报，2015-04-08(17).

更让人东奔西跑还摸不着头脑。

为什么需要这么多的证明？近日，本报在《关注改革“最后一公里”·聚焦社区治理》的报道中一针见血：证明过多过滥，除了审批事项太多外，还因为原本应由相关职能部门之间相互核实，但同级职能部门之间却互相推诿。说白了，就是要审批的事项很多，可谁也不愿担责。笔者办事就曾遇到过“部门A说需要部门B的证明，而部门B说没有部门A的证明我用什么来证明”，就像是你要给我蛋，才能孵出鸡，而我说你要给我鸡，才能生下蛋。这样的僵局，往往托人能打破。

然而当我们对一些证明感到不可理解，去问工作人员为什么要这个证明，得到回答往往是“就是这么规定的”。诚然，必要的证明是应该的，但花点钱、找找人就行，或者在没有知情权的社区盖个章也行，这也从一个侧面说明，其实不少证明并非非要不可。因此，各级政府部门有必要结合简政放权的时代要求，与时俱进地对需要当事人提供的材料事项进行梳理，能免的就免、能简的就简，从源头上减少对证明的需求。

让数据多跑路，让百姓少跑腿，信息化为现代社会治理提供了这样的可能和便利。解决证明过多过滥问题，当务之急需要打破政府各职能部门之间的信息“壁垒”，通过一定的规则和权限设置，让公民基本情况实现共享。这样，老百姓就不会再为各种证明四处跑腿，更不会出现“需要证明我妈是我妈”的尴尬。

作品选用典型事例，提出反问“为什么需要这么多的证明”，对现象的不合理性进行论证，得出论点：“需要打破政府职能部门间的信息‘壁垒’，真正实现让数据多跑路，让百姓少跑腿。”这篇评论通过身边的信息，抓住简政放权的实时政策热点。可以看出，评论作品撰写者高度的新闻敏感度，以及透过社会现象、抓住问题本质的专业能力。

（二）新闻实践力

新闻实践力包括采访调查、信息处理和符号表达能力。

1. 采访调查

采访调查是新闻工作者的基本能力之一。新闻评论包含的信息与观点，是基于客观现实的主观意识形态；客观现实信息需要新闻评论撰写者进行采访调查获取。采访调查主要形式包括：直接进行采访或通过大众传媒获得信息，阅读文献资料等引用信息，通过媒介技术收集相关信息再进行处理加工等。

2. 信息处理

在获得信息之后，新闻评论撰写者的第二个新闻实践活动为对信息的处理。在无信息起点的信息时代，庞大的信息量使得我们缺乏的不是信息，而是对信息“过滤”的能力。在通过直接或间接方式获取信息后，理解信息、判断信息、选择信息的过程都需要具有良好的信息处理能力。除一手信息外，新闻评论撰写者需要注意对信息的核实、核查，保证新闻评论的真实性，同时也要防止陷入“信息茧房”的陷阱中，多关注公共空间内的话题与公众的反馈。

3. 符号表达

新闻评论作品作为一种文化信息产品，在符号表达中首先要注重新闻语言的规范性，采用“新闻化语言”，做到准确精练、情理交融；同时也要尝试公众熟悉的表达方式，多采用“平民化语言”，使说理论述更加生动形象。两者的有机结合和使用的范围需要新闻评论撰写者在实际符号表达中有所注意，要以规范性的语言为主，保证新闻评论的新闻性、论证性，不可乱造词语、乱用流行语造成事实观点的错误。在此基础上，可以恰当地使用活泼生动的大众化言论，使评论文章更具表现力。

三、逻辑素养

逻辑学是思维中普遍适用的原则和方法，是人们认识事物、表达思想、论证观点时必须运用的一种思维工具。比如同一律、矛盾律、排中律等，是新闻评论必须坚守的准则。

新闻评论具有论证性，新闻评论写作的论证过程要求新闻评论撰写者具备逻辑思维能力。新闻评论撰写者要注重养成逻辑思维能力，论证过程中注重逻辑思维运用，保证新闻评论作品逻辑严密，符合逻辑规律。第 30 届中国新闻奖文字评论三等奖作品《敢说“不行”也是自信的表现》[①]从基层采访的所见所闻谈起，从实践、历史和理论三个维度加以论述，体现出新闻评论作品的理论高度和逻辑性。

敢说“不行”也是自信的表现

“我们村群众反映，果园建起来了，但缺少有机肥”“我们区学校校舍不足情况比较严重，群众意见不少”“我们县这次检视出群众反映的偏远山村通讯难等 15 项问题需要整改，‘通讯基本靠吼’的问题不能再影响群众生活了”……连日来，记者在采访“不忘初心、牢记使命”主题教育进展情况中发现，与以往许多部门单位负责人爱谈“成绩”不同，现在谈问题的多了，敢晒“病”、亮“家丑”的也多了起来。

自信，在许多人看来是“能力强、水平高、成绩大”的“代名词”，而说困难、讲问

① 呼东荣，王丹. 敢说“不行”也是自信的表现[N]. 榆林日报，2019-12-30(01-02).

题则被视为“不自信”的表现。这就导致一些党员干部在实际工作中不担“担子”、怕丢“面子”、爱装“样子”，遇到新闻采访，总是想着让记者看好的“典型”、听做出的“成绩”，以便搞好“正面报道”。于是，他们在发现问题时就为眼睛换上“美颜键”，滤掉那些“丑丑”的问题；遇到问题时，为双脚装上“快进键”，绕着问题走；解决问题时，为大脑按上“删除键”，“技术性”地让大事化小、小事化了。正因为这样，常常出现一边是群众的烦心事还在烦心，一边却是这些同志永远“漂亮”的调研报告和工作总结。

其实，没有问题往往是最大的问题。敢于晒“病”就不是真“病”，敢说“不行”其实也是自信的表现，敢于直面问题才是真想解决问题。我们党之所以区别于其他政党，就在于从不讳疾忌医，敢于直面存在的困难和问题，“刀刃向内”，勇于自我革命。延安时期党中央决定开展的“整风运动”，不光是让人“红脸”“出汗”，更是让不少干部内心感受到强烈的震撼。党的十八大以来，以习近平同志为核心的党中央下决心改变管党治党“宽、松、软”的状况，深入开展党的群众路线教育实践活动和“三严三实”专题教育，推进“两学一做”学习教育常态化制度化，开展“不忘初心、牢记使命”主题教育……在党的自我革命的道路上，我们的党不断实现自我净化、自我完善、自我革新和自我超越。突出“问题导向”，敢于正视问题，不逃避、不回避问题，敢于亮出自己的“家丑”，不仅不会“丢丑”，反而会让自己更加坦荡真诚，增加克服困难改变面貌的勇气和智慧，得到人民群众的谅解和支持。如果面对困难问题讳疾忌医、文过饰非或者弄虚作假，明知有错不说错，看出有错不改错，那才是真正的错上加错，一定会使党和人民的事业受到影响。

毛泽东同志说过:“任何政党，任何个人，错误总是难免的，我们要求犯得少一点。犯了错误则要求改正，改正得越迅速、越彻底，越好。”有了问题不要紧，改了就是好同志。“不忘初心、牢记使命”主题教育要求把“整改”贯穿始终，就是要求广大干部群众敢于发现问题、直面问题并且积极地去解决问题。要盯着问题去、追着问题走、迎着问题上，用检视出来的问题去倒逼各项工作的顺利开展。而解决问题的质量高不高、效果好不好，还要多问问群众“满意不满意”“高兴不高兴”，这样才能真正做到“为民服务解难题”。

在这个意义上看，敢说“不行”不是不自信，而是“知耻而后勇”的担当，是更加自信的表现。

这篇评论立意高远，选题新颖，语言平易近人，既有历史纵深，也有很强的现实针对性，被知网收录，被榆林网（塞上明珠网）等当地多家媒体转发，受到当地干部群众的好评。评论表现出对选题的深度思考和良好的思维逻辑能力。针对“不忘初心、牢记使命”主题教育中干部群众敢于亮出问题的现象，提出敢说“不行”也是自信表现的观点。评论先批评敢说困难、讲问题是不自信的惯常思维方式，再论证敢于直面问题是党的优良传统和现实要求，指出面对问题讳疾忌医、文过饰非是错误的，会给党和人民事业带来消极影响，进而论证敢于发现问题、直面问题、解决问题，才能真正“为民服务解难题”，最后再强调敢说“不行”是更加自信的表现。先驳论，再立论，层层递进，逻辑线索清晰明白。

四、知识素养

知识是认识客观世界的重要因素，知识体系是一个人掌握的知识水平和运用知识的能力，科学文化知识的积累是新闻评论者不可缺少的基本素养之一。从新闻评论的历史演变来看，从古至今，新闻评论大家的作品都反映出他们深厚的知识文化背景，众多优秀的新闻评论作品都是扎根在新闻评论撰写者的深厚知识沃土的。现今新闻学、传播学的发展，呈现多学科交叉特点，人文社会科学和自然科学知识都是新闻传播工作者需要继续学习和了解的内容。

“一个评论工作者只有具备比较丰富的政治知识、经济知识、法律知识、工农业生产知识、科技知识、文教知识等，才能搞好评论工作；在评论这些方面的问题时，才不会说外行话，而且能说得深刻。”①不同的新闻评论选题涉及社会的各个领域，新闻评论撰写者对该领域的知识积累，对于其评论作品的深度、质量有着至关重要的影响。

下面以第28届中国新闻奖文字评论二等奖作品《不因唱衰而忧 不因看涨而乐》②为例，来看新闻评论撰写者的金融和经济知识素养。

不因唱衰而忧　不因看涨而乐

无论是个人投资者还是知名的金融机构，在发表对市场的分析预测时，都不免出现盲人摸象、以点概面、人云亦云等常见错误。许多金融机构或受情绪影响或因水平不够，往往会对一些短期经济数据做出过度解读。因此，金融机构对市场的预测无论唱衰或看涨，都不足以成为中国经济忧虑或欢乐的依据。

近日，国际金融服务机构摩根士丹利，发布关于中国中长期经济前景的最新

---

① 周永固．新闻评论学原理[M]．武汉：武汉大学出版社，1997：362－363．

② 樊大彧．不因唱衰而忧 不因看涨而乐[N]．北京青年报，2017－02－20(A2)．

报告《我们为什么看涨中国》。报告高度评价中国经济转型成果，并据此作出若干预测。其中包括，中国发生系统性金融风险的可能性较低，中国将在10年后迈入高收入国家行列，中国股票市场将继续保持良好表现。

近年来一贯唱衰中国经济的西方金融机构，突然转了性高调看涨中国。几天来，这种变化在中国媒体引起了持续发酵，同时，摩根士丹利这一分析预测，也吸引了彭博社、路透社及金融时报等西方主流媒体的高度关注。

其实，近期看涨中国的机构不在少数，除了摩根士丹利、瑞信证券、苏格兰皇家银行等投行，还有联合国贸易发展委员会、欧盟委员会等国际机构。这些机构近期纷纷发布研究报告对中国经济增长作出积极预期。

2016年我国经济结构调整取得初步成效，生产者物价指数(PPI)、企业利润等一些重要指标呈现初步回升态势，这表明中国经济增速快速回落的风险已明显下降，提质增效正积极推进，经济运行将总体保持平稳。正是因为这些积极变化的出现，才会有多家国际机构看涨中国，认为2017年中国经济将继续呈企稳向好态势。

2017年中国经济可以打的“牌”确实不少，我国基础设施建设需求仍然较大，在积极财政政策支持下，2017年基础设施投资大有可为。消费更是被国内外学者一致看好，消费支出被认为仍将是2017年经济增长的主要动力。随着消费结构升级和消费模式创新，消费潜力将进一步释放，今年消费总体上仍有望保持两位数的增长，并将带动中国经济转型升级。

中国经济“好牌”在手，因此被人看高一线，这也是十分自然的事情。但由于观点变化的节奏太快，所以还是令人一时难以适应。要知道在短短两三个月之前，还有众多国际机构一致唱衰中国经济。在去年底，海外一度又响起了唱衰大合奏，论调主要集中在认为中国经济增速有硬着陆之虞，地方债务有爆破风险，楼市也有可能崩盘等等。

境外机构在短时间内上演了一场舆情反转的好戏，在感叹“轻舟已过万重山”之余，还应该仔细品鉴反转背后的原因。其实，无论是个人投资者还是知名的金融机构，在发表对市场的分析预测时，都不免出现盲人摸象、以点概面、人云亦云等常见错误。许多金融机构或受情绪影响或因水平不够，往往会对一些短期经济数据做出过度解读。因此，金融机构对市场的预测无论唱衰或看涨，都不足以成为中国经济忧虑或欢乐的依据。

更值得警惕的是，一些国际金融机构的“不靠谱”并不是无心之失。这些投资机构不仅是生意人，甚至还是“双面人”，他们积极发布或唱衰或看涨的信息，恐怕并不在意这些预测是否会应验，他们更寄望于这些预测为资本市场推波助澜，并最终为自己带来丰厚回报。

需求旺盛、潜力巨大、内生增长动力强劲等，中国经济因种种积极因素近期被一致看涨，这无疑是件好事。但此时各有关方面尤其需要保持头脑清醒，做好振兴实体经济、防控金融风险的工作。因为中国经济结构性改革不是一两年就能完成的，跨越中等收入陷阱“生命线”，这场输不起的战争更不是轻而易举就能成功的。

作为热门预测标的物的中国经济，不能因唱衰而忧，也不能因看涨而乐。而应该专注做好自己的事，同时对任何可能隐藏着不可告人政治或经济目的的陷阱，保持高度警惕。

评论作品以西方金融机构及学者对中国经济的看法为选题，辩证客观地分析中国经济唱衰、看涨的原因，提出论点“不能因唱衰而忧，也不能因看涨而乐”，要保持客观冷静，警惕外部环境。作品涉及经济领域，论证中涉及的各种专业名词及专业知识论据都体现出作者丰富的经济知识。整篇作品思辨性极强，说理体系清晰，论证准确有力。

五、法治素养

社会主义法治社会，知法守法是每个公民的义务。新闻评论作品注重思辨过程，在评价社会问题、热门舆论话题时，其主要观点必须要符合社会主义法制观念。这要求新闻评论撰写者一方面要具备法律知识，另一方面也要在论证中用法治的理性思维去进行说理。

第28届中国新闻奖网络评论二等奖作品《于欢案直播，让公众在身临其境中感受到公平正义》[①]，是作者在观看庭审微博直播过程中撰写的文章，庭审半小时后发布，正向引导了社会舆论。

于欢案直播，让公众在身临其境中感受到公平正义

备受公众瞩目的于欢案今天在山东省高级人民法院进行公开二审。这是全国省级高院首次在微博上对敏感刑事案件的终审环节进行“图文＋视频”直播，可谓开先河的大胆之举。

毋庸讳言，于欢故意伤害一案一审后，由于派生出处警不力、高利贷、涉黑等

① 朱德泉．于欢案直播，让公众在身临其境中感受到公平正义[J/OL]．(2017－05－27)[2020－02－21]．http://www.dzwww.com/dzwpl/mspl/201705/t20170527_15977854.htm.

高度敏感议题，围绕着人伦亲情与定罪量刑的德法之辩，引发舆论场各种观点激烈碰撞。在这种情况下，是“两耳不闻窗外事”，还是“弄潮儿向涛头立”，山东高院选择了在仅月活用户就达3.4亿之多的全球用户规模最大的社交媒体上进行庭审公开，采用了最热门、最吸睛的视频直播等“可视化、即时性”方式进行。这种努力让公众在身临其境中感受到公平正义的初心，不能不说是一次切实提高司法工作透明度的自觉创新和自我驱动。它传递的，是积极回应人民群众对人民法院工作关切的善意和勇于直面社会舆论监督的诚意。

应该说，近年来人民法院在深化司法公开上下了不少功夫。审判流程公开、裁判文书公开、执行信息公开三大平台建设正不断深化完善。就拿视频直播来说，中国庭审公开网上每天都有海量直播。该网公开呈现的数据显示，山东各级法院已经累计直播了355场，已接入庭审公开的法庭达到35家。但在分众化、差异化特征愈发明显的移动互联网时代，司法公开需要与时俱进。民意在哪里聚集，公平正义的法制之光就要尽力照射到哪里；老百姓在哪里上网，透明司法的法治公开课就要努力覆盖到哪里，老百姓愿意用哪种方式获取信息，就全力采取哪种传播方式满足他们的知情权。我们应该乐见依法治国进程中的这每一次进步。

“政者，正也。”司法公正需要以堂堂正正的阳光姿态呈现。法律是治国之重器，法律的权威源自人民的内心拥护和真诚信仰。我们相信，只要把握住“司法为民”的本质要求，就完全可以用“看得见的正义”去抚平争议判决激起的舆论怨怼，去对接社会对正义的期许。因为坚持依法独立办案和坚持司法的民主性是依法治国进程的历史大逻辑，德治和法治是完全可以相得益彰的。正如习近平总书记要求的那样，要努力让人民群众在每一个司法案件中都感受到公平正义，所有司法机关都要紧紧围绕这个目标来改进工作，重点解决影响司法公正和制约司法能力的深层次问题。

司法公开体现着人民司法的政治属性。随着新媒体的快速发展，越来越复杂的大舆论场已经形成，在自发性、突发性、公开性、多元性、冲突性、匿名性、无界性、难控性等新特征纵横交错的同时，新技术、新应用、新平台也为人民法院坚持群众路线提供了诸多新路径。只有敢走新路，不断实施司法公开的新举措，积极寻找司法公开的新办法，充分利用司法公开的新工具，才能在更加积极主动中亲近民众、亲近民意，才能让人民群众在司法改革的更多获得感中真切感受依法治国的公正无偏，才能更大力度树立和彰显司法的权威和公信力。

希望把于欢案办成经得起人民和历史检验的铁案是社会各界的最大共识。

在这种大舆论场里，司法机关在用透明公开的庭审直播积极回应网上舆情，新媒体和广大网友也应该尊重事实，尊重法律，理解、支持法院的依法独立审判。

在身临其境的庭审和触手可及的正义感知中，司法与媒体、与公众，唯有形成更加良性的互动，才能更好促进多元声音的理性回归。

在众声喧哗的新媒体环境下奏响公正司法的时代强音，同样需要我们每一个人的"金声玉振"。

本篇作品对于热点案件的庭审直播进行了追踪评论，论证了司法公开对于依法治国、社会法治建设的意义，辩证地分析了庭审透明公开、依法独立审判及民意舆论表达之间的关系，从中可以看出作者的法律意识和法律观念以及其对法治社会的理解。

六、情感素养

情感素养是指撰写者具有人文关怀的情感倾向，表现为对人的尊严、价值、命运的维护、追求和关切，对人类传承下来的各种精神文化的高度珍视，对一种全面发展的理想人格的肯定和塑造。新闻评论撰写者的作品要注重以人为本，尊重理解他人，具有同情、关爱等情怀。

新闻评论撰写者的情感素养，会使得其新闻评论作品饱含人文精神，充满着对人的关怀。例如刘翔退赛之际，《以任性的名义，理解刘翔的退出》《理解刘翔，闪现人性光辉》《理解刘翔就是理解自己》《真正的关心刘翔就是宽容刘翔》《刘翔有权受伤，13 亿人的期望不应该一个人扛》《刘翔因伤退赛依旧是英雄》等新闻评论作品多从宽容理解的角度呼吁公众的理性思考，其中蕴含的就是新闻评论撰写者的关爱之情。

理解刘翔，闪现中国人性光辉[①]

即使再神奇的预言家，也想不到刘翔会以这种方式结束他为之努力四年的北京奥运会。

当刘翔一瘸一拐的背影从"鸟巢"中消失后，一些人的北京奥运会，或许也就此结束了。

但是，在这个堪称迄今为止北京奥运会最大的突发事件过后，中国人的反应，令世界感动——因为中国人集体的人性光辉。

① 肖春飞. 理解刘翔，闪现中国人性光辉[J/OL]. (2008 - 08 - 18)[2020 - 02 - 25]. http://opinion.people.com.cn/GB/7687149.html.

在刘翔身上，寄托着国人太多的期望，相当一部分人，是为了看刘翔的比赛才关注北京奥运会。他们的失落可想而知。

自从雅典奥运会刘翔实现中国男子田径历史性的突破后，这个生于1983年的年轻人翌日醒来后，发现自己已名满天下。他成为国家的英雄、广告的宠儿、对手的噩梦，他的一言一行、一举一动都被呈现在公众面前，他被“神化”，成了不会失败的“天下第一”。

刘翔也确实勤勉，无论自己的对手是上一代的阿兰·约翰逊、同龄的杜库雷还是下一代的罗伯斯，他总是能够创造佳绩，甚至像2007年大阪世锦赛那样实现惊天大逆转，他带给国人一次又一次惊喜，创造一个又一个奇迹。

只是很少有人会想到，刘翔也是一个普通人，跟无数从事短跑的运动员一样，无法摆脱跟腱带来的噩梦。终于，在他的北京奥运会首场比赛时，这个年轻人，虽然他硬撑着站到了跑道上，但剧痛让他再也无法完成比赛。他只能选择退出。

令人感动的是，在哗然、震惊过后，尤其是通过新闻发布会得知刘翔退赛的原因后，国人——无论是现场的观众，还是反应迅速的网民——迅速对刘翔退赛的行为表示理解、同情与安慰，他们还纷纷祝福刘翔，早日养好伤，早日回到赛场。

健康重要还是金牌重要？在今天，已经不再是一个争议的话题。

顽强拼搏和“三从一大”，曾经让一代又一代中国运动员笑傲赛场、感动国人，但是，曾几何时，一味提倡“轻伤不下火线”，也让大量中国运动员小伤成大伤，不得不遗憾地缩短运动寿命，甚至在风华正茂时告别体坛。

近年来，中国体育最大的观念进步，是对运动员有了更多的人文关怀，不再只看重一时的成绩，而是将运动员的身体健康看得更加重要，努力把对运动员的伤害降到最低程度。

带伤上阵、“杀鸡取卵”，不但是一种伤害，也是一种短视。事实上，给予运动员更多的人文关怀，是延长其运动生命并保持可持续发展的重要保障。2006年，刘翔因为一点小伤而放弃多站大赛，彻底康复后打破世界纪录，这一案例完全可以写进中国竞技体育的教科书。

国人相信，刘翔此次因伤——还不是当年的小伤——退出比赛，将来他还能继续创造好成绩。到伦敦奥运会时，刘翔也只有29岁，男子高栏传奇人物阿兰·约翰逊不是到了三十多岁还频繁创造佳绩吗？

刘翔因伤退赛，令云集北京的海外媒体也倍感震惊，而中国人对刘翔的理解、支持，也让他们感动。

2008年，世界从未如此近距离看中国。5月12日汶川大地震发生后，在巨大灾难面前刚毅坚强的中国感动了世界，世界通过这场灾难也重新认识了中国：尊重人的生命与面对灾难迸发出勇敢、无私、坚忍不拔……中国人并非他们想象中的“经济动物”，中国的年轻人，更不是垮掉的一代。

如果说，北京奥运会开幕式让世界看到了中国的强盛；刘翔退赛这一刻，世界看到了中国的悲情，更看到了中国灿烂的人性光辉。

评论作品从刘翔退赛谈起，讨论运动员的人文关怀问题，指出健康比金牌更重要，认为中国人在刘翔退赛后的理解、支持等态度，是一种人性光辉。针对刘翔因伤退赛这一新闻事件，作品站在人文关怀的角度，倡导包容与关爱。

七、技术素养

近年来，随着新媒体的兴盛与发展，对全媒型和专家型新闻人才的需求迫切。新闻队伍不断扩大，新闻记者类型增多，网站记者人数持续增加。公众的视野持续拓宽，社会化传播者大量涌现。媒体传播技能的“去专业化”和新闻发布渠道的“去中心化”趋势，催生了商业化自媒体人、视频平台投稿用户，以及政务微博微信编辑等。这种新变化要求新闻评论撰写者具备良好的技术素养，具备对不同媒介载体的使用能力。

以中国新闻奖评选为例，其评选项目在调整中不断丰富优化。1997年增加报纸、广播、电视系列报道项目，1999年增加广播电视新闻现场直播项目，2006年增设网络新闻奖，2007年增加广播电视新闻访谈项目，2010年增设国际传播奖项，2018年增设媒体融合奖项。随着新技术的发展，新闻评论也展现出融合、可视、交互、移动、垂直、场景新等特点，出现短视频、H5、移动直播、VR、AR、人工智能、AI剪辑、三维特效、数字可视化等新的形式，对新闻评论撰写者的技术素养要求也在不断提高。

第二节 职业道德素养

1991年1月，中华全国新闻工作者协会第四届理事会第一次全体会议通过了《中国新闻工作者职业道德准则》，后历经1994年4月、1997年1月、2009年11月三次修订。2019年新准则要求全国新闻工作者，包括一切能够提供信息传播和舆论表达平台的新媒体从业人员都要自觉执行，这就扩大了“新闻工作者”的范围。关于新闻工作者道德素养要求，新准则相关内容包括：第二条第 2 款“严守道德伦理底线”，第三条第 3 款“不刊播违背科学精神、伦理道德、生活常识的内容”，第四条新闻工作者要“保持一身正气”，第六条第 4 款“不渲染凶杀、暴力、色情等”，第 6 款“尊重和保护新闻媒体作品版权，反对抄袭、剽窃，抵制严重歪曲文章原意、断章取义等不当摘转行为”。

一般而言，新闻评论作者的职业道德素养涵盖以下方面：

一、实事求是

什么是“实事求是”，毛泽东曾经做出过解释：“‘实事’就是客观存在着的一种事物，‘是’就是客观事物的内部联系，即规律性，‘求’就是我们去研究。”新闻评论撰写者要遵循客观事实，所传播的信息要是真实的信息，同时要有判断力，要做到公正客观地撰写评论。

二、责任意识

新闻评论撰写者要明确自己的社会角色，要有社会责任意识，做好“社会公器”，注重新闻评论的公共性，在关键时候要勇于发出声音，要代表广大人民表达利益诉求，对于客观存在的不合理现象和因素要及时地发表意见和批评。只有牢记责任，才能勇于担当，坚持使命，不被片面信息、极端主义、个人利益等其他因素干扰，成为社会进步的推动者。

三、创新意识

新闻评论作为一种社会实践活动，需要其作者有创新意识。从新闻评论出现至今，新闻评论的要素已发生诸多变化。作为新闻评论撰写者，一方面要在继承中创新，从历史维度汲取优秀新闻评论的滋养，在选题、思辨方式和观点上锐意创新；另一方面要在发展中创新，从技术维度考虑新闻评论在未来的发展趋势，勇于探索新闻评论的新形式、新内容等。

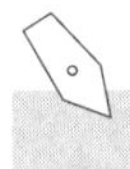

扩展阅读

[1] 胡沈明，罗祎文. 转型期新闻评论员的职业理念与职业流动状态——基于 121 位评论员经历的计量统计分析[J]. 西部学刊，2019(01)：36 - 40.

[2] 汪青云，白丹. 新闻评论员转型的现状和困境[J]. 新闻战线，2017(10)：41 - 42.

[3] 刘义昆. 职业新闻评论员应具备哪些基本素质[J]. 新闻与写作，2017(05)：89 - 91.

写作实践篇

本篇关注新闻评论的写作方法和原则，结合中国新闻奖、普利策新闻奖等优秀作品案例，系统分析新闻评论写作实践中的选题、立论、论证、论据、逻辑工具、价值判断、结构及语言等关键问题，并结合融媒体发展的大背景，对广播、电视、网络等大众媒介新闻评论的制作经验进行总结，提示要点；同时，探讨不同新闻评论样式的主要特色，并探讨融媒体时代的读者定位及未来新闻评论的发展趋势。

第六章　新闻评论选题

内容提要

1. 新闻评论选题的概念。
2. 新闻评论的选题来源。

思考练习

1. 新闻评论的起点是什么？
2. 新闻评论选题范围与新闻评论对象之间有怎样的关系？
3. 新闻评论的选题来源有哪些？
4. 结合具体案例，分析如何获得新闻评论选题。

第一节　新闻评论选题是新闻评论的起点

新闻评论选题，就是选择所要评论的事物或问题，它确定评论的对象和范围。

任何一篇新闻评论都有自己的选题范围，这是新闻评论的起点。选题千差万别，可以是新闻事件、社会问题，也可以是舆论热点。新闻评论撰写者在明确选题后，围绕选题提炼主题，选定评论对象，然后才能有的放矢地开始新闻评论的写作。

由于新闻评论具有新闻性、论证性、公共性等特点，因此新闻评论撰写者在考虑选题时需要判断新闻选题是否有新闻价值和论证价值，是否具有一定的社会价值。

在新闻评论选题时必须考虑选题是否具有新闻价值。新闻价值主要体现在这个新闻选题是否真实，是否具有时效性。著名新闻教育家徐宝璜在《新闻学》中提出新闻评论的选题“第一须以事实为材料，第二须以多数阅者多注意之事实为材料，第三须以最近之事实为材料”①。

对于新闻评论选题，必须考虑其是否有论证价值，是否有论证的必要性，在对其论证后是否能达到认知行为改变的效果，同时，也要考虑这个选题是否可以发挥积极的社会功能。

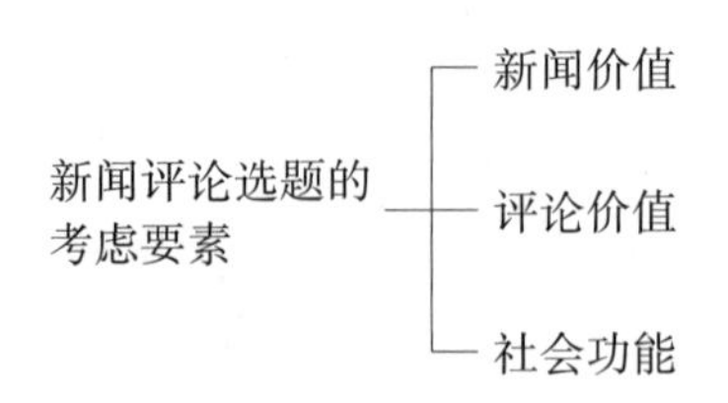

图 6-1　新闻评论选题的考虑要素

在互联网时代无信息起点的海量信息中，选定选题前，首先要判断信息的真实性，避免“假新闻”“反转新闻”出现，再考虑选题是否可以作为评论选题。在泛娱乐化的环境中，并不是所有的信息都是值得我们评论的。新闻评论撰写者必须有所判断，有所选择，才能通过新闻评论作品传播正确的信息和观点，发挥新闻评论的社会功能。

第二节　新闻评论选题范围与新闻评论对象

新闻评论选题不等同于新闻评论对象，一般来说，新闻评论作品中的评论对象与新闻选题的关系有三种：

图 6-2　新闻评论选题范围与新闻评论对象的关系

① 徐宝璜．新闻学［M］．北京：中国传媒大学出版社，2018：66．

一、新闻评论选题范围大于新闻评论对象

新闻评论作品不同于新闻报道，是针对某个客观存在进行的评说，传播的是信息和观点，因此在思维过程中往往是通过某一新闻选题范围，进行更大范围的话题讨论。如第27届中国新闻奖广播评论三等奖作品《最美校园评选的背后——莫让功利心玷污了孩子》[①]从江西省高安市的一次校园评选活动入手，扩展到对时下社交媒体上的投票、拉票行为进行评论，对学校管理者滥用权力行为进行批评，通过丰富的同期声和录音采访，摆事实，讲道理，最终提出不要让功利思想玷污了孩子纯洁的心灵的观点。可以看出新闻评论对象是校园里的一次投票活动，但是选题却扩展到了投票这种现象，新闻评论选题范围大于新闻评论对象。

二、新闻评论选题范围等于新闻评论对象

新闻评论选题范围即新闻评论对象这种情况在新闻评论作品中也十分常见，通常新闻评论撰写者在考虑评论选题时，往往就将某一新闻事件本身作为评论对象进行创作。例如第27届中国新闻奖网络评论二等奖作品《中国女排，最是精神动人心》，[②]这一评论选题的新闻事件是2016年8月19日上午中国女排淘汰劲旅荷兰队，挺进里约奥运会女排决赛。评论对象也是该新闻事件，揭示女排精神的时代价值。

中国女排，最是精神动人心

今天上午，中国女排用一场惊心动魄的比赛3∶1淘汰劲旅荷兰队，这是继3∶2逆转击败东道主巴西队后，取得的又一场荡气回肠的史诗般胜利！

赛后，郎平与12个轮番上场的年轻队员一一紧紧相拥，任她们泪水恣意，她那有些苍老疲惫的脸上宠辱不惊的坚毅令人动容。

我们不知道，这一刻，这位伟大的体育人可曾从这些中国姑娘的汗水和泪水中，看到35年前自己作为“铁榔头”的影子，但我们能在扣人心弦的每一分搏杀中，感受到女排精神又回来了！

奖牌成色诚可贵，最是精神动人心。

由郎平参与创造并延续下来的女排精神，始自1981年首次夺得“世界级的胜

---

① 刘建锋，冯正，杨婷，赖婵：《最美校园评选的背后——莫让功利心玷污了孩子》，宜春市广播电视台新闻综合频率明月焦点，2016年12月10日18时00分30秒。

② 朱德泉. 中国女排，最是精神动人心[J/OL]. (2016-08-19)[2020-03-06]. http://www.dzwww.com/dzwpl/mspl/201608/t20160819_14799542.html.

利”。35年来，中国女排风雨兼程，于起伏中前行，于坎坷中奋进，奏响了中国精神里壮怀激烈的英雄乐章。

这乐章，既是20世纪80年代中国社会奋斗激情的集中体现，又是“团结起来，振兴中华”的代代传承接力；既是永不服输、永不止步的上下求索，又是面对困难敢于胜利的复兴梦想进行时。

我们每一个人，或许都能被这种精神所感动并从中找到属于自己的精神动力，都能在这种精神中汲取更多砥砺前行的正能量，都能在这种精神的共振中找到爱国主义的自豪感和自信心。

在一个利益诉求愈发多元的时代，我们依然需要无私奉献的女排精神内核。

唯有公心才能打动人心，甘于奉献才能赢得更多点赞。公私分明，公而忘私，先公后私，是每个人义利之辨的哲思考问。

在一个崇尚自我不断强化的社会，我们依然需要团结协作的女排精神品质。

在现代社会里，任何一种技术进步的取得，都是一个集体合作的结果，学会合作，学会共处，是现代教育的基本理念。

在一个物质条件不断充盈的时代，我们依然需要艰苦训练的女排精神特征。

马克思曾经说过：“在科学的道路上没有平坦的大路可走，只有在崎岖小路的攀登上不畏劳苦的人，才有希望到达光辉的顶点。”其实，在每一个人的事业追求上，何尝不是如此。

在中国梦的奋进征途中，我们依然需要自强不息的女排精神真谛。

无论是获得更好的教育、更稳定的工作、更满意的收入、更可靠的社会保障，还是更高水平的医疗卫生服务、更舒适的居住条件、更优美的环境，我们所有对美好生活的向往和获得感都需要自强不息，吃常人不能吃的苦，做常人不能做的事！

毛泽东说：“人是要有一点精神的。”一个人是如此，一个国家的强盛、一个民族的进步，同样离不开精神的支撑和传承。

人人有精神，国家才有力量。

评论作品根据新闻事件，选定新闻评论对象，新闻选题范围与新闻评论对象一致，缘事而发，重点阐述了女排精神的时代价值，基于社会时代背景，指出中国需要女排精神，我们每个人、我们的民族、我们的国家都需要精神的传承与支撑。

三、新闻评论选题范围小于新闻评论对象

新闻评论作品中选定的评论对象不一定是新闻选题的全部要素，评论作者在选择对新闻事件进行评论时，往往会选择其中的一些关键要素或者部分事实，从某一特定的角度进行评论，而不是就整个新闻事件进行评论。在这种情况下，新闻评论的选题范围就小于实际评论对象。如第 26 届中国新闻奖文字评论一等奖作品《漠视生命是最可怕的沉沦》[①]，针对“邵东 18 岁少年杀师案”这一新闻事件，选取其中关于生命教育问题这一虽然很小，但却很精准的角度进行评论。

漠视生命是最可怕的沉沦

一个老师倒下了，他倒在自己学生的刀下。

他是学生眼中的好老师，也是同事眼中的好同事。

但这一切优点，都没能让他逃过这一劫。

刺倒老师的他，是家长眼中的乖孩子，邻里眼中的尖子生。

但这一切优点，却没能让他放弃这一暴行。

12 月 4 日，这起发生在邵东某中学高三 97 班的杀师案，令人震惊，发人深思。

没有深仇大恨，没有激烈冲突，他为何如此残忍？

12 月 9 日，新华社记者披露了这一案件的细节。

在这些细节中，我看到了许多诱因：沉迷玄幻小说，性格内向封闭，人生目标缺失，家庭沟通不够……

应该说，这是许多案例中的共性诱因，但我认为这不是触发此悲剧的关键。

在阅读这些细节中，让我为之震惊，为之惊骇的是他对生命的漠视，他漠视的既有自己的生命，也有他人的生命。

记者在看守所采访他时，小龙（化名）始终微笑、放松。问到对滕老师的印象，小龙笑着说，两年多来，滕老师并没有粗暴对待他或伤他自尊。

记者问他杀害老师的原因时，小龙说：“我从来没把他的命放在心上。”

“我从来没把他的命放在心上。”

多么可怕的回答！多么令人不寒而栗的回答！

对别人生命如此漠视的他，对自己的生命是否珍惜呢？

---

① 林新华. 漠视生命是最可怕的沉沦[N]. 衡阳晚报，2015 - 12 - 11(07).

与记者交流中，他说，理想的生活是“一个人住，看小说，混吃等死”。案发前一晚，小龙突然笑着对室友说，自己“大限将至，阳寿已尽”。

一个今年刚满18岁的青年，在漠视别人生命之时，竟然同样视自己的生命如草芥。

小龙的回答，让我深思，也让我忧虑。

因为，漠视生命的青少年不只是小龙这一个案。就在一个半月前，同样在邵东，10月18日，3名未满14岁的少年入室抢劫，将一名小学女教师杀害。

一语不合，杀害同学；教育几句，杀害老师；家庭矛盾，杀害家人……漠视他人生命之时，各种不可思议的自杀，也频频发生。学业压力大，自杀；升学不顺利，自杀；受点小委屈，自杀……

据人民网等媒体报道，在全球青少年自杀率不断上升的同时，我国也同样遇到这样的问题，目前，自杀已成为青少年人群死亡的首要原因。

漠视生命正在一些青少年心中萌芽，这是令人害怕的事，因为漠视生命是最可怕的沉沦。

人生最珍贵的是生命，没有生命就没有一切。珍惜生命是对自己的爱护，也是对他人的尊重。

当然，为了真理，为了革命，为了正义……舍生取义，那是光荣的、伟大的、为人民所敬仰的。除此之外，对自己生命的漠视，是不负责任的，是应该谴责的。对别人生命的伤害，是要被法律制裁的。

一个人对生命的漠视是最大的沉沦。生命是自己的，更是家庭和社会的，一个人来到这个世界，就要对自己、对家庭、对社会履职尽责。

一些青少年面对生命的漠视，显示出我们教育的缺失。这个缺失一是来自于家庭，在一些家长看来，除了孩子的成绩和身体健康，很少有家长对孩子心理健康给予关注，更谈不上对珍惜生命的教育。在家庭教育不够的同时，我们的学校和社会也没有对此给予足够的重视，一些学校更大的倾向是瞄准成绩排名、升学率的高低，虽有对学生的身心健康教育，但用时不多，用力不够，更谈不上对“问题学生”进行细致的观察，点对点的思想疏导。由于家庭和学校都没有把珍惜生命的教育放在重要的位置，甚至是忽视了这种教育，自然会出现小龙这样漠视生命的人，并任由他们制造惨案，引发悲剧。

和谐社会，首先需要对生命的珍惜，没有对生命的珍惜，哪来和谐？漠视生命的人不只是对自己的生命构成威胁，同样会如小龙一样，对别人、对社会带来巨大的威胁和伤害。

小龙制造的悲剧，小龙们的悲剧，给我们敲响了沉重的警钟！对生命珍惜的教育，应该从家庭开始，在学校普及，引起社会的高度关注，让他们了解生命的真正意义和担当，既珍惜自己的，也珍惜别人的生命，以此杜绝悲剧的发生。

从上面的例子可以看到，评论撰写者根据“杀师案”这一选题范围，对其他一系列校园悲剧进行论述，对于校园悲剧这一评论对象，选用采访中的一句话作为论点，紧紧围绕对青少年开展生命意义教育这一问题进行评论。尽管以新闻事件为话题开始，但是文章主要评论的对象却是青少年的教育问题，呼吁社会、学校和家庭在青少年中开展生命教育，让青少年了解生命的独特价值和真正意义，避免此类悲剧的再次发生。

第三节　新闻评论的选题来源

关于新闻评论选题，著名新闻评论家赵超构曾说过：“新闻评论员不比作家，总想找当天的事来写。做到灵活、敏锐，根底还在掌握政策观点，处处做有心人。读报、听报告、同朋友谈心、学习、开会、参观访问，都可以发现题材。”[①]新闻选题是客观存在的，但是新闻评论撰写者如何接触到这些客观存在，就要了解新闻选题的来源。赵超构所说的“读报、听报告、同朋友谈心、学习、开会、参观访问”等活动，其实就是获取新闻选题的社会途径。当然，只有通过社会活动实践，新闻评论撰写者才能获得有效的信息，即使在信息爆炸的互联网时代，也必须通过在线信息收集、判断、整理等实践活动，来获取选题信息。

对于新闻评论的选题来源，学界和业界也是说法不一。早期在传统媒体占据优势的时期，对于新闻评论的选题来源，一般归纳为关注“上面的精神”——“中心工作”和“下面的情况”——“群众生活”这两点，也就是说，一方面要关注党的方针政策、政府的中心工作等内容，另一方面要关注社会经济发展、关注群众生产生活等问题。随着新媒体的发展，信息传播的话语权开始转移，社会公共领域内充斥的声音更加多样，新闻评论的选题也变得更加纷杂。根据新闻评论的社会存在空间及社会功能，以及社会环境和媒介生态的变化，我们将新闻评论的选题来源分为七个方面。

① 高东. 新闻评论思维与写作[M]. 北京：化学工业出版社，2010：58.

表 6－1　新闻评论的选题来源

<table>
<tr><th colspan="2">选 题 空 间</th><th colspan="2">选 题 来 源</th></tr>
<tr><td rowspan="3">社会空间</td><td>政治</td><td>社会权力、主要矛盾</td><td>中心工作</td></tr>
<tr><td>经济</td><td>社会变革、信息革命</td><td>政策改革</td></tr>
<tr><td>文化</td><td>社会思潮、人文精神</td><td>文化现象</td></tr>
<tr><td rowspan="2">公共空间</td><td rowspan="2">公共领域</td><td>公共社会参与</td><td>社会热点</td></tr>
<tr><td>公共舆论</td><td>舆论话题</td></tr>
<tr><td rowspan="2">现实空间</td><td rowspan="2">媒介参与</td><td>媒介使用</td><td>生活现象</td></tr>
<tr><td>自我表达</td><td>公众反馈</td></tr>
</table>

一、中心工作

新闻评论选题的第一个来源是中心工作。我国的新闻传播事业具有社会主义性质，基于党性原则，新闻评论作品要和党的工作和思想保持一致。因此党的思想、精神、政策、方针等都是新闻评论的选题来源。新闻评论要全力服务于党和国家的中心工作，同时，对于社会环境中出现的主要矛盾，从客观的角度进行评论，以充分发挥舆论的监督批判功能。在新闻评论的历史演变中，新中国成立初期直至改革开放前这一阶段，新闻评论选题绝大部分以党和国家的中心工作为主，配合中心工作发表评论。现今，中心工作仍然是新闻评论选题的主要内容，仍然占据重要地位，在新闻评论的重点栏目、头版头条中出现的频次最高。党和国家的最新决策、重大部署和主要思想精神，都是新闻评论选题需要考虑的内容。因此新闻评论选题的第一个来源是中心工作。

第 29 届中国新闻奖文字评论二等奖作品《坚持“房子是用来住的，不是用来炒的”定位》[①]就是一篇典型的配合“中心工作”，从政府决策中找到选题的新闻评论。

坚持“房子是用来住的，不是用来炒的”定位

——一论促进长沙房地产市场平稳健康发展

“安得广厦千万间，大庇天下寒士俱欢颜。”杜甫这句 1 000 多年以前心系苍生

① 夏似飞，陈淦璋，彭艺. 坚持“房子是用来住的，不是用来炒的”定位[N]. 湖南日报，2018－06－19(01).

的锥心之问，也是今天很多老百姓最牵肠挂肚的事，理应成为一个地方念兹在兹的执政追求。

住有所居是安居乐业的起点，是维护社会和谐稳定的基石，也是中国特色社会主义的内在要求。

改革开放后特别是上世纪90年代以来，我国房地产市场快速持续发展，改善了千万家庭的住房条件，有力促进了经济社会发展。但随着时间的推移，问题也开始显现，尤其伴随房地产的高歌猛进，一些一线城市和沿海城市的房价飙升不止，工薪阶层只能“望房兴叹”。高房价的出现，“宁炒一座楼、不开一家厂”的盛行，在导致大量资金“脱实向虚”加剧泡沫的同时，助长了浮躁的社会心态。

多年来，长沙的房地产市场一直保持稳定发展，房价总体理性可控，提升了长沙的幸福指数。但近来，长沙房地产市场出现了不正常的现象：房价特别是二手房价格上涨过快，炒房客来势汹汹，出现了开发商捂盘惜售、中介投机违规等市场乱象，真正的刚需者排队难、中签难、买房难……

“房子是用来住的，不是用来炒的。”习近平总书记用这样一句再通俗不过的话，道出了住房的根本属性，道出了广大老百姓的心声，也为我国房地产市场平稳健康发展指明了方向。住房既具有商品属性和经济功能，更具有民生属性和社会功能。如果过分强调前者，房地产正常的供需关系就会被扭曲，进而偏离解决人民居住需求和改善民生这一根本方向。贯彻落实新发展理念，推动高质量发展，就要牢牢坚持习近平总书记提出的这个定位，防止经济发展过度依赖房地产业，让住房真正回归居住本性。

山水洲城，宜居宜业。长沙作为中部城市，既不沿边，又不靠海，近年来为何各类青年才俊竞相涌入、新兴产业相继落户、新业态新模式不断涌现？一位企业家给出的答案简单直白：因为在长沙“买得起房子、娶得到妻子、养得好孩子”。

城市竞争，归根结底是人才的竞争。目前，国内人才争夺战狼烟四起，很多地方纷纷推出优先落户、提供创业资金支持、放宽职称评定条件等“人才新政”。一个地方要想真正留住人才，必须保持房地产的健康发展，实现房价的基本稳定。一座被房价绑架的城市，四处“抢人”又有何用？万千优秀人才，如果居不易、望房愁，又怎能把心留住？

通过房价洼地，打造人才高地。“人才新政”问题，我们不去赶热闹，也不去图花哨，很重要的就是要保持定力，扎扎实实做好稳房价、优安居的工作，让人才真正触摸到长沙这座城市的温度、感受到来长沙发展的温暖。在这个问题上，有些党员干部还存在模糊认识，或认为高房价是刚需过旺的正常表现，或认为房价应完全由市场调节，或认为房价不高与城市的综合实力不相匹配，等等。真正实现城市的健康发展，就要解开这些思想认识上的"结"。长沙的房价稳住了，社会和谐、城市宜居，就会产生吸引人才的"磁场"。

长沙要成为安居乐业的家园，不能成为投机者的乐园；要成为创业者的乐土，不能成为投机者的福地。我们一定要从关心百姓福祉、关乎长远发展的高度，认真落实习近平总书记提出的"房子是用来住的，不是用来炒的"这个定位，对故意捂盘惜售、妄图浑水摸鱼混淆视听、制造恐慌情绪的，要采取法律的、经济的、行政的手段予以坚决整治，确保长沙房地产市场平稳健康发展，确保房价稳定在合理区间。只有这样，长沙市民才会有持久的、稳稳的幸福感，富饶美丽幸福新湖南才会如约而至。

评论针对2018年上半年长沙出现的房产投机炒作现象及时发声，体现了湖南省政府贯彻落实中央房产政策的决心，回应了人民群众中的疑惑和问题，体现出党报的旗帜作用。在这篇评论发表之后，6月25日，长沙市政府就出台了"6·25"楼市调控新政。这篇评论与政府政策相配合，从政府中心工作中寻找选题，从而推动了当地政府"反炒房"调控政策的落地。

二、政策改革

在社会变革时期，各种新政策、新部署都会推动和促进社会发展。在考虑新闻评论选题时，也必须高度关注政策改革的相关信息，把握时代脉搏，考虑这些政策改革的实施背景、实施原因、实施措施、实施影响等，同时关注公众对于新政策、新改革的反应，从一系列的问题中寻找选题。这里的政策改革包含政治、经济、军事、外交、文化、民生等方方面面，所有这些都可以成为新闻评论的选题。这也是我们所说的新闻评论的广泛性特征。

例如第26届中国新闻奖电视评论三等奖作品《"三改一拆"该拆不拆 难在哪儿》[①]，就浙江省"三改一拆"这一政策工作进行评论。2013年，浙江省开展旧住宅区、旧厂区、城中村改造和拆除违法建筑的"三改一拆"专项工作，在取得阶段性成果之时，也暴露出工作中存在的一些问题，比如"不敢动""不愿动"，政府部门执法力度需要加强。电

① 余晖，张楠，刘险峰，许勤，楼珉：《"三改一拆"该拆不拆 难在哪儿》，浙江卫视今日评说，2015年09月23日21时00分30秒。

视评论节目紧扣主题，对“三改一拆”中的突出问题行分析。电视台为此派出多名记者到多地进行实地走访，寻找产生问题的原因，对如何改善工作提出意见。这一作品新闻选题就来源于当地的政策改革，抓住政策中的问题，层层递进地分析问题、解决问题。

三、文化现象

随着经济全球化的发展，文化领域也发生着日新月异的变化，各种新的文化现象、社会思潮不断出现。在新闻评论的选题来源中，文化现象也是值得关注的领域。基于社会主义文化建设的大背景，对于社会思潮、文化现象中的不良情况，新闻评论要加以教育引导；对于好的方面，要进行宣传发扬，发挥新闻评论的社会功能，促进社会文化环境的和谐发展。

第26届中国新闻奖文字评论三等奖作品《重塑文艺评论的“剃刀”精神》[①]，针对当前文坛“掮客”和文艺“吹鼓手”大行其道、文艺批评的锋芒日益钝化、锐气逐步缩减的现象，从“评论界‘官本位’风气盛行”“文艺评论滑向无效演说和思维空转”“文艺评论缺失质疑和针砭功能”三个方面剖析了造成文艺批评失语的成因和症结，击中了文艺评论界的软肋。

重塑文艺评论的“剃刀”精神

作为艺术的“雷达”和思想的“智库”，文艺评论为文艺作品的审美判断、价值阐释、思想旨归开辟了重要的精神域场，它拨开表象的重重迷雾，对文艺作品的思想内核、人文价值进行扬厉和批判，进而梳理、提炼、升华出理论内涵和人文品格。然而，随着大量文坛“掮客”和文艺“鼓吹手”的产生，文艺批评的锋芒正日益钝化、锐气正逐步缩减。尽管近几年文艺界关于抵制媚俗之风、重塑公信力的座谈会一茬茬地开，自省之风尤胜往年，但文艺评论陷入骨质疏松和功能萎缩的老毛病依然存在。文艺评论正沦为没有思想的活动和没有靶子的瞄准，不仅批评的内容言之无物，批评的主体也是群龙无首，而指名道姓的批评在当前文艺评论的实践中更是难以生存。究其原因，我认为，问题主要出在以下几个方面：

其一，评论界“官本位”风气盛行。批评语境的失语和沦陷与当前文艺批评领域的“官本位”思想有关。评论界喜欢邀约一些在业界担任要职的官员型评论家，他们常把官员官职的大小与业务能力和评论水平画等号，认为只有这些有权力、

① 赵凤兰.重塑文艺评论的“剃刀”精神[N].中国文化报，2015-04-21(04).

有影响的人才有资格在评论会上建言献策。但管理一流不代表评论功底一流，这些官员型评论家有的因行政管理工作繁忙而远离业务一线，有的因四处串场而分身乏术，他们对作品的评论大都浮在浅表，很难有时间沉淀下来进行深入的样本研读和剖析。我曾看到某评论家一天连捧3个文艺座谈会的场子，所到之处发表的都是一些“放之四海而皆准”的雷同之语。另外，这些贴着“身份”标签的所谓专家学者大都是评论界的常客，彼此间熟识，难免自说自话互相抬轿，唯恐因发表真知灼见成为“刺头”、沦为异类。当然，约请有一定身份的评论家本无可厚非，可以提升座谈会的档次，但前提是这些人要真正对某一行业有深厚建树，并能沉下心来对作品进行认真梳理和把脉，提出真正富于睿智洞见的思想观点。否则，不如选择那些真正活跃在一线的评论人，虽然这些人因缺失“头衔”而难以进入主流视线，但他们的精神思想来自文艺实际，更来自社会实践，他们的风骨、胆识和锐气正是当下文艺界的稀缺资源。

其二，文艺评论滑向无效言说和思维空转。文艺评论作为一种思想的艺术，它最大的价值是可以为文艺、为社会提供智识和创见。如果评论家只说好话、不说缺陷，只“栽花”、不“栽刺”，文艺评论就变成了创作的附庸和宣传品，最终沦为无效批评和泡沫批评。因此，要补进思想的钙质，提高文艺评论的含金量，文艺人需要一把“奥康姆剃刀”，将浮在文艺表层的喧哗和泡沫剔除，减少概念垃圾和空洞无物的理论，避免心智陷入无效运转。同时，评论家应该坚守职业道德和操守，破除人们爱听好话、喜欢阿谀奉承这一人性的弱点，杜绝虚伪的恭维和丧失立场的评述。我曾看到有评论家像“墙头草”一样，今天在某媒体就某事展开批评，明天又在另一家媒体进行赞扬，一会儿唱“黑脸”一会儿唱“红脸”，或者干脆唱起了“花脸”——按照报刊编辑的意图，将原本批评的稿件改为表扬稿，以求顺利刊发。这些活跃在批评界的双面人和两面派，遮蔽了文艺评论睿智、凌厉的本来面目，使其与臧否评骘、针砭时弊、增识启智的艺术评论本质相去甚远。

其三，文艺评论缺失质疑和针砭功能。当前的文艺评论界存在“三多三少”现象，即圆滑会“做人”的蜜友多，讲真话说实话的诤友少；和稀泥的滑头多，发表真知灼见的谋士少；捧哏逗哏的多，质疑鞭挞的少。这其中有评论家自身的原因，也与整个批评语境不够宽容开放有关。他们深知，一旦说真话，这个圈子很可能不带你玩了，所以为了生存起见，评论家常技巧性地发言捧场，尽量说一些违心的好话，以巩固自身在主流核心圈的地位。而艺术家群体也急需评论家的这些溢美之词为自己的作品撰书立传，以期在艺术史与艺术市场中找寻属于自己的位置。长此以往，有文化责任和社会担当，能够秉持公心、针砭时弊的评论家便越来越少，文艺评论逐渐沦为"圈内人的家宴"。

我曾看到某艺术评论杂志的封面形象广告，整个图片设计简洁而写意，仅页面右下角有一枚锋利的双面剃刀片。这剃刀便隐射着这本评论类核心期刊的精神旨意——剔除思想上的"赘肉"，勇于揭示和批判。我想，这正是当下文艺评论应该保有的社会良知、批评气度和艺术指向。一个好的文艺评论家，应该具有超凡的艺术敏感和思想文化视野，他不是摇尾乞怜的马屁精和人云亦云的应声虫，而是凿开习惯思维坚壁，开掘最强大脑思维密码，去发现、解析、领悟截然不同的艺术世界，获得崭新思维空间、高超见解的创作者和"文艺达人"。他们需要秉持"自由之思想、独立之精神"，通过抓撷疑难热点，展开观点的碰撞、思想的火花和智力的交锋，在感知、冒险、探索中寻找到艺术之美。因此，要疗救文艺评论的沉疴，需要文艺界摆脱物质利益羁绊，摆脱人情关系的束缚，改变当前以"官本位"为中心的学术体制。唯此，文艺评论才能走出靠取悦生存的迷途，真正实现以批判、探索、求新为精神旨归。

这篇新闻评论作品选取的就是现今文化现象中负面情景，大胆谏言、敢于说真话、敢于向社会不良风气"亮剑"。评论深入分析了文艺批评中存在的问题及原因，直指要害，归纳出"三多三少"现象，观点鲜明，论证严密，说理透彻，层次清晰，切中时弊。

四、社会热点

信息时代，公共空间中的热点话题是公众关注的一个重要内容。一个新闻事件发生后，往往随着公众的交流讨论，各类新旧媒体的融合报道，迅速成为一个社会热点话题，引起广大群众的关注。这些社会热点也是新闻评论的选题来源之一。

2016年互联网领域发生了影响力极高的"罗尔捐款门"事件。罗尔为自己患白血病的女儿罗一笑募捐，罗尔公众号文章《罗一笑，你给我站住》[①]获得微信历史上单日打赏最高纪录后，被发现有房有车。两天内，对于罗尔的质疑和指责发酵全网。第27届中国新闻奖广播评论二等奖作品《"罗尔捐款门"，到底谁更受伤》的选题就是来源于这一热点事件。它对整个事件进行审视，通过三个层面对这一社会热点事件进行反思和评论，指出："如果没有公开透明的信息支撑，没有专业的互联网募捐平台，没有对待慈善更加理性的态度，罗尔事件将又会画上句号。"

① 陈红艳，陈凯：《"罗尔捐款门"，到底谁更受伤》，广东广播电视台广东新闻广播今日观察，2016年12月05日07时00分30秒。

五、舆论话题

公共领域中公众的交流和探讨会形成社会舆论。不仅社会热点话题，各种公共话题都可以形成舆论。对于公共的舆论话题有所关注，便可以发现其中的新闻点，撰写新闻评论作品。因此，舆论话题也是新闻评论的选题来源。

第29届中国新闻奖文字评论二等奖作品《明星什么时候起“不能批评”了？》[①]，就是以互联网领域的舆论话题作为选题进行评论。在标题中就开宗明义亮出论点，直指问题之所在。

明星什么时候起“不能批评”了？

某人气偶像几天前出的一首新歌火了。倒不是因为旋律好听、歌词深刻，而是因为歌曲通篇都在“控诉”，把网友的批评调侃说成无端恶意攻击，引发不少人反感——明星什么时候起禁不起批评了？

这得从网络热转的一系列“无修干音”视频说起。所谓“无修干音”就是掐掉歌手现场演唱视频中的伴奏只留人声，以此检验比较歌手的唱功，玛利亚·凯丽、陈奕迅等歌手都有相关视频。而这位偶像脱离了录音室修音和复杂的编曲“包装”之后，气息不稳、多处走音的问题暴露无遗，被网友调侃为“车祸现场”。好巧不巧，偶像在最近一档网络综艺担任评委时，却对选手的现场演唱多有挑剔，有些难以服众。于是网友把他给别人的“批评”与他自己的现场表现一一对照，没有一项是达标的，这着实引发不少网友议论并纷纷转发。

面对网友的质疑，这位偶像的第一反应不是反思自己的业务能力，而是“又动了谁的奶酪”，认为但凡批评他的都是“竞争对手派来的”，讽刺网友“到处都有红眼病有色眼镜，想要热度想靠骂我红到爆”，但凡不是夸赞自己歌好人红的，一概定义为“水军”，甚至是“傀儡”“魔鬼”。一首歌似乎还意犹未尽，他还借用某社交平台官方力量，一条条搜寻批评自己的内容，透过平台管理员发出私信声称对方“侵犯了自己的名誉权”，警告对方删除，但这些网友的评论内容，不过是希望青年艺人能够谦虚，不要把自己看得过高。

在这些流量明星这里，艺人与大众的关系正在颠倒。空有颜值，没有过硬技能作品的他们，凭借公司包装快速走红，享受粉丝经济带来的流量红利。长期沉

---

① 黄启哲. 明星什么时候起“不能批评”了？[N]. 文汇报，2018-08-09(06).

溺在宣传通稿的溢美之词和粉丝的"顶礼膜拜"之中，久而久之，唱歌走音、演戏面瘫这些统统被"选择性忽视"，迅速膨胀，容不下一点点不同的声音。节目里镜头给少了，要发声明警告节目组；观众对其表现不满意，轻则微博"挂人"发动粉丝对其人身攻击，重则举报封号。

一旦批评舆论形成声势，这些流量明星首先想到的不是从自己身上找问题，提升唱功演技，而是声称自己是"弱势群体"，把大众的关切批评当作网络暴力，甚至"亲自下场"煽动粉丝对批评自己的人发动言论攻击，不惜动用公众平台制造寒蝉效应。这样的明星，不必说专业水准不足，更有失艺德。

恐怕，他们早已忘记了满足大众的需求，才是文艺安身立命之本。

这一评论作品选题来源于舆论话题。作品非常直接地提出观点，指出某些明星偶像有失艺德，缺乏修养，认为文艺工作者应该满足大众需求、服务人民。《文汇报》的这篇评论发表后成为微博热搜话题，话题标签阅读量达 2 千万，在相关话题舆情的整体传播过程中起到了舆论引导的积极作用。

六、生活现象

在现实空间，新闻评论选题的另一个来源是生活现象。这个现象不仅包括新闻评论撰写者自己观察到的生活现象，也包括新闻评论撰写者通过其他媒体了解到的生活现象。当然这也不意味着所有的生活现象都可以成为新闻评论的选题，还是需要新闻评论撰写者通过审慎研判，看该生活现象是否具有新闻价值、论证价值及社会价值，然后才能有所选择，决定是否将其作为新闻评论作品的选题范围。

第 31 届中国新闻奖广播评论二等奖作品《智能时代，如何让老年人跨越"数字鸿沟"？》[①]就是源于主创人员关注到有网友在无锡火车站出站通道发现一块"无健康码通道"的温馨提示牌，拍照后发到微博，引发全网点赞这一现象。主创人员敏锐地捕捉这一生活话题，搜集相关素材，采访当事人和相关专家，制作推出了这篇广播评论。

智能时代，如何让老年人跨越"数字鸿沟"？

【片花】一张照片，三个字留言，却引来近 20 万点赞。无锡火车站"无健康码通道"引发广泛共鸣，管理细节体现着城市的温情。而在热点被引爆的背后，是更

① 赵波，张巡天. 智能时代，如何让老年人跨越"数字鸿沟"？[J/OL]. (2021-10-29)[2021-11-02]. http://www.zgjx.cn/2021-10/29/c_1310275494_2.htm.

深层次的社会问题。请听评论：智能时代，如何让老年人跨越“数字鸿沟”？

10月6号中午，网友“青溪木昀”在微博上晒出一张照片，照片里，一块指示牌上写着：“无健康码由此进入。温馨提示：老人机、手机没电、无微信、不会操作、无手机等，由此进入。”照片是在无锡火车站出站口拍的，“青溪木昀”给图片配了三个字：“无锡。善……”

国庆期间，这条微博很快成为热点。短短几天，有三万多人转发，近20万网友点赞。

“青溪木昀”说，她看到这块牌子时，第一时间就被触动了：【音响：我的第一反应是还比较新奇。我觉得他们做得很好，而且之前我没有看到过，就会觉得那些没有健康码的人会很不方便，就包括老人这些。就是你要关照到他们的需求，不能说大家可能年轻力壮的都可以用，然后你就不去管那些他用不了的。】

触动“青溪木昀”和广大网友的，是很多人都已经意识到的一个问题：虽然智能手机已经十分普及，但我们身边还有许多人，尤其是老年人，因为各种原因，不会或者无法用手机上网。在过去，这最多只是不便，多数情况可以变通。但当疫情袭来，健康码成为出行的必需时，这个问题就绕不开了。

在无锡火车站，志愿者经常遇到类似的求助。对于那些年纪偏大、身边没有家人陪伴的旅客，他们会提供细致的服务，帮助申请健康码或查询行程轨迹。志愿者戴一昂：【音响：会有很多这种情况，老年人不会用的话我们可以主动地帮他去处理。】【戴一昂：老师傅，您的手机停机了，所以您收不到短信。师傅，有健康码吗？健康码有没有？老人：没，没弄过。戴一昂：我来帮你弄。】

无锡火车站新冠疫情防控小组负责人胡志广：【音响：在我们整个旅客流量当中，没有手机，以及只有老人机，或者没有微信的旅客占比还是比较大的，占总量的七分之一到八分之一。每天总量会有两千余人。】

针对这个绝对数量其实不少的特殊人群，从9月20号起，无锡火车站专门开通“无健康码通道”，竖起了这个指示牌。每天有志愿者分三班轮流值守，为没有微信、不能上网的旅客，主要是老年旅客提供一对一的服务，大大提高了出站口的通行效率，也保证了疫情防控的扎实有效。

一个细致的安排，不仅让扫码有困难的人们眉头舒展，也让许多人感到了这座城市的温暖和善意。出站旅客：【音响：我是临时到这边出差，发现了在高铁站有这样一个通道，那我觉得其实作为一个非本地人来说，能够感觉到这个地方的温度和温暖。】

中共无锡市委党校教授张鸣年:【音响:之所以引起全社会的共鸣,很重要的方面我觉得可能过去我们这一方面做的比较少,对特殊群体的人文关怀方面可能注意得不够。正是因为这一点,无锡有温度的这个做法一下子就引爆了人们在内心里面长久储藏着的这种呼声,背后实际上就呼吁我们政府在社会治理的过程当中,要把点点滴滴的这种关怀变成普惠性的政策。】

在"青溪木旳"的微博图文下面,被点赞最多的一条评论说:"一座城市的温度,体现在它如何对待那些被遗忘的少数人。"其实,在火车站的那块体现温暖的指示牌背后,有一整套针对特殊情况的反应机制,包括如何对待无法提供健康码的特殊人群。正是这种细致、周到的安排,引来了持续的点赞。

南京大学新闻传播学院副教授、《焦点访谈》原主编庄永志:【音响:无锡这个做法非常难得的就是,它实行了情境化的管理,设想了几种情境:没有手机怎么办?有手机但不是智能机怎么办?有智能机不会操作健康码怎么办?有智能机会操作但没有电怎么办?它想得非常精细、人性化。而这种应对也没有十分高科技或者黑科技的做法,好多还是我们其他部门也能实现的,比如志愿者为这些出行的旅客提供方便。关键是去行动!如果江苏有更多的地方,如果全国有更多的省份都实行这样的善治,那么在互联网的时代,我们全国民众就能更加公平地、平等地享受互联网技术带来的红利,实现共享共治。】

【片花】移动网络时代飞速前进,众多老年人却被抛下。(同期声:因为他们的成长经历当中,对数字技术比较陌生,他们对智能手机和数字技术的一些排斥……)特殊时期特殊做法,一块指示牌引来无数点赞。(同期声:因为我爷爷年纪比较大了,他不会用智能手机,我们出站的时候需要来这里登记一下领出站通行证……)如何建立长效机制,帮助老人跨越智能时代的"数字鸿沟"?新闻综合广播继续为您关注。

5G都来了,还有人不会上网,这个问题有多严重?根据中国互联网络信息中心的统计,截至今年6月,我国网民规模已达9.4亿,还有4.63亿人是非网民,也就是说,3个中国人当中,就有1个不会上网。而另一个关键数据是,10个网民当中,只有1个人是60岁以上。这意味着,在我们的父辈、祖父辈当中,很多人还不会上网。

看到这两组数据,很多人会惊讶,有这么多吗?不至于吧!其实,这种认知是很典型的"选择性偏差"。生活在发达地区城市当中的我们,上网方便、网络经济发达,虽然知道肯定有人还不会上网,但触目所及,却很难看到这些人。而像火车站的工作人员,他们每天接触南来北往的旅客,就更能接近数据的真实、社会的真实。

截止到 2019 年末，我国 60 周岁及以上人口近 2.54 亿人，占总人口的 18.1%。在移动互联网时代，这些最需要社会提供便利的老年人群，却常常感到各种不便。

不让智能变成“只能”，就要帮助老人们跨越“数字鸿沟”。一方面，要在政策制定时更加精细化，避免一刀切，尽量用各种变通方式在“鸿沟”上架一些便桥。无锡火车站的“无健康码通道”，就是这样的临时便桥。当然，这还远远不够。最理想的，是能在制度层面形成长效的机制，在出行、消费、就医等方方面面，为老人家们多留一条路、多开一个门。这考验着管理者的智慧和水平。

另一方面，老人们如果能学会使用智能设备，就能自己来跨越“鸿沟”了。但这往往有不小的难度，需要人扶一把、带一下。今年 77 岁的江南大学退休教师姚鸿滨，就一直在做这样的事情。六年前，他和妻子在社区里开办了针对老年人的免费电脑培训班，去年开始，又开办了免费的智能手机培训班。从开机、关机等基础操作，到微信、支付宝等重要软件的使用，还有如何用手机打车、如何预约看病、如何网上购物，每一项都手把手地教。

姚老师表示，虽然参加培训班的老人家里都有孩子，但年轻人教老人，会有不少问题。姚鸿滨：【音响：第一个，年轻人现在很忙，他们也没有那么多的时间来教。第二个，有些年轻人他还缺乏一点耐心，因为老年人的特点就是记忆比较差，讲了一遍、两遍，听了还可能当时就忘掉。第三个，年轻人教往往是缺乏教学方法。我们有一句口号叫“君子动口不动手”，要求辅导的老师耐心地看着老人自己一步步做，不要你不耐心不耐烦了，你就帮他去用手点点，那个是教不会的，一定要让他亲自操作。】

为了这个培训班，姚老师投入了大量的精力，也带着社区里许多老人赶上了移动互联时代的浪潮。今年 79 岁的彭阿姨说，参加培训班之后，感觉生活一下充实了很多：【音响：现在我跟澳大利亚的好友聊天了，原来我手机只会打打电话，现在可以上网，朋友之间可以用手机微信聊天了。还有去买东西，我可以不要带钱都没有关系，微信里面零钱用用。公交车什么时候来，在手机上查查，那么我在家里面什么时候可以走出去，不要在站台上等很长时间了。手机上面可以看书，看电视剧，什么全会了，生活不是那么孤单了，现在生活充实一点了。】

长期从事老龄问题研究的江南大学法学院副教授王金元表示，中国的数字化时代来得太快，人口老龄化也同样来得太快，老年人遭遇“数字鸿沟”，就是这两种趋势交织的结果。帮助老年人跨越“鸿沟”，能够减少子女的后顾之忧，减轻社会的养老压力，于公于私都有好处。更重要的是，不忘记老年人、不放弃老年人，体现着社会的文明程度，更体现着政府的治理水平。王金元：【音响：智能化社会和老龄化社会它是交叉在一起的。老年人在智能化社会里面不能成为负担。他们学会了智能的手段和方式，也让他们在社会的参与里面更加便捷。如果说我们在社会治理的路途当中，缺少了老年人这样一个队伍，其实我们也就是少了一支力量。我们原来从智能化或者从养老里面，都是把老年人当成一个压力，当成一个负担，其实老年人也可以发挥他自身的资源优势。老年人参与社会治理，一个是发挥余热，第二个也是让社会接纳他们，承认他们的价值。】

时代的浪潮不可阻挡，我们没法让社会停顿下来，等一等老人家。但从上到下，越来越多的人已经意识到，老年人所面临的"数字鸿沟"问题必须正视、必须解决。一方面要帮助他们融入移动互联网的广阔世界，另一方面，也要提供可供选择的过渡方案。唯有这样，才能展现文明社会应有的温度，使老人们的晚年生活更加幸福。

作品分析了"无健康码通道"引发社会高度关注背后的深层原因，并由此出发，关注到移动互联网时代老年人在日常生活中所遭遇的普遍困境。作品指出，不能把老年人看作社会发展的负担，帮助他们跨越"数字鸿沟"，体现了政府的治理能力和社会的文明程度，并从政策制定和能力提升两个层面，探讨了解决问题的路径。主创人员抓住了日常生活中的热点问题，作品触及社会管理的痛点、难点，现实意义重大。

七、公众反馈

在新媒体技术快速发展的今天，新闻传播业中新闻"传者"与"受者"之间的关系已变得多元，早已不是传统媒介时代单一的传受关系，而是一种双向互动的密切传播：公众可以采用各种信息手段反馈个人意见，通过评论、点赞、转发等手段参与到新闻传播活动中来。2011 年 4 月，《人民日报》刊发过 5 篇"关注社会心态"的系列评论，要求干部培育心态、倾听沉没的声音、消解社会弱势心态、包容异质思维、追求理性等。因此，对于公众反馈、公众意见也要有所关注，公众普遍反映的问题、个体反映的特殊问题都是新闻评论的选题来源之一。

扩展阅读

[1] 顾建明. 中美新闻评论选题方法的比较分析[J]. 新闻大学，2007(03)：101－104.

第七章　新闻评论立论

内容提要

1. 新闻评论的要素。
2. 新闻评论的立论。
3. 新闻评论的论点。

思考练习

1. 新闻评论的三个要素是什么？三者之间的关系是怎样的？
2. 新闻评论的立论有什么要求？
3. 新闻评论的总论点和分论点之间是什么关系？
4. 结合具体案例，分析新闻评论的论点。

“文以意为主”，所谓立论，就是确立文章的思想和基调。在确定选题范围后，接下来首先要做的就是立论，找到论点。论点是新闻评论的核心和灵魂，它直接影响论据的选择与运用，以及如何进行新闻评论论证。立论就是确立新闻评论作品所形成的和提出的主要论断和结论，是作者对所提出的论题的主要见解，是选择论据和分析事物的指导思想，是整篇文章的“纲”，起统率全文所有观点和材料的作用。①

① 胡文龙，秦珪，涂光晋. 新闻评论教程[M]. 北京：中国人民大学出版社，1998：63.

第一节　新闻评论的三个要素

在进行立论之前，首先要对新闻评论的三个要素关系进行梳理：新闻评论由论点、论据、论证三个要素组成，这也是一般论说文的三大要素。论点是新闻评论作品的中心，也就是信息符号所传播出来的信息与观点；论据是新闻评论作品的主要内容，是客观真实存在的事实和理论，通过论据才能证明论点的正确性；而论证就是新闻评论作品的说理体系，通过对论据的论证，将论点阐述清楚。归纳来说，论点是新闻评论作品的核心，论据是主干，论证是文章的逻辑脉络。对新闻评论作品而言，最基础的要求就是论点正确，论据真实，论证合理。

表 7－1　新闻评论的三个要素

要　素	内　涵	作　用	要　求
论点	思想观点	核心	正确
论据	客观存在	主干	真实
论证	说理体系	脉络	合理

新闻评论三个要素的思维顺序如图 7－1 所示：选定选题范围后，首先要考虑的是如何立论，在收集相关资料，进行调查研究后，根据论据确定论点；在论点确定后，再去选择相对应的论据来加以佐证，之后就是考虑选择何种论证方式加以论述；在确定论据与论证方式后，再组织整个新闻评论的逻辑体系，通过对论据进行论证说明论点。这里的论点就是思维过程中一开始的立论，整个思维过程是一个循环的闭环，从立论起，经过论据的充分佐证和论证的严谨论述，最终才能保证论点的正确。而到此时，论据和论证也才可以在论点的统领下显示其意义和价值。

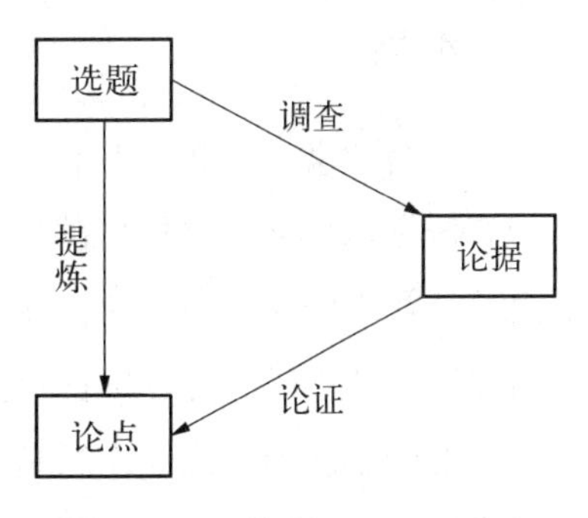

图 7－1　新闻评论三个要素的思维顺序

例如韩愈的《师说》一文，其中对于“师者”这一主题，有这样一段论证：

古之学者必有师。师者,所以传道受业解惑也。人非生而知之者,孰能无惑?惑而不从师,其为惑也,终不解矣。生乎吾前,其闻道也固先乎吾,吾从而师之;生乎吾后,其闻道也亦先乎吾,吾从而师之。吾师道也,夫庸知其年之先后生于吾乎?是故无贵无贱,无长无少,道之所存,师之所存也。

这段论证的话题是"道之所存,师之所存也",选取的论据一是"师"的定位是"传道受业解惑",论据二是"生乎吾前""生乎吾后"的人,只要"闻道先乎吾",都是"师"。然后反问,何必要知道"师"的年龄?最后归纳推理出论点,不论年龄大小,只要符合"师"的定位,都可以作为"师"。论证的逻辑体系层层递进:确认"师"定位——只要可以"传道受业解惑",无论年龄大小都可以做"师"——所以不用在乎"师"的年龄。

第二节　新闻评论的立论要求

明清思想家王夫之曾提出:"文以意为主,意犹帅也。"对新闻评论来说,立论是中心,体现中心思想和基调。有了立论,才能确定标题、选择论据、进行论证。论点可以将整个文字的说理体系、论述材料统率起来。立论的好坏,在很大程度上决定着文章水平的高下。新闻评论的立论,就是要达到"准确"和"新颖"两个要求。

一、准确

社会学家马克斯·韦伯认为社会学应该是"价值无涉"的,任何社会研究都不应该带有偏见,更不应该扭曲数据或事实以使其符合预设的观点和价值观。社会学的特殊之处就在于研究社会与社会互动时,不受感情、偏好的影响,并且尽可能地运用类似于自然科学的手段、方法进行研究。准确性是社会科学研究的一个关键要求。

准确是新闻评论立论的基础性要求。立论首先就是要针对评论对象提出准确的论点,要求内容准确、表述准确、立场准确。立论中所涉及的基础概念、客观规律等也都应该符合科学发展规律,具有准确性。

确立的论点是准确的,不是主观臆想,不是歪理邪说,是符合党性原则、马克思主义新闻观、社会主义核心价值观的观点。严格杜绝不正确、片面化、绝对化、自我臆断、凭空假设等错误的论点。准确是立论论点的最关键要求。新闻评论作品要有明确的评论对象、科学的评论论点,准确的立论是第一前提。

第29届中国新闻奖文字评论一等奖作品《对“私营经济离场论”这类蛊惑人心的奇谈怪论应高度警惕——“两个毫不动摇”任何时候都不能偏废》[1]就是一篇批判错误观点、及时传递正确观点的一篇新闻评论。

对“私营经济离场论”这类蛊惑人心的奇谈怪论应高度警惕
——“两个毫不动摇”任何时候都不能偏废

近日，源于自媒体的一篇文章，引起网上一片哗然。荒谬逻辑推导出的结论、自以为是的奇葩论调，在当前外部环境发生明显变化的大背景下，尤应引起高度警惕。

这篇自称“资深金融人士”发布的网文称，“私营经济已经初步完成了协助公有经济实现跨越式发展的重大阶段性历史重任。下一步，私营经济不宜继续盲目扩大，一种全新形态、更加集中、更加团结、更加规模化的公私混合制经济，将可能在社会主义市场经济社会的新发展中，呈现越来越大的比重”，理由是“私营经济”即非公有制经济“是没有纪律的，是没有深谋远虑的，是不足以面对日趋严峻的国际竞争的”。其核心错误，是试图否定和动摇我国社会主义基本经济制度和社会主义市场经济体制，把当今世界和平合作、开放融通、变革创新时代潮流中各类企业谋求发展的美好愿望，与其自定义的所谓“国家意志”对立起来，并试图通过“更加集中”和“更加规模化”的“一大二公”的经济形态所取代。这无疑是逆改革开放潮流而动、企图开历史倒车的危险想法。

40年前，以党的十一届三中全会为标志，我国开启了波澜壮阔的改革开放历史征程，不断冲破僵化思维和体制机制藩篱，逐步确立起公有制为主体、多种所有制经济共同发展的基本经济制度，把公有制经济和非公有制经济共同作为社会主义市场经济的重要组成部分，使之成为我国经济社会发展的重要基础。党的十八大以来，习近平总书记多次强调坚持“两个毫不动摇”，要求将其体现到各项具体政策中，极大地激发了我国公有制经济和非公有制经济的活力，更使得科学社会主义在21世纪的中国焕发出强大生机活力。今日中国，已经成为世界第二大经济体、第一大工业国、第一大货物贸易国、第一大外汇储备国；人民生活已从短缺走向充裕、从贫困走向小康。改革开放给中国带来翻天覆地的变化，根本无从得出要对非公有制经济“卸磨杀驴”、以公有制取代非公有制的方式发展混合所有制

---

[1] 平言（吕立勤）. 对“私营经济离场论”这类蛊惑人心的奇谈怪论应高度警惕——“两个毫不动摇”任何时候都不能偏废[N]. 经济日报，2018-09-13(09).

经济的荒谬结论。

如此看来，自媒体上流传的这类蛊惑人心的奇谈怪论，若不是为了一己之私谋求网络轰动效应和流量收益，便是另有企图、别有用心了。令人欣慰的是，面对互联网上充斥的各类谣言，越来越多的“吃瓜群众”正在变得耳聪目明。不过，即便如此，仍有必要重温《中共中央关于全面深化改革若干重大问题的决定》的有关内容：“允许更多国有经济和其他所有制经济发展成为混合所有制经济。国有资本投资项目允许非国有资本参股。允许混合所有制经济实行企业员工持股，形成资本所有者和劳动者利益共同体。”由此可见，中央所鼓励的混合所有制经济，是产权多元、自主经营、治理规范的市场微观主体形态，绝非计划经济时代“一大二公”的翻版。惟有全面准确理解中央决策部署的精神实质，才能识破种种反智论调的荒谬所在。

当前，国内外形势错综复杂，企业生存发展面临诸多新挑战。如何同舟共济，闯过急流险滩？重要一条，就是在以习近平同志为核心的党中央坚强领导下，凝聚改革共识、坚定开放信心，继续坚持和完善我国社会主义基本经济制度，绝不能逆时代潮流而动，开历史倒车。公有制经济财产权不可侵犯，非公有制经济财产权同样不可侵犯。在毫不动摇巩固和发展公有制经济的同时，必须毫不动摇鼓励、支持、引导非公有制经济发展，激发非公有制经济活力和创造力。“两个毫不动摇”任何时候都不能偏废。

评论针对2018年9月12日一篇观点错误的网文《私营经济已完成协助公有经济发展，应逐渐离场》进行批评，在领会和贯彻党和政府政策精神的基础上，确立“两个毫不动摇”任何时候都不能偏废的论点，批驳“私营经济离场论”的“奇谈怪论”，准确阐释党和政府的坚持改革开放的大政方针，起到了正本清源的舆论引导作用。

二、新颖

清代文学家李渔在《闲情偶寄》中写道：“人惟求旧，物惟求新，新也者，天下事物之美称也。而文章一道，较之他物，尤加倍焉。”新颖指的是所提出的观点具有新的角度和思路，有新的见解和道理，不是陈腔滥调、人云亦云，不是照抄照搬、东拼西凑，而是经过严密的思维过程，对于研究对象深入研究而创造出来的新观点，“言人所未言，发人所未发”。好的新闻评论，立论的论点往往具有独特的视角或独到的见解。

对于同一客观存在，不同的新闻评论撰写者在考虑立论时，因为所选择的角度不同、思路不同,往往所呈现出的论题、论点也大不一样。新颖的观点不仅可以吸引关注,同时也是全新的思辨过程;不但可以体现出新闻评论独特的传播效用,同时也可以挖掘出新的新闻价值。这里的新颖存有多个理解层次,包括针对评论对象的新视角、新观点、新的评论方法、新的表达方式等多个层次。这里选取中外两篇作品来看新闻评论作品的立论如何体现新颖性。

第20届中国新闻奖报纸评论一等奖作品《不是所有弯道都是超越好时机》①非常巧妙地将经济发展与赛车转弯进行联系,通过类比推理进行论证。

不是所有弯道都是超越好时机

最近,有个"弯道超越"词汇很时新,诸如"正是弯道超越时"、"超越常在弯道处"等等,常见诸媒体。

"弯道超越",原本是赛车上的一个术语,指参赛车手在拐弯处比直线跑道上更易超越对手。有人认为,金融危机让世界经济处在了"弯道"上,此时正是跨越发展、超越对手的良机。应当说,经济发展上的每一次危机,都是产业重新布局、企业重新洗牌、新机遇不断涌现的重要时期,以"弯道超越"比喻危中之机,有振奋精神、鼓舞士气的功效。但算算如下几笔账我们能够看到,这种说法也只能算是一种比喻。

成本消耗账。一般情况下,有经验的驾驶员不会弯道超越,他们知道弯道超越更加耗油,更易磨损发动机和轮胎,损耗车辆寿命。赛车选手敢于弯道超越,很大程度因为这本是"烧钱运动",可以不计后果地"透支"。不过,经济发展是一项长远事业,毕竟不是短暂的赛车。在金融危机还在继续蔓延、市场不确定因素不断增多的背景下,经济运行遇到的困难越来越多,在正常发展都遇到巨大挑战时,超常规发展就得付出更大成本、更多代价。那些以超越的名义乱砸钱、乱铺摊子的作为,那种为一时超越让资源能源难以承受的急功近利做法,是与科学发展观相悖的"歪道超越"。

安全风险账。赛车比赛中,人们不仅能看到精彩的弯道超越,也常目睹弯道车毁人亡的重大事故。换言之,超越常在弯道处,事故也常在弯道处。"弯道处要敢于踩油门",被一些人喻为超越发展之宝典。其实,赛车手进入弯道的第一个动作是踩刹车而非踩油门。好的赛车手,在进入弯道前必须正确判断形势,若遇到

① 孙秀岭:大众网:不是所有弯道都是超越好时机[J/OL].(2009-04-13)[2020-03-12]. http://paper.dzwww.com/dzrb/data/20090413/html/4/content_1.html.

了弯道就急着去超车，不翻车才怪。经济发展的弯道，比赛车场上的弯道更为复杂，充满着变数。弯道之处，最需要实事求是，按科学发展观要求讲方法、重技巧，量力而行，否则一旦用力过猛，很有可能事与愿违，“半路抛锚甚至翻车”。

实力功力账。在弯道能否实现超越，赛车状况和选手技术功力是比拼的核心。一般来说，赛车上的“弯道超越”，以“直道上黏住对手”为前提；若直道上已被对手落下较远，超越纯属妄谈。危机之中，“赶超机遇”的确存在，但能拿到“好牌”的，往往是具有技术领先等优势的企业和地方，而那些落后生产力，受到危机的冲击更为严重。“你开的是拖拉机，别人开的是小汽车，你最该做的是转型换代、积蓄能量”——有经济学家为热火朝天的“弯道超越”泼“冷水”、提建议，不无道理。

细细想来，不是所有的弯道都是超越的好时机，也不是所有的“车手”都可以做到安全超越。金融危机制造的“经济弯道”，有机遇也有险情，能“成”也能“败”，绝不是按照主观意愿想超越就能超越的，要实现“弯道超越”，需要拿出大智慧、大勇气，保持冷静头脑，尊重科学、遵循规律，把一些该算清楚的账算明白、算到位。

这篇新闻作品整体逻辑清晰，对于经济发展这个问题，选择了一个全新的角度，将其与赛车转弯相类比，通过两者之间的相同属性，从成本消耗、安全风险、实力功力三个角度为读者算了一笔账。新颖的立论方式，将抽象的道理讲得浅显明白，通俗易懂，引人深思，富有启迪。

关于苏联发射人造卫星这一选题，普利策新闻奖评论奖作品《月球的不祥之兆》（“The Portent of the Moon”）[①]透过现象看到本质，采用“不祥之兆”这一论点进行论述。

月球的不祥之兆

有资格而且有能力理解这些事情的少数几个人说，这样一颗硕大的卫星发射升空意味着苏联在发展火箭导弹方面比美国超前了一大步。苏联的领先发展不可能是灵机一动的小发明，而是因为他们有一大批科学家、工程师、生产工人，以及高度发达的辅助工业，这些工业管理成功、配合默契、资金充足。

简言之，我们在发射卫星的竞赛中已经输给了苏联，这表明我们在生产弹道导

① 沃尔特·李普曼，詹姆斯·赖斯顿等. 新闻与正义 普利策新闻奖获奖作品集 1917—1997 Ⅱ[M]. 展江主译评. 海口：海南出版社，1998：862-864.

弹的竞赛中也在输给对方，这也意味着美国和西方各国的科学技术落在了后面。

这是一件可怕的事情。之所以可怕，至少在我看来，倒不是因为苏联在军备竞赛中处于领先地位，以致我们很快就得处于其淫威之下。根本不是因为这个。可怕的原因在于社会发展不能停顿。如果一个社会失去了自身发展的动力，就会因缺乏目标、丧失自信而败坏和堕落。

关键的问题是，我们作为一个民族，要就对我们文化价值的严峻挑战作出反应，这种文化价值不是指美国理想的生活方式，而实际上是指我们所一直过着的这种生活方式。我们可能作出这样的反应：从宣传方面思考这个问题，寻找方法，以惊人之举超过俄国人所做的一切。另一种反应主要是扪心自问我们的缺点，决心矫正自己，而不是去打垮俄国人。

那么问题也许能这样明确一下：一直遥遥领先的美国为什么在第二次世界大战结束以来的12年中就输给了在第二次世界大战结束时还一蹶不振的俄国人？毫无疑问，赫鲁晓夫先生会说这是因为共产主义优于资本主义。这种回答纯属狡辩。问题不是为什么苏联发展那么快，而是为什么我们曾经发展很快，现在发展就不那么快了。我们的社会无疑是进步的，但它在战后这些年中前进得不够快。

我并非对那些对我们及我们的前途来说至关重要的问题的全部答案不懂装懂。我冒昧地以为现在我们能够找出一些趋势，这些趋势自大战以来就已在美国生活中出现，必须考虑进去。

我想，我们必须首先考虑巨大的财富，因为政客们把财富归于选民，和社会生活准则相比，个人生活准则成了至高无上的了。所谓社会生活标准，我是指诸如防务、教育、科学和艺术等不可或缺之物。我们的人民蒙受弥天大谬之误导：美国社会秩序的最高目的就是增加对消费品的享受。结果，与人口增长相比，我们的公共设施，特别是那些与教育、研究有关的设施严重匮乏。

我想，我们必须指出的第二点趋势就是普遍流行的对智慧和创造性不尊重甚至于怀疑。在其他国家，比如德国、俄国以及欧洲其他国家，做一名教授是公认的荣誉。而在我国，则要求一个人不要那样锋芒毕露，不要那样炫耀自己的才华，在政治上不要那样走极端，以至于对社会具有破坏性。

麦卡锡主义的所作所为对美国科学家和思想家的自信造成了战后全国性的大悲剧。损失无法估量，人为的损失极其惨重。墨守成规的思维方式导致了这种后果，而与发明创造的不同在于它缺乏追求真理所需的那种特殊勇气。

财富充当了麻醉剂，庸人习气与麦卡锡主义横行无阻，我们的社会生活日益麻痹，漫无目标。总统[①]处于半退休状态，没人去树立人民能够信赖的准则。没人给我们规定目标，制定方针。我们就这样随波逐流，像小石城[②]一样陷入长期的不幸。于是我们发现，自己在混乱之中迷失了方向。

这篇评论作品的标题就很引人注目，联系选题背景，以月球的“不祥之兆”谈美国的“不祥之兆”，作者在第二段提到了苏联人造卫星发射代表美国和西方的科学技术落后。在此基础上，作者进一步深化，将立论集中于社会的文化价值，论证这一“不祥之兆”实际上是由社会生活中弥漫的庸人习气和麦卡锡主义造成的，其立论角度新颖独特。

再看一个选题趋同、立论互异的例子。

同一客观事实，不同的评论撰写者选取角度也不一样，正所谓“横看成岭侧成峰，远近高低各不同”。新闻评论作品是一种意识形态的文化产品，即使是相同的选题范围，在立论过程中，由于新闻评论撰写者主观能动性的发挥，也会出现选题趋同、立论互异的情况。

这也是新闻评论作为一种新闻体裁的特殊性。面对同一新闻事实，如果只是传递新闻事实这一客观存在，相同选题所传达出的新闻信息往往就会具有类似性，在基本的新闻要素上必须保持一致性。但是新闻评论作品则不然，由于其具有说理性，不同的立论，所传递出的信息与观点就会各不相同，不可能具有一致性。因此不同的新闻评论撰写者在选择同一选题范围的时候，往往要发挥自己的主体性作用，注重思维的独特性，不能人云亦云，在立论过程中也不能跟风，而是要创造性地发表让人耳目一新的多元意见与观点。

在中国新闻奖的评选中，经常出现同一选题、立论各异的作品。比如 1985 年第 7 届全国好新闻奖中，获得评论作品二等奖《收起对策，执行政策》(《人民日报》)和评论作品一等奖《“对策”也可当镜子》(《新华日报》)尽管都是聚焦“对策”这一选题，但是立论却各不相同。类似的选题立论还有针对 2003 年“非典”事件所做的新闻评论，《人民日报》的评论作品《筑起我们新的长城——论抗击“非典”的伟大精神》和《甘肃日报》的评论作品《微笑，并保持微笑》均在第 14 届中国新闻奖评选中获奖，两篇新闻评论选取了同一选题，但是立论却不相同。

阎东海、郭月秀的新闻评论作品《是天旱还是地旱？——论治旱兴农》获 1991 年

---

① 指艾森豪威尔，他在 1955 年 9 月突发心脏病，此后恢复得相当缓慢。

② 阿肯色州首府，1957 年 5 月发生黑人为反对种族歧视而开展的激烈斗争，遭到州政府阻挠。

中国地市报新闻奖一等奖、山西新闻奖二等奖。该评论突破原本的旧观念，巧妙地提出了一个新论点：山西吕梁这个有名的旱区，农业低产落后的原因不是天旱，而是地旱。

是天旱还是地旱？

——论治旱兴农

长期以来，人们一直把我区农业低产落后的原因归之于“十年九旱”，即天旱，这是片面的，不正确的。我区农业生产低而不稳的深层原因，主要是地旱。

理由之一，我区干旱的本质不是降水少，而是降水与农作物生长需水不同步。我区年降水400至600毫米，基本能够满足农作物生长需求。建区以来的5个粮食高产年，有4年降水在450毫米以下。这说明，我区常年降水量可以满足一年一茬和两年三茬农作物正常生长的需要。干旱的本质不是降水少，而是时间和空间分布不均。

理由之二，耕地蓄水保墒能力低下。我区耕地中蓄水保土功能强的高标准基本农田还不多，在156万亩水浇地中，真正保浇的仅占45%。坡地面积占总耕地面积的47.9%，水土流失严重。加之耕作粗放，耕层浅薄，相当一部分耕地活土层不足15厘米，其蓄水保墒性能极差，极易出现旱必减、旱必灾现象。

理由之三，土地土壤营养不足。据测定，全区耕地中有机质含量在0.6%以下，全氮含量在0.5%以下，速效磷含量在5 PPm以下的耕地占60%左右。瘠薄的土地不仅难以有效地接纳天然降水，而且加大了蒸发量，土壤的自我调节功能十分微弱。据实测，我区土壤的无效蒸发水量占年总降水量的60%以上，远远超过地面径流的水分损失。

从上述理由中我们可以得出这样的结论：天旱可以导致地旱，但在同等降水量的情况下，解决好地旱可以减轻天旱。天旱，我们暂时还拿老天爷没办法；地旱，我们则可以通过科学的措施加以改变。这就是我们确立治旱兴农指导思想的基础。

新闻评论作品的论点有突破，才能收获好的传播效果。论点的每一次突破，就能把人的思考引上一个新台阶。这篇新闻评论立论新颖，对吕梁地区的干旱及农业低产落后问题有新思考。文章列举每年降雨量，证明基本可以维持作物需要，又列举水土流失、土地肥力、标准农田数字说明地不保水，旱因主要在地不在天。天旱，是传统的说法，作者却一反其意，另作解释，而且居然言之有理，别出心裁，给人耳目一新之感。原人民日报副总编辑、1991年度全国地市报新闻奖评委、著名新闻理论家梁衡评价该评论作品"从'地旱'角度找到了治天旱的新论点"，可谓"'论'不惊人死不休"[①]。

第三节　总论点和分论点

论点是作者对所论述的事物或者问题的评价和态度。论点明确表达了新闻评论撰写者所要传达出的观点与意见，是对所论述选题直接表达出来的中心思想。

论点从分类上来看，可以分为总论点和分论点两种。新闻评论一般具有总论点，即中心论点；而其中也包含各个分论点。总论点统领各个分论点，是分论点的基础，是贯穿全文的基本论点，是全文的论述中心；分论点服务于总论点，从不同层面证明、补充、论证总论点，为论证总论点服务。这里需要注意的是，一些篇幅较短的新闻评论，往往只有一个总论点，不存在分论点。

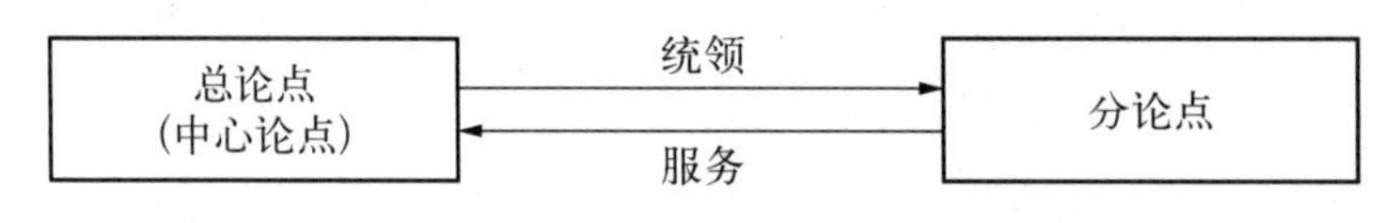

图7-2　总论点与分论点的关系

2021年9月27日，《人民日报》刊发"宣言"文章《我们为什么能够成功》。

评论的标题是问题型标题，分论点和总论点之间是统领和支持的关系。

评论开始运用了对比手法，同样是农历辛丑年，两个甲子以前，呈现在中国人面前的是一派悲惨的景象，而2021年的中国气象万千，伟大民族自信自强。极具画面感的纵向比较，自然地引出了本文的总论点，即"没有中国共产党，就没有新中国，就没有中华民族伟大复兴"。继而，文章分别从历史逻辑、理论逻辑、实践逻辑三个角度立论，从党的历史经验、艰辛历程、优良传统、辉煌成就等一系列论据中深刻阐明为什么"没有中国共产党，就没有新中国，就没有中华民族伟大复兴"，为什么"要坚持党的领导"。

分论点一，中国共产党是历史使命的真正承担者，这是坚持党的领导的历史逻辑。为了证明这一论点，文章第一部分列举了大量典型历史事例——太平天国运动、洋务运动、维新变法、辛亥革命等均以失败告终，进行今昔对比，指出：党团结带领中国人民

① 梁衡."论"不惊人死不休[J].新闻传播，1998(04)：17.

经过艰苦卓绝的奋斗，实现中华民族伟大复兴，开辟了伟大道路，创造了伟大事业，取得了伟大成就。所以，我们党用奋斗、牺牲和成就赢得了历史的选择。

分论点二，中国共产党代表最广大人民的根本利益，这是坚持党的领导的理论逻辑。文章第二部分将具体的理论依据拆分为三个部分分别阐释：首先，中国共产党真正把人民团结凝聚起来，推动了历史车轮前进；其次，中国共产党真正代表人民的利益，和人民一起奋斗、一起牺牲、一起创造；最后，中国共产党赢得民心，天下归心。所以，谁能代表人民的利益，实现好、维护好、发展好最广大人民的根本利益，全心全意地为人民服务，人民就拥护谁、跟谁走。

分论点三，拥有党的领导是我们的最大优势，这是坚持党的领导的实践逻辑。文章第三部分引用了大量数据，证明了在中国共产党的领导下，我们取得了经济快速发展的伟大成就，我们实现了社会长期稳定，我们成为决定世界百年未有之大变局的最大正能量。所以，实践不断证明，在克服各种艰难险阻、应对各种风险挑战中，中国共产党能够成功。

总的来说，分论点从不同逻辑出发，多方位地解释了为什么要坚持党的领导，全面有力地支撑了总论点。分论点一从历史逻辑出发，强调了要深刻领悟坚持中国共产党领导的历史必然性，增强了对党的领导的自信；分论点二从理论逻辑出发，明确了“谁代表人民的根本利益，人民就拥护谁，跟谁走”这一理论的真理性，给出了坚持党的领导的理论依据；分论点三从实践逻辑出发，强调了中国共产党领导的优越性，坚定了坚持党的领导的决心。

下面以《人民日报》2003 年 5 月 8 日发表的一篇“非典”主题的新闻评论作品为例，具体来看总论点与分论点的关系。

一手抓防治非典　一手抓经济建设

站在全局的高度，处理好非典型肺炎防治工作和经济工作的关系，一手抓防治非典型肺炎这件大事，全力以赴地做好防治工作，切实保护人民群众的身体健康和生命安全；一手抓经济建设这个中心不动摇，努力保持经济的稳定发展，把损失减少到最低限度。这是党中央、国务院对当前工作的总体要求。我们一定要认真领会，坚决贯彻落实。

当前防治非典型肺炎形势依然严峻，疫情对经济的影响日益显露，经济建设工作任务十分繁重。我们要正视非典灾害对经济增长的不利影响。非典已对民航、旅游、餐饮、商贸、出租车等行业造成冲击。非典疫情也会在一定程度上影响居民消费信心，抑制居民消费需求，使当前需求不足的矛盾更加突出，给经济增长带来困难。但是，我们也要看到，目前受影响比较大的是少数疫情严重的地区，主要又是在第三产业。我国经济增长目前主要是靠第二产业的拉动，今年一季度工业经济对国民经济增长的贡献率就在55%左右。因此，我们既不能掉以轻心，忽视非典对经济增长的不利影响；又不能盲目悲观，对保持经济稳定发展缺乏信心。党的十六大提出了全面建设小康社会的奋斗目标，聚精会神搞建设，一心一意谋发展，是全党、全社会的共识。不管出现什么问题，都不能动摇经济建设这个中心。我国是一个发展中的大国，人口众多，市场广阔，需求潜力巨大，经济回旋余地也大。20多年的改革开放打下了雄厚的物质基础。基于这些因素，我们有信心有能力克服困难，在战胜非典的同时，保持经济的稳定发展，实现全年经济社会发展预期目标。

发展是硬道理。经济发展是我们战胜各种困难、促进社会全面进步的基础。抓住发展不放松，努力实现今年经济增长目标，不仅对增强综合国力、改善人民生活作用巨大，而且也会为战胜非典、稳定社会、稳定市场提供可靠的物质保证。近来，一些地方及时调配货源，加快生产，保证了预防非典商品和其他生活商品的供应，迅速抑制市场波动，就是得益于多年发展打下的经济基础。强大的生产能力，充足的商品储备，灵活有力的宏观调控，使我们经得起风吹浪打。

保证经济的稳定发展，关键是坚决落实中央关于今年经济工作的各项部署，继续坚持扩大内需的方针，实施积极的财政政策和稳健的货币政策，重视经济运行中的新苗头、新问题，密切关注非典对经济的影响情况，及时采取适当的调控措施，化解突出矛盾。当前要切实抓好春耕夏收，稳定农业生产；加大投资力度，调整投资结构；培育新的消费热点和经济增长点；努力促进外贸出口和利用外资；对民航、旅游、餐饮、商贸、出租车等受非典影响较大的行业，采取减免行政事业性收费和适当财税优惠政策措施给予必要的扶持；大力增收节支，合理调整财政支出结构；进一步做好就业和社会保障工作；维护正常的生产和生活秩序。

万众一心抗非典，迎难而上求发展。在以胡锦涛同志为总书记的党中央的坚强领导下，我们一定能够夺取抗击非典和发展经济的双胜利。

这篇评论作品的中心论点是：一手抓防治“非典”，一手抓经济建设。在第一自然段开头就开门见山地提出了这一总论点。第二、第三、第四自然段为三个分论点，分别为：由于“非典”的影响，经济建设任务十分繁重；经济发展是实现经济增长目标、战胜

"非典"的物质基础;落实中央经济工作部署,关注"非典"对经济的影响,化解突出矛盾,保证经济的稳定发展。从三个分论点可以看出,"非典"给国民经济造成了不利的影响,在"非典"面前我们也应该保持抓住发展不放松的态度,抓住国民经济建设、保证经济稳定发展是工作的重中之重。通过三个分论点的层层分析,坚定地支撑起"一手抓防治非典,一手抓经济建设"的中心论点。

扩展阅读

[1] 顾建明.中美新闻评论立论方法的比较分析[J].新闻爱好者(理论版),2007(10):52-54.
[2] 赵振宇,胡沈明."任仲平"文章新闻评论属性探析[J].新闻大学,2010(03):37-45+57.

第八章　新闻评论的论证和论据

内容提要

1. 新闻评论的论证。
2. 新闻评论的论据。

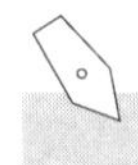

思考练习

1. 新闻评论的论证有什么要求？
2. 新闻评论的论证方法有哪几种？
3. 理解新闻评论作品中的论证方法。
4. 新闻评论的事实论据和理论论据分别指什么？
5. 结合案例，分析如何运用事实论据和理论论据论证论点。

新闻评论立论之后，就要选择论据，考虑论证。论证揭示论点与论据之间的逻辑关系，论据是论证的基础和依据。因此，选择合适的论据，展开合理的论证，都是写好新闻评论作品的关键。

说理是新闻评论的“内核”。新闻评论的论证贯穿整个新闻评论作品，充分的论证是证明论点的保障，论证需要考虑严密的逻辑工具和文本规划。

第一节　新闻评论论证的要求

何谓“理”？《韩非子·解老》中写道：“理者，成物之文也。长短、大小、方圆、坚脆、轻重、白黑之谓理。”“文”在这里可以理解为“道理”或者“规律”。马克思在《黑格尔法哲学批判导言》中指出，理论只要说服人，就能掌握群众；而理论只要彻底，就能说服人。新闻评论论证实际上就是说理，就事论理、析事明理，将信息观点有层次、完整透彻地传递给公众。对于新闻评论的论证，最基础的要求就是要合理：整个说理体系是合理的，逻辑过程是严谨的，思辨过程是完整的，论证充分，具有说服力。

中国自古以来就有政论文体，早在殷商时期就已出现较为完整的论证文章。《尚书》中记载的公元前14世纪商王盘庚说服臣民迁都的训词《盘庚》三篇就采用论说文形式。盘庚用“天命”和“先王”遗训，美好生活，动员部族迁都。春秋战国时期，思想文化呈现“百花齐放”“百家争鸣”的局面，诸子百家的众多作品都是早期的政论文体，如“论”“说”“原”“辩”“表”等都是以表达观点为主的文学体裁。

新闻评论作品的论证过程需要具有说理性、逻辑性，将批判性与理性、建设性相结合。从形式逻辑基本规律来看，论证需要遵循同一律、矛盾论、排中律、充足理由律：

同一律——在同一思维过程中，每一思想必须与其自身保持同一。

矛盾律——在同一思维过程中，一个思想及其否定不能同时都是真的。

排中律——在同一思维过程中，两个互相矛盾的思想（判断）不能同时是假的，必有一真一假，没有中间的可能。

充足理由律——在论证过程中，任何一个真实思想（论断）都要有充足理由。

从新闻评论作品的角度来解释就是：

1. 新闻评论作品在同一思维的过程中，所有的信息观点要有确定的同一内容，也就是我们所说的中心论点。

2. 新闻评论作品在同一思维的过程中，对于评论对象所作的两种矛盾判断不能同时存在，例如不可在论证评论对象是正确的同时，又论证评论对象是错误的。

3. 新闻评论作品在同一思维的过程中，对评论对象的矛盾判断必须二选一，必须有明确的观点，不能模糊界限。例如，对于评论对象的判断，要么是正确的，要么是错误，必须明确，不能含糊。

4. 新闻评论作品在论证过程中要有充足的论据，必须通过论据论证，而不能是主观陈述。不论是总论点还是分论点，都必须要有充足的论据。

下面选用第32届中国新闻奖期刊评论一等奖作品《没有共产党就没有中国人民的幸福生活》[①]来具体看新闻评论作品的同一律、矛盾律、排中律及充足理由律。

---

① 宋维强，孙煜华. 没有共产党就没有中国人民的幸福生活[J/OL]. (2022-11-01)[2022-11-05]. http://www.zgjx.cn/2022-11/01/c_1310668222_2.htm.

没有共产党就没有中国人民的幸福生活

中国共产党百年华诞！

这是中国共产党历史、中华民族历史、世界历史的重大里程碑时刻！

2021年7月1日，习近平总书记代表中国共产党和中国人民在天安门城楼上向全世界庄严宣告：经过全党全国各族人民持续奋斗，我们实现了第一个百年奋斗目标，在中华大地上全面建成了小康社会，历史性地解决了绝对贫困问题，正在意气风发向着全面建成社会主义现代化强国的第二个百年奋斗目标迈进。这是中华民族的伟大光荣！这是中国人民的伟大光荣！这是中国共产党的伟大光荣！

此时此刻，此情此景，怎能不让华夏儿女心潮澎湃、热血沸腾，放声高唱“没有共产党就没有新中国”，深情倾诉“唱支山歌给党听，我把党来比母亲”，由衷地为中国共产党骄傲自豪，为中国共产党领导的新中国骄傲自豪，为从未有过的幸福生活骄傲自豪。站在百年风华的历史高处，中国共产党正引领中华号巨轮驶向伟大复兴的光辉彼岸，一个持续走向国家富强、人民幸福的新中国，正以更加雄伟的身姿巍然屹立于世界东方。中国人民用今天的幸福生活告慰前辈先烈：此时此刻，此情此景，如您所愿！

在数千年历史长河中，中国人民辛勤劳作、自强不息，不懈追求“小康”生活。但在封建制度下，这只是一个镜花水月的空想。鸦片战争以后，由于西方列强的入侵，中国更是陷入内忧外患的黑暗境地，面临亡国灭种的深刻危机，国家积贫积弱、人民饥寒交迫，“中国人民的贫困和不自由的程度，是世界所少见的”。

为了“救民于水火、解民于倒悬”，无数仁人志士不屈不挠、前仆后继，多少轰轰烈烈，多少慷慨悲歌，但依然未能改变江山飘摇、神州陆沉、民不聊生的悲惨命运。莽莽神州，已倒之狂澜待挽；茫茫华夏，中流之砥柱伊谁？

在历史的大浪淘沙中，中国人民选择了用马克思主义科学真理武装起来的中国共产党。

1921年，从上海的石库门，到浙江嘉兴的南湖，一叶小船，摆渡了暮霭沉沉的中国，见证了勇担民族复兴历史大任、必将带领人民创造人间奇迹的中国共产党的诞生。从此，小小红船承载起亿万国人的国强民富梦想，一次次穿越急流险滩、惊涛骇浪，引领中华民族迎来从站起来、富起来到强起来的伟大飞跃，实现中华民族伟大复兴进入了不可逆转的历史进程！

中国共产党除了工人阶级和最广大人民群众的利益，没有自己特殊的利益。为中国人民谋幸福、为中华民族谋复兴，是中国共产党自诞生之日起就始终不渝的初心和使命。100年来，党的一切奋斗、一切牺牲、一切创造都是为了让人民过上好日子，党100年的历史从根本上说就是一部为人民谋幸福的历史。

为有牺牲多壮志，敢教日月换新天。“儿女不见妈妈两鬓白，但相信你会看到我们举过的红旗飘扬在祖国的蓝天”；“为了我们的子子孙孙争得幸福的生活，就是献出了自己的生命也是在所不惜的”……革命烈士用鲜血和生命诠释了什么叫做中国共产党人、什么是中国共产党的初心使命。

经过28年浴血奋战，中国共产党团结带领人民推翻帝国主义、封建主义、官僚资本主义三座大山，夺取新民主主义革命胜利，实现了几代中国人梦寐以求的民族独立和人民解放，为国家强大、人民富裕创造了前提、开辟了道路。

“我们的民族将再也不是一个被人侮辱的民族了，我们已经站起来了。”在中国人民政治协商会议第一届全体会议上，代表们一面流着热泪，一面使劲地拍掌。那种刻骨铭心的翻身感、那种当家做主人的尊严、那种重整山河的燃烧的激情，只有经历了新旧社会对比的人才会有、才能懂，也才会真正理解“风展红旗如画”正是幸福生活的保障。

新中国，人民第一次成为国家、社会和自己命运的主人。“我把党来比母亲，母亲只生了我的身，党的光辉照我心……”当年，祖辈为奴的放羊女娃才旦卓玛勇敢地站起来了，是共产党给她和像她这样的人们撑了腰，他们作为新社会的主人站直了腰杆。才旦卓玛忘情演唱《唱支山歌给党听》，唱出了各族人民对中国共产党的似海深情。

为了“建设一个新世界”，当家作主的中国人民在建设新中国的奋斗中，爆发出空前的创造力和冲天的干劲。在那个火红的年代，党团结带领中国人民进行社会主义革命，确立社会主义基本制度，在一穷二白的条件下推进社会主义建设，中国社会发生了翻天覆地的变化，建立起独立的比较完整的工业体系和国民经济体系，在走向人民幸福生活的道路上，不断创造人间奇迹，绘出最新最美的图画。

有过凯歌行进，也曾低吟徘徊。在满目疮痍的旧中国留下的烂摊子上建设社会主义新中国，一切都要艰苦创业、披荆斩棘、开辟新路。

“十八户农民的红手印，按出了改革开放万里香，沃野千里稻翻浪，农家的小楼沐春光……”1978年的一个冬夜，小岗村十八户农民在一份没有标点符号的契约上按下鲜红的手印。农村改革的春雷响彻神州大地。

党的十一届三中全会，实现了新中国成立以来党的历史上具有深远意义的伟大转折。党团结带领人民走自己的路，开创、坚持、捍卫、发展中国特色社会主义，不断解放和发展生产力，人民生活实现了从温饱不足到总体小康、奔向全面小康的历史性跨越。

船到中流浪更急，人到半山路更陡。时光进入2012年，中国共产党为人民谋幸福、为民族谋复兴的第一个百年征程，进入了最关键的攻坚和冲刺阶段。历史的接力棒，交到了以习近平同志为主要代表的新时代中国共产党人手中。

“人民对美好生活的向往，就是我们的奋斗目标”，“我们一定要始终与人民心心相印、与人民同甘共苦、与人民团结奋斗，夙夜在公，勤勉工作，努力向历史、向人民交出一份合格的答卷”。2012年11月15日，人民大会堂，在与中外记者见面会上，新时代的领路人习近平总书记庄严承诺。

面对严峻复杂的国际形势、艰巨繁重的国内改革发展稳定任务，特别是新冠疫情的严重冲击，习近平总书记胸怀中华民族伟大复兴战略全局和世界百年未有之大变局，坚持以人民为中心的发展思想，以“我将无我，不负人民”的赤子情怀，统揽伟大斗争、伟大工程、伟大事业、伟大梦想，带领全党全军全国各族人民奋勇前行，引领党和国家事业取得历史性成就、发生历史性变革，夺取了全面建成小康社会的胜利，开启了全面建设社会主义现代化国家的新征程，交出了一份人民满意、世界瞩目、可以载入史册的答卷。

旧中国，生产力水平低下、工农业生产非常落后，1949年中国经济总量占世界的比重不足5%，“一辆汽车、一架飞机、一辆坦克、一辆拖拉机都不能造”。中国共产党领导下的新时代中国，国内生产总值迈上100万亿元的高台阶，人均国内生产总值站上1万美元大关，连续多年稳居世界第二大经济体，对世界经济增长的贡献率长期保持世界第一位。

旧中国，人民在生死线苦苦挣扎，据估算有80%的人长期处于饥饿、半饥饿状态，几乎每年都有几万乃至几十万人因饥饿而亡。中国共产党领导下的新时代中国，脱贫攻坚取得全面胜利，人民生活水平大幅提高，人均可支配收入名义增长600多倍，恩格尔系数降至30%左右。

旧中国，人民长期遭受病疫的折磨和精神上的贫瘠，1949年人均预期寿命仅有35岁，文盲率高达80%。中国共产党领导下的新时代中国，人均预期寿命达到77.3岁，15岁及以上人口平均受教育年限达到9.9年，人民精神文化生活更加丰富多彩。

旧中国，西方列强入侵和殖民掠夺成为加在中国人民身上的沉重枷锁，中国人民的尊严和生存权利受到严重践踏。中国共产党领导下的新时代中国，日益走近世界舞台中央，中国成为世界第一大工业国、货物贸易国，中国人民的民族自尊心、自信心、自豪感极大提升，做中国人的志气、骨气、底气极大增强。

100年前，中华民族呈现在世界面前的是一派衰败凋零的景象。今天，中华民族向世界展现的是一派欣欣向荣的气象，正以不可阻挡的步伐迈向伟大复兴。

100年来，为了中国人民的幸福生活，多少共产党人舍生取义、流血牺牲，历经苦难而初心不改，饱经风霜而使命依旧。人类历史上，从未有哪一个政党像中国共产党这样，遭遇如此多的艰难险阻，经历如此多的生死考验，付出如此多的惨烈牺牲，取得如此多的丰功伟业，写就如此浩气长存、光耀千秋的追求人民幸福生活的壮丽史诗。

历史雄辩证明：没有共产党就没有新中国，没有共产党就没有中国特色社会主义，没有共产党就没有中国人民的幸福生活。只有在中国共产党领导下，才能不断满足人民对美好生活的向往，才能实现中华民族伟大复兴的中国梦。

实践深刻昭示：江山就是人民，人民就是江山。共产党打江山、守江山，守的是人民的心，为的是让人民过上好日子。人民的幸福生活就是“国之大者”。全面小康只是第一步，中国人民更美好的日子还在后头。

征途漫漫，惟有奋斗。现在，中国共产党团结带领中国人民又踏上了实现第二个百年奋斗目标新的赶考之路。在以习近平同志为核心的党中央坚强领导下，在习近平新时代中国特色社会主义思想科学指引下，全党全军全国各族人民增强“四个意识”、坚定“四个自信”、做到“两个维护”，心往一处想、劲往一处使，就一定能够书写全面建设社会主义现代化国家的崭新华章，一定能够实现中华民族伟大复兴的宏伟目标，一定能够创造更加美好的幸福生活。

征程正未有穷期。

2021年仲夏，北京，展示中国共产党百年历史的精神殿堂——中国共产党历史展览馆巍然矗立，气势恢宏。“我志愿加入中国共产党，拥护党的纲领，遵守党的章程，履行党员义务，执行党的决定，严守党的纪律，保守党的秘密，对党忠诚，积极工作，为共产主义奋斗终身，随时准备为党和人民牺牲一切，永不叛党。”面向鲜红的中国共产党党旗，习近平总书记举起右拳，带领全党同志重温入党誓词。

神圣誓言，穿越百年波澜壮阔征程，承载初心不改使命永担，激励接续奋斗向前进！

评论文章通过客观叙述中国共产党团结带领中华民族攻坚克难、追求人民幸福生活的百年奋斗历程，深刻阐释了没有中国共产党就没有新中国，就没有中国人民的幸福生活，就没有中华民族的伟大复兴的结论。文章牢牢抓住“中国共产党”这个关键要素，通过中国共产党诞生前后的对比，以及有没有中国共产党的假设性比较，逻辑清晰地证明，是历史和人民正确选择了中国共产党。说理过程充分体现矛盾律、排中律、同一律和理由充分律。众所周知，1840 年之后中华民族堕入半殖民地半封建社会的黑暗境地，无数仁人志士为救亡图存，前仆后继，提出过多种国家建设方案，但是均以失败告终。1921 年中国共产党诞生，中国革命焕然一新。经过 28 年浴血奋战，中国共产党团结带领人民推翻帝国主义、封建主义、官僚资本主义三座大山，夺取新民主主义革命胜利，实现民族独立和人民解放。从“矛盾律”来看，这就证明了中国共产党领导中国革命是“真”，是正确的，而中国共产党诞生之前进行的救国救民道路探索是不符合中国国情的。新中国成立之后，中国共产党继续带领全党全军全国各族人民奋勇向前，进行社会主义革命、改革开放、全面小康社会建设，开启全面建设社会主义现代化国家的新征程，中国社会面貌日新月异、欣欣向荣。文章通过“旧中国”四个排比段证明，新中国成立之后取得的一系列伟大成就，在没有中国共产党领导下的旧中国是绝对不可能的。接着宕开一笔，试想 1949 年之后如果没有中国共产党的领导，会不会有今天所目睹的国家成就呢？答案是否定的。因为共产党坚守“江山就是人民，人民就是江山”的信仰，把“让人民过上好日子”作为自己奋斗的目标。这就是“排中律”的深刻逻辑，历史从来不是虚无主义者的论道场，岁月静好的背后总是有人替你负重前行。从革命到建设，从站起来、富起来到强起来的历史飞跃，都离不开中国共产党这一坚强核心的正确领导。虽然国家建设也曾徘徊过，但是只要理想信念对了，不忘初心，就会长风破浪、披荆斩棘，赢得胜利。在整篇文章论述中，始终坚持“没有共产党就没有中国人民的幸福生活”这一核心论点，虽然时间纵贯百年、内容繁复，但是立场“同一”，思路清晰，论证有力。如此长篇巨论，有历史的轴线也有现实的画面，有宏大的国家叙事也有细微的人民生活体认，有严谨绵密的说理也有切实可感的具体事件，娓娓道来，论据充分，令人信服。

第二节　新闻评论论证的方法

康拉德·芬克（Conrad C. Fink）指出：“在我们这个复杂的世界里，简单地把大量硬新闻塞给读者，会使他们疑惑不解，除非我们也提供分析。”[①]新闻评论就是通过对新闻中所蕴含的论题进行分析论证，给受众释疑解惑。要对新闻中所蕴含的论题进行分析，就必须通过一定的论证方法才能完成。刘勰在《文心雕龙・论说》中提出：“原夫论之为体，所以辨正然否，穷于有数，究于无形；钻坚求通，钩深取极……故其义贵圆通，辞忌枝碎，必使心与理合，弥缝莫见其隙；辞共心密，敌人不知所乘，斯其要也。”[②]就是指对论题的论说必须要做到透彻分析，全面剖析。

对于新闻评论的论证方法，学界的研究和业界的实践都总结出了多种分类方式，并无统一说法。总的来说，论证主要就是证实与证伪两个角度，其中包含缘事议理、归纳分析、例证引证、反证归谬等多种论证方式，最终就是对评论对象进行判断。从形式逻辑基本规律来看，就是用充足的论据来论证中心论点，最终对评论对象做出明确的判断。具体的论证方法包括例证法、引证法、喻证法、类比法、对比法和反证法。

我们可以通过几个案例进行具体分析。

一、例证法

例证法就是选用具体的事例来证明论点，即在提出论点后，用具体的实例来证明论点的论证方法。例如第31届中国新闻奖文字评论一等奖作品《警惕“精致的形式主义”》[③]，针对社会上出现的形式主义“新变”与“怪相”，以“精致的形式主义”进行准确概括并做出中肯深刻的评论。文章开头即选用了几个鲜活、生动的事例来论证“精致的形式主义”这种形式主义新变种值得警惕：

> 抓餐饮浪费，一些店家则推出“称体重点餐”举措、出台“‘N’个人只能点‘N－2’个菜”的规定；抓农贸市场精细化管理，个别执法人员便拉着直线检查摊位上菜品是否摆放整齐，甚至连鲜带鱼也要一刀剪齐；抓环境卫生，有管理者要求“一平方米内的烟蒂不得多于两个”“厕所内的苍蝇不得多于3只”，或把地面灰尘扫起来过秤“以克论净”。如此规定，看起来挺严格、挺精细，可稍作探究，有几个不是流于形式摆摆样子？

通过以上具体的事例，评论开门见山地展现了“精致的形式主义”的种种表现，精

---

① 康拉德・芬克.冲击力：新闻评论写作教程[M].柳珊，顾振凯，译.北京：新华出版社，2002：132.
② 周振甫.文心雕龙今译：附词语简释[M].北京：中华书局，2013：170.
③ 刘庆传，颜云霞.警惕“精致的形式主义”[N].新华日报，2020－10－12.

准刻画了"精致的形式主义"的新特点，使读者清晰、直观地认识到"精致的形式主义"依然是只重形式不重内容、只重过程不重结果、只看表面热闹不看实际效果的典型，是一个需要认真解决的新问题。

二、引证法

引证法即引用论证法，就是引用其他观点来证明自己的论点，用已被证明的、公认的道理、原则或立论，来论证未被证明的、个别的、具体的论点和道理。往往通过引用经典语录、约定俗成的市井言论、生活常识等作为论证论据来证明论点，使说理更加深刻、透彻，易于接受。第18届中国新闻奖报纸评论一等奖作品《上海要有更宽广的胸襟》就引用了《管子·形势解》中的一段话："海不辞水，故能成其大；山不辞土石，故能成其高。"以此来说明"海纳百川，才成其为上海"。上海是全国的上海，上海今天取得的成就离不开全国各地的关心和帮助，上海今后的发展同样离不开全国各地的支持与合作，上海要以更宽广的胸襟，兼容并蓄、博采众长，大力塑造"海纳百川、追求卓越、开明睿智、大气谦和"的新形象。这一席话，对于拓宽上海的胸襟，塑造上海人的新形象，有着精准的针对性和深刻的现实意义。有了《管子》中那段名言的引证，就更容易让"海纳百川，才成其为上海"这一观点被人理解。

三、喻证法

比喻是一种修辞方法，在论说文中也经常用比喻的方法，以物明理或以理明物。比喻说理，即用人们容易理解的浅显的A事物或A道理来说明不容易理解的深奥的B事物或B道理，喻证中并不需要A、B两个事物之间具有内在的共性，只需要具有外在的相似性即可。

中国古代的政论文中就多使用比喻来说明道理。先秦诸子百家的论说文中比喻论证的手法出现次数极多。例如《孟子》全书二百多章中，就一百多处用了比喻；《庄子》一书中更是多用比喻来说事喻理，"庄周梦蝶""目无全牛""盗亦有道""螳臂当车"等故事更是演变为今日人人都知道的成语。第29届中国新闻奖广播评论三等奖作品《解"锁"》[①]就非常巧妙地将思想解放比喻成"解锁"。评论一开篇就指出："上锁是为了保证安全，但思想上了锁，行动就会生锈。在山东省的一次座谈会上，三位企业家述的三个故事，发人深省。"评论从企业家讲述的故事讲起，第一个故事是《怕担当》，第二个

① 翁平亚，张聪：《解"锁"》，山东广播电视台广播新闻频道，2018年12月27日07时30分00秒。

故事是《奇葩证明》，第三个故事是《干儿子不如亲儿子亲》，通过三个故事反映出了在深化改革的过程中山东省的某些干部"思想上了锁，行动生了锈"，缺乏思想解放、积极作为、锐意改革的思想动力与活力，给山东省的营商环境造成了严重影响。以这种生动的比喻方式来明事说理的方法，可以将评论主题阐发得更加通俗明白。

四、类比法

类比法指的是两个对象在一系列属性上具有相同性，而且已知其中的一个对象还具有其他属性，由此可以类推出另外一个对象也具有同样属性的结论。第27届中国新闻奖文字评论三等奖作品《城市建设"慎落子"才能"少悔棋"》[①]将城市建设与下棋进行类比，以棋理类比事理，进行评论。

城市建设"慎落子"才能"少悔棋"

轰隆一声巨响，高楼瞬间倒地，这样的新闻眼下已不胜枚举：武汉大学爆破拆除第一教学楼，该大楼曾荣获鲁班奖等建筑领域大奖；山西大同紧邻古城墙进行高楼爆破，场面惊险；四川成都在建第一高楼爆破拆除，距地铁口仅5米；西安118米高楼爆破，不少人在附近酒店开房围观……

这些爆破拆楼案例，都发生在最近几个月。在此期间，各地被拆的其他高楼当然还有不少，它们能成为"新闻"，离不开媒体人添加的各类噱头：要么爆破用时极短、非常成功，要么紧挨着的重要古迹或建筑毫发无损，要么该建筑使用时间不长、质量很好等等。这说明，光有拆除不一定能成为新闻，拆除行为与对象还必须重要、反常或者有趣才行。

好好的一幢大楼，造价动辄数千万、上亿元，爆破拆除后不仅价值归零，还要倒贴上千万、数千万元拆除费。心痛吗？不晓得。按理说，拆楼浪费巨大，肯定会有人心痛。但同样不可忽视的是，不少时候，对于爆破拆除这些高楼，社会上也不乏叫好之声。原因无他，这些大楼与周围环境、整体规划不协调，看起来已经"扎眼"多时，有的甚至让人忍无可忍，爆破拆除俨然已成了为民除害、大快人心之举。值得深究的是，这个"害"的源头在哪，又何以根绝？

会下棋的人，大都深知"一着不慎，满盘皆输"的棋理。一个棋子下得不好，未必总会决定全局输赢，但却会让盘面显得别扭，要改变局面常常会费时费力。城

---

① 左中甫.城市建设"慎落子"才能"少悔棋"[N].南京日报，2016-09-19(A10).

市建设也是“一盘棋”，下好这盘棋，必须慎重落子、精心布局，这样才能减少悔棋和修正的几率。具体而言，不仅在宏观和总体上要科学、合理规划城市，在微观和单体上同样要精心设计、严格把关；不仅要考虑当下的短时段需要，也要考虑历史的脉络、未来长时段发展需求；不仅要在局部上力求完美，也要充分照顾到局部与整体的呼应、配合与兼容。否则，项目建成之日，就有可能成为留下败笔、落下骂名之日。

有统计显示，我国新建建筑寿命不超三十年，不及英国四分之一。大批高楼“英年早逝”，有很大一部分是因为在规划、设计环节把关不严，草率过关、仓促上马，从而留下各种先天性缺陷。这种情况，在上世纪八九十年代我国大规模城市化的启动期、加速期尤为普遍。由于观念和技术的局限，再加上在制度层面把关不严、违规审批，一批高楼“带病”拔地而起。今天的爆破拆除，很大程度上是在为以前的粗放发展埋单，只是这种纠错的代价往往太过高昂。在城市化向纵深推进、城市建设向更高水平迈进的今天，这个教训尤其需要认真汲取。

中央城市工作会议提出，要统筹规划、建设、管理三大环节，提高城市工作的系统性。其中特别强调，“要加强城市设计，提倡城市修补，加强控制性详细规划的公开性和强制性”。这一方面要求我们慎重建设新项目，律之以严；另一方面也提醒我们慎重拆除旧项目，约之以俭。坚持集约发展，框定总量、限定容量、盘活存量、做优增量、提高质量，理应成为城市建设和管理者的牢固共识。

评论作品以城建的失误为话题，将城市建设与下棋进行类比，以下棋需要慎重考虑每一个步骤，精心布局，慎重落子，下错一步、落错一子，就会导致“一着不慎，满盘皆输”的结局，类比城市建设，提出在城市建设中也应该慎重对待每一个决策，只有这样才能实现科学规划，合理建设。通过这种类比的论证方法，让评论的论证更加生动，逻辑更加严密。

五、对比法

对比法也称比较法，是通过把两种事物加以对照、比较后，推导出它们之间的差异点，使结论映衬而出的论证方法。对比推理一般分为两种，一是“纵比”：将同一事物在不同的时间、地点所处的不同的情况进行比较，即现在和过去对比；二是“横比”：将发生在同一时期、同一区域性质截然相反或者有差异的事物进行比较，也就是好的和坏的对比。无产阶级革命家谢觉哉的《论“同甘共苦”》用两个时间状态下的“甘”与“苦”

比较，就是一种纵向对比：

甘和苦是个比较的名词：我们是从艰苦中来的，今天所说的“苦”，常常就是过去所说的“甘”，甚至比过去的“甘”还要好得多。我们切不可忘记过去。我们是从群众中来的，某些工作人员所说的“苦”，也许是某些群众所希望的“甘”，我们不应该走得太远。忘记过去，走得太远，是脱离实际、脱离群众的。这会妨碍工作人员和人民群众的团结，妨碍经济建设的顺利前进，因而也就会使人民和自己的生活不能逐渐提高。[①]

《光明日报》2007年5月8日发表的一篇评论作品《重“点”岂可轻“面”》[②]，运用的就是横向对比论证的方法，对试点村与非试点村的状况进行对比分析：

重“点”岂可轻“面”

一段时期以来，不少地方兴起了新农村建设的“试点”热，争办试点成了不少乡镇、村干部的重要工作。试点村和非试点村的区别，可真是太大了。现在的试点村是热热闹闹，非试点村则冷冷清清。试点村新修了路，盖了新房，有了低保，领导还在张罗绿化、亮化、美化的事；非试点贫困村路不平，电不通，老百姓长期喝不上干净水，少见领导探访，更无部门问津。看着这些鲜明的差别，人们不禁对新农村建设的“试点”工程产生了一丝担心。

通过试点先行、示范引导、以“点”带“面”的形式，促进新农村建设尽早地入门入道、快速发展，无疑是非常必要的。但是现在有的地方办“试点”不是着眼于推进全局，而是把“试点”当“盆景”，导致了试点与整体工作严重脱节。在试点的选择上，有的把距离城边、路边、经济条件好的村庄作为试点；在试点内容上，有的只盯着那些能立即见效、更能彰显领导干部政绩的“盖新房、修马路、刷墙壁、立标牌、搞卫生”等工作上；在推进形式上，往往集中人力、物力，人为地培植超出常规的典型。为了尽快见成效，资金往试点投，干部往试点派，政策往试点倾斜，有限的资源过分地集中在少数试点上。本应由农民作为主体的新农村建设，演变成了政府主导的新村庄建设，结果只是造就了一批“好是好，就是学不了”的典型。

① 谢觉哉．不惑集[M]．北京：作家出版社，1962：169－170．
② 杨明生：重“点”岂可轻“面”[J/OL]．(2007－05－08)[2020－03－21]．http://www.gmw.cn/01gmrb/2007-05/08/content_602370.htm.

这种重“点”轻“面”，在“点”上越位、在“面”上缺位，忽视了农村整体规划和全局指导的做法，实质上是一种新的形式主义，是一种脱离实际的“政绩工程”，它不仅有违试点、示范的初衷，增大了将来在“面”上推广的难度，甚至有人为拉大农村贫富差距之虞；既不能方便农民的生产生活，还增加了农民负担。这样的试点，对于要惠及广大农民的新农村建设来说，不但起不到试点的引导作用，反而会因为物力、财力的不公平分配，影响广大农民建设新农村的信心，妨碍整个新农村建设的大局。

抓“试点”、树典型，需要用平常心去战胜虚荣心和浮躁心，尤其要消除“大干快上”、“全部翻新”、急于求成的思想。因为“试点”、典型的意义不在于好看，而在于可学，新农村示范点的意义就在于它的可借鉴性。选择什么样的试点、树立什么样的典型，要充分注意其代表性和今后在面上的可参照性。应该按照“面上打基础、点上求突破”的原则，正确处理好典型示范和推动面上新农村建设的关系，既要精心培育典型，使其真正具有示范价值；同时，用抓“点”的精力去抓推广，把“点”的经验向“面”上延伸。这样，“试点”才有示范作用，典型才可学能学；学了，对推进新农村建设才会真有用。

评论作品通过结合试点与非试点村、“点”和“面”的对比论证，支持和凸显中心论点：重“点”轻“面”，会造成“点”上越位，“面”上缺位的情况，这其实不利于农村整体规划建设和全面发展，是脱离实际的错误方法，因此重“点”的同时不应轻“面”。

六、反证法

这种论证方法不直接对对方的论点、论据及论证方式进行正面驳斥，而是按照对方的逻辑和思路推导出一个明显荒谬的结论，进行反证，使其论点不攻自破。这里以鲁迅先生的杂文《此生或彼生》来看反证法的运用：

此生或彼生

“此生或彼生”。

现在写出这样五个字来，问问读者：是什么意思？

倘使在《申报》上，见过汪懋祖先生的文章，“……例如说‘这一个学生或是那一个学生’，文言只须‘此生或彼生’即已明了，其省力为何如？……”的，那就也许能够想到，这就是“这一个学生或是那一个学生”的意思。

否则，那回答恐怕就要迟疑。因为这五个字，至少还可以有两种解释：一，这一个秀才或是那一个秀才(生员)；二，这一世或是未来的别一世。

文言比起白话来，有时的确字数少，然而那意义也比较的含胡。我们看文言文，往往不但不能增益我们的智识，并且须仗我们已有的智识，给它注解，补足。待到翻成精密的白话之后，这才算是懂得了。如果一径就用白话，即使多写了几个字，但对于读者，“其省力为何如”？

我就用主张文言的汪懋祖先生所举的文言的例子，证明了文言的不中用了。

(原载于1934年6月30日《中华日报·动向》)

这篇评论的具体时代背景是五四新文化运动以来，白话与文言(实质是新文化与旧文化)的斗争。1934年5月，汪懋祖发表了《禁习文言与强令读经》一文，试图掀起所谓“文言复兴运动”。鲁迅先生以子之矛攻子之盾，用对方论据中文言的歧义问题反证文言的弊端，使得论证更加深刻有力。

第三节　新闻评论的论据

《左传》中写道：“君子之言，信而有征。”言论要有说服力就要有可靠的论据。论据是论点形成的根据、说明论点的证据，也就是论点从何而来，由什么材料证明。没有论据的论点是无法充分论证评论的论点，充足的、能证明论点的客观材料是新闻评论作品不可或缺的内容。新闻评论不是简单的论据罗列，而要深入新闻事实的内部，用充足的论据来梳理清楚各分论点之间的逻辑联系，从而论证评论所确立的观点，最终以观点来说服受众。

如何进行新闻评论的论据选择？根据新闻评论三个要素的关系和形式逻辑基本规律，最重要的就是选择可以充分说明论点且具有典型性、说服性的材料做论据。

毛泽东同志说，没有调查就没有发言权。新闻评论的前提是有最基本的、可靠的、接近真相的事实。作为客观存在的论据，一个重要的要求就是真实，只有真实，才能保证新闻评论作品的真实性。

在论据选择中，还要把握数量。并不是论据越多越能说明问题，仅有材料的堆砌是无法证明论点的，过多的论据材料往往会使文章显得臃肿，过犹不及。只有合理、精确、适量的论据才能发挥作用。新闻评论论据主要分为以下两种：

一、事实论据

事实论据主要是指概括性事实，如人证物证等、典型实例以及故事典故、客观存在的数据信息等。事实是最具说服力的论据之一。

中国古代的论说文中很多以历史事实为开头，选用事实论据，以古论今，例如贾谊的《过秦论》、陆机的《辩亡论》、苏洵的《六国论》等。下面选取李斯《谏逐客书》一文，来看古代论说文中的事实论据使用。秦王政十年打算接受宗室的建议，下令驱逐一切客卿，当时的丞相李斯直言上书，也就是著名的《谏逐客书》，指出秦王政的政策失误。

> 臣闻吏议逐客，窃以为过矣。昔缪公求士，西取由余于戎，东得百里奚于宛，迎蹇叔于宋，来丕豹、公孙支于晋。此五子者，不产于秦，而缪公用之，并国二十，遂霸西戎。孝公用商鞅之法，移风易俗，民以殷盛，国以富强，百姓乐用，诸侯亲服，获楚、魏之师，举地千里，至今治强。惠王用张仪之计，拔三川之地，西并巴、蜀，北收上郡，南取汉中，包九夷，制鄢、郢，东据成皋之险，割膏腴之壤，遂散六国之从，使之西面事秦，功施到今。昭王得范雎，废穰侯，逐华阳，强公室，杜私门，蚕食诸侯，使秦成帝业。此四君者，皆以客之功。由此观之，客何负于秦哉！向使四君却客而不内，疏士而不用，是使国无富利之实，而秦无强大之名也。

李斯在《谏逐客书》中的论证首先选用了穆公、孝公、惠王、昭王四君任用客卿后，让秦国逐渐走向富强这一事实论据，说明客卿对秦国的重要性。他用已经发生的历史事实作为论据，做到"据事以类义，援古以证今"。

司马迁的《报任安书》中也用了这样的事实论据：

> 古者富贵而名摩灭，不可胜记，唯倜傥非常之人称焉。盖文王拘而演《周易》；仲尼厄而作《春秋》；屈原放逐，乃赋《离骚》；左丘失明，厥有《国语》；孙子膑脚，《兵法》修列；不韦迁蜀，世传《吕览》；韩非囚秦，《说难》《孤愤》；《诗》三百篇，大底圣贤发愤之所为作也。

司马迁选用八个历史事例来论证自己的观点，说明一个人有时候降职罢官并不是坏事，忍辱负重仍可能获得巨大的成就。

下面选取第 28 届中国新闻奖文字评论二等奖作品《警惕形式主义披隐身衣卷土

重来》[①]来看事实论据在新闻评论中的使用。

警惕形式主义披隐身衣卷土重来

前段时间，《人民日报》刊登一篇题为《送温暖无需兴师动众》的文章，里面提到“40 多人下乡送温暖，三天活动两天在路上”，如此送温暖受到不少群众吐槽，一些网友留言称：“这不是说我们单位吗？”互动中可见类似事件并非个例，戏谑的口吻中则透露出群众对此现象的反感之深。

一次基层采访见闻让我印象深刻。某贫困镇为在上级领导调研时展现乡镇良好风貌，派专人打扫道路，因没有获知领导确切调研时间，当地连续 20 多天组织群众在街头巷尾清扫垃圾，按每人每天 70 元的日薪结算，近 20 人的清扫队伍需要一笔不小支出。上级检查一走，环境整治立马停止。

送温暖、环境整治为何如此功利？当记者多年，我发现周边的同行对这样的现象早已见怪不怪了。如果追问当事人，很可能被怼上一句：“送温暖有错吗？这是关爱困难群体。”“展示良好村容村貌有错吗？”

这样的回应貌似很有道理，用高大上的理由为这些形式主义的做法披上隐身衣，使其看起来无可辩驳。这样的想法、做法在不少基层干部中大有市场。

如今，作报告写文章拿腔拿调、列队欢迎送温暖队伍等形式主义已在“反四风”的凌厉攻势下明显减少，但打着“关爱”“关心”等口号却不务实的形式主义倾向依然存在。

比如，一提走群众路线，一些干部就弄上两袋大米、一壶香油等到贫困群众家中走一遭，送米、拍照、走人一气呵成；一说轻车简从、密切联系群众，一些干部就走马观花下趟基层；一说要学习外地先进经验，一些部门就巧立名目外出学习考察。更有甚者，一些人打着改革的旗号搞政绩工程，以发展之名追求形式、图虚名、务虚功。

群众的眼睛是雪亮的，什么是作秀，什么是真正为民服务，一眼就看得出来。很多时候，送温暖、密切联系群众的出发点都是好的，但掺杂进形式主义的杂质就让人有“好经被念歪”之感。一些群众因“出发点是好的”而不愿计较，但久而久之，披着“隐身衣”的形式主义必将玷污良好的初衷，将好事异化。

毛泽东同志曾对形式主义有过批判，“形式主义是一种幼稚的、低级的、不动

① 何晨阳. 警惕形式主义披隐身衣卷土重来[N]. 新华每日电讯，2017-03-21(06).

脑子的东西”“形式主义害死人”。一些群众表示，形式主义犹如横亘在党和群众之间的一堵无形之“墙”，无声地侵蚀着党和政府的公信力。

党的十八大以来，从中央到地方，迅速掀起了深入开展为民务实清廉为主要内容的党的群众路线教育实践活动，“反四风”也是其中的重要内容之一。

与官僚主义、享乐主义、奢靡之风等较为显性的歪风相比，形式主义更为隐蔽，对其评判、甄别确实不易。与此同时，官僚主义、享乐主义、奢靡之风也最容易借形式主义死灰复燃，加之形式主义有为民服务等大帽子的遮盖而显得更为隐蔽，所以时刻绷紧严防形式主义这根弦尤为必要。

求真务实是形式主义的天敌，反对形式主义，重在“务实”，同时还应严防以形式主义反对形式主义。首先，应强化制度设计，完善决策、项目论证和反馈机制，通过制度引导党员领导干部真正以功成不必在我的胸襟做到谋事要实，将工作重心真正放到提升经济发展质量和不断改善民生上，力避蜻蜓点水、急功近利。

其次，应畅通民意表达渠道，运用多媒体手段，借群众慧眼发现形式主义典型案例，对作风之弊、行为之垢进行大扫除，并保持高压态势。

第三，强化制度设计。对群众举报的形式主义做法、对那些热衷于形式主义的党员领导干部严查重处，形成震慑效应，破除一些干部的侥幸心理，严防“形式主义”披上隐身衣继续肆虐。

这篇评论作品运用的大量的事实论据，均来自作者积累的大量鲜活案例、一手素材。它将抽象问题具象化，用事实为形式主义的表现进行画像。论据扎实鲜活，具有极强的说服力。

二、理论论据

理论论据包括马列主义、中国特色社会主义理论等哲学社会科学理论，国家法律法规、政策决议，历代思想文化遗产，名人名言、专家意见，公认的社会常识等。如前面的例文《警惕形式主义披隐身衣卷土重来》就引用了毛泽东的一段话来说明形式主义的危害。再如第29届中国新闻奖文字评论二等奖作品《让劳动光荣成为青年坚定信念》[①]，就用大量理论依据让评论作品逻辑性更强，说理更加深刻。

① 刘涛.让劳动光荣成为青年坚定信念[N].中国教育报，2018-05-04(02).

让劳动光荣成为青年坚定信念

在刚刚过去的“五一”国际劳动节和已经到来的“五四”青年节，一个个关于劳动者和奋斗者的故事不断被传唱，这不仅仅是对个人与集体的肯定、对青年与青春的赞赏，更是对劳动与奋斗的肯定。

劳动是人类的本质活动。马克思在《德意志意识形态》中指出，劳动使人和动物具有了本质性的区别。正是在劳动中，人与人之间的社会关系得以形成，人类最终从自然界或自然状态中挣脱出来，获得了一个更广阔的社会向度。马克思将劳动视为社会的太阳，认为“只要社会还没有围绕着劳动这个太阳旋转，它就绝不可能达到均衡”。因此，要理解人类社会的产生、变化和发展，劳动具有根本性的认识论意义。

不忘初心，方得始终。“劳动光荣”曾是一个响亮的社会口号，为中国的历史进程注入了强大的信念与力量。因为劳动，革命、同胞、劳动者、共同体等概念悄然生成；因为劳动，人们抱团取暖，共筑伟业，相互慰藉。然而，今天人们似乎偏离了曾经所坚持、所相信、所践行的劳动观念。人们狭隘地对不同劳动给出了高低贵贱之分——来自底层群体的劳动被视为一种低级的劳动形式，从事底层劳动的劳动者难以获得应有的尊重。

实际上，这种片面的劳动观念严重背离了马克思的劳动本位论。马克思区分了具体劳动和抽象劳动，以强调任何劳动都具有对话和通约的可能，由此形成了劳动价值本位的观念。马克思之所以提出“抽象劳动”的概念，就是强调“凝结在商品中的无差别的人类劳动”，以此揭示不同的具体劳动在商品价值上具有对话之处。正是在“抽象劳动”层面，不同的“具体劳动”有了通约和转化的可能，这就意味着一切劳动都在创造价值，都应该被尊重。

遗憾的是，今天人们逐渐忽视了抽象劳动的内涵，由此篡改了劳动的本义，逐渐形成了一种狭隘的、片面的、功利的劳动观。正是受制于这种世俗的劳动观，人们简单地将劳动视为身体劳动，将劳动者等同于社会底层，整个社会出现了一种对“劳动”的消极情绪。这种不正确的劳动观，既背离了马克思主义的劳动价值本位，也加剧了不同社会阶层之间的隔阂与矛盾。

面对当前社会对“劳动”和“劳动者”的各种误读，以及弥散在社会的各种“不劳而获”观念，我们有理由再提“劳动光荣”，推进“劳动教育”，使其与“德”“智”“体”“美”并行发展，真正形成人类社会教育的完整拼图。而敬畏劳动、尊重劳动者、争创劳动模范、树立正确的劳动观，对于成长中的青少年而言，既是必要也是迫切的。

树立正确的劳动观,就是回到劳动应有的哲学语境和价值本位,让青少年深刻认识到劳动创造了人,创造了人类社会,也创造了人类文明。尤为重要的是,要让马克思主义教育深入人心,让青少年真正理解劳动的本义和内涵。只有回到劳动应有的价值本位,我们才能重新理解社会过程,重新认识社会阶层,从而打破片面的劳动观所制造的社会区隔体系,让全社会劳动者在劳动的意义上获得真正的平等。

树立正确的劳动观,就是充分认识劳动的价值本位与生命要义。劳动赋予生命以意义,同时也为生命铺设了行动的坐标与方向。苏联教育学家凯洛夫指出:“劳动是人类社会生活的基础,是人的生活和幸福的源泉。”正是通过劳动,人成为社会中的人,成为社会关系中的人,人得以相对清晰地识别何为“生命的意义”;正是因为劳动,人的生命内涵和意义更加丰富,而个体的主体性恰恰是借助劳动实践得以确立的。

树立正确的劳动观,就是让“劳动光荣”的观念成为时代新风。按照马克思的观点,“劳动已经不仅仅是谋生的手段,而且本身成了生活的第一需要”。只有弘扬“劳动光荣”的荣辱观,给予劳动应有的肯定和褒奖,才能让青少年从根本上敬畏劳动,尊重劳动者。只有当“劳动光荣”的观念蔚然成风,进入人们情感结构的深处,我们才有更大的底气和理由谈劳动者的“获得感、幸福感、安全感”。

树立正确的劳动观,就是用“劳模精神”指引我们的社会实践。劳动模范是优秀劳动者的典型代表,是社会主义核心价值观的阐释者和践行者。劳模精神是劳动模范的思想内核和精神结构,其当代的重要品格构成是工匠精神。我们要用“劳模精神”践行工匠精神,勇做时代奋斗者。

在中华民族伟大复兴中国梦的时代主题下,我们需要弘扬“劳动光荣”观念,践行“劳模精神”,使其成为流淌在青少年血液中的价值基质。而社会也要创造健康的、公平的、正义的劳动环境和公共秩序,让劳动者真正“劳”有所得。

这篇评论作品大量运用马克思的劳动理论来阐述劳动内涵,论述为什么要尊重劳动,劳动为何光荣。它以科学的理论展开论证。通过大量运用理论论据来支撑评论的中心论点,使得评论具有理论深度,观点也更加鲜明。

扩展阅读

[1] 曾丽红.新闻评论的驳论技巧[J].青年记者,2009(14):38.
[2] 马少华.新闻评论中事实的不同作用——新闻评论中的事实问题[J].新闻与写作,2005(10):37-38.
[3] 范荣康.论如析薪 贵能破理——新闻评论的论证[J].新闻战线,1985(10):29-32.

第九章　新闻评论的逻辑工具与思维方法

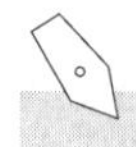

内容提要

1. 新闻评论论证中的推理方法。
2. 新闻评论论证中的思维方法。

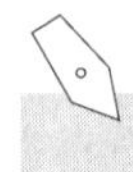

思考练习

1. 新闻评论论证中的三种推理方法是什么？
2. 联系案例，举例说明新闻评论作品中的论证推理。
3. 新闻评论论证中演绎推理和归纳推理的区别是什么？
4. 新闻评论论证中的逻辑思维包括哪些？
5. 不同的思维方法在新闻评论论证中是如何体现的？

思维是揭示事物本质和内在规律性关系、认识和改变客观世界的过程，是人的大脑对客观事物的本质的探索、对事物之间内在联系进行概括并做出规律性总结的能动反映。而“逻辑”一词从词源上最早可以追溯到希腊语中的“逻各斯”(logos)。“逻各斯”具有多重含义，其基本含义是言辞、理性、秩序、规律，其中核心含义是“秩序”和“规律”。[①] 逻辑思维是人们在长期的社会实践中，通过概念、判断、推理对客观事物的内在规律和相互关系进行抽象和概括的能力。科学往往以逻辑实证为特色，科学的两大支柱就是逻辑和观察。

20 世纪初，形式逻辑作为论证方法被引入新闻传播业以后，使得新闻评论的论证

---

① 陈波. 逻辑学十五讲[M]. 北京：北京大学出版社，2016：24 - 25.

更加严密、更加有力，推动了新闻评论的说理论述层次与节奏，使其论证更加有效。[①]新闻评论的论证过程其实就是一种逻辑思维的过程。关于论证的思维过程，毛泽东曾说过："概念的形成过程、判断的形成过程、推理的过程，就是调查和研究的过程，就是思维的过程。"[②]新闻评论的整个思维过程，必须符合逻辑的分析判断，具有严谨的逻辑。新闻评论作品与理论性文章也有所区别，不是为了阐述理论，更重要的是通过逻辑工具进行论证，用合理的论据去论证论点。

新闻评论作品传播的是信息与观点，是在说理体系的基础上对新闻客观事实进行阐述，表达作者的意见、态度、立场和价值判断，在整个阐述的过程中，必须探究和展示事理逻辑。新闻评论撰写者在撰写评论的过程中安排新闻事实、新闻论据、说理体系，其实就是对这些要素的内部逻辑进行考量，从而阐发和论证文章的中心论点。在论证过程中，运用严密的逻辑思维来安排论据、论点、论述框架，是新闻评论作品写作的关键。一般来说，新闻评论中的逻辑工具如下图所示：

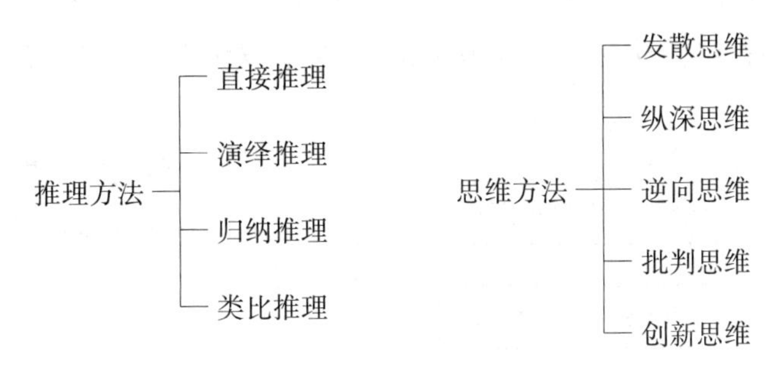

图 9-1 新闻评论的逻辑工具

第一节 新闻评论论证中的推理

新闻评论论证中的推理方法常用的主要有四种：直接推理、演绎推理、归纳推理和类比推理。演绎推理和归纳推理是推理方法中最常用的两种。从辩证法的角度看，这两种推理是对个别与一般关系的阐述：个别与一般具有辩证关系，个别存在于一般之中，一般要通过个别来加以表现，个别与一般可以在一定条件下相互转化。艾尔·巴

① 徐兆荣. 实用新闻评论写作教程[M]. 北京：北京大学出版社，2014：25.
② 中共中央文献研究室，新华通讯社. 毛泽东新闻工作文选[M]. 北京：新华出版社，1983：206.

比(Earl Babble)在《社会研究方法》中认为归纳推理和演绎推理都是达到科学的有效途径,两者结合可以寻求人们对事物更有力、更完整的理解。①

一、直接推理

直接推理就是从一个前提直接推出结论的推理。它有三个特点：第一,前提的单一性(前提只有一个);第二,结论的确定性(前提和结论之间有蕴含关系,即前提包含结论,前提真,结论必真);第三,推理的直接性(从前提直接引出结论)。

比如：真理是不怕批评的,所以怕批评的就不是真理。

金子是会发光的,不发光的就不是金子。

二、演绎推理

演绎推理又称为演绎法,是从一般到特殊的推理过程,从已知的一般性原理,推导出个别的特殊性结论,是由一类事物的普遍规律推导出其中某一个事物的性质,因为这一事物的性质包含于它所属的该类事物的共性之中,是局部和整体的关系。

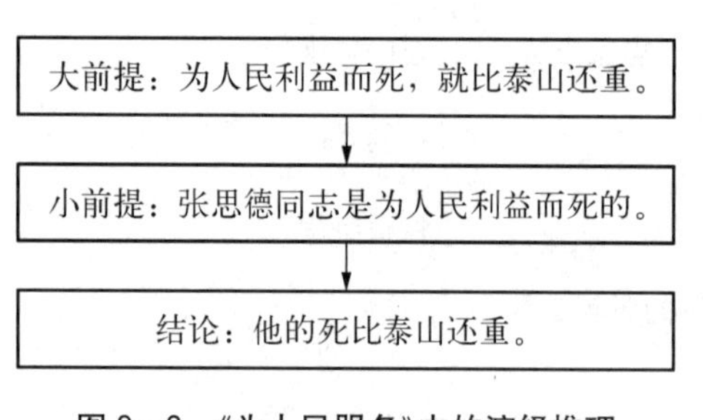

图 9-2 《为人民服务》中的演绎推理

演绎推理又称三段论推理,是借助一个共同概念把两个直言判断联系起来,从而推导出一个新判断的三段论证推理,是一种演绎关系。它一般采用三段式推理结构,即大前提、小前提和结论,通过大前提、小前提两个一般性原理,推导出一个有关具体个体的特殊结论。大前提、小前提之间是有相互联系的。

毛泽东 1944 年 9 月 8 日在张思德同志追悼会上所做的演讲《为人民服务》中就有这样一段演绎推理:“人总是要死的,但死的意义有不同。中国古时候有个文学家叫作司马迁的说过：人固有一死,或重于泰山,或轻于鸿毛。为人民利益而死,就比泰山还重;替法西斯卖力,替剥削人民和压迫人民的人去死,就比鸿毛还轻。张思德同志是为人民利益而死的,他的死是比泰山还要重的。”

第 26 届中国新闻奖文字评论三等奖作品《党员毕福剑必须讲规矩》②就针对新闻事件,抓住问题核心,以党员这个大前提进行演绎推理,证明论点。

① 艾尔·巴比.社会研究方法(第十一版)[M].邱泽奇,译.北京：华夏出版社,2009：52-59.
② 贾亮.党员毕福剑必须讲规矩[N].中国纪检监察报,2015-04-10(04).

党员毕福剑必须讲规矩

4月6日，网络上流传了一段视频：中央电视台主持人毕福剑在饭桌上唱评《智取威虎山》中《我们是工农子弟兵》选段，并且边唱边戏谑。该视频引发极大争议。4月8日晚，央视网新闻中心官方微博发布消息："毕福剑作为央视主持人，在此次网络视频中的言论造成了严重社会影响，我们认真调查并依据有关规定作出严肃处理。"

在近几日不断发酵的评论中，有人以"言论自由"想说就说为毕福剑辩护，以私下场合的非正式语言"不适合做政治定性的依据"为其开脱。言外之意，调侃攻击党的领袖和党领导的军队没什么大不了，搞当面一套背后一套也很正常。

但别忘了，作为公众人物的毕福剑还是一名共产党员。他自己也曾自豪地说："我是共产党员，我应该往前冲。"可"提起筷子吃肉放下筷子骂娘"，请问"毕姥爷"冲到哪里去了？党章对于党员义务有明确规定"对党忠诚老实，言行一致"，"反对阳奉阴违的两面派行为"。除了腐败分子，一从政治上批评某个人，总容易被指责"上纲上线"，可是如果一名共产党员连党章对于党员的最基本要求的底线都突破了，这难道还是上纲上线吗？

是党员就要有纪律意识和规矩意识，不能将自己的言行凌驾于党的纪律规矩之上，口无遮拦、毫无顾忌地乱说胡说，以显示自己的所谓"有才"。一分多钟的视频中，毕福剑把个人和小圈子的快乐建立在嘲弄调侃领袖和军队之上，建立在损毁党的形象之上，而看起来他却很享受这种感觉，不以为耻、反以为荣。这是严重的自由主义和个人主义。

进了党的门就是党的人，任何场合都不能忘记自己共产党员的身份。当然，并不是要求每名共产党员在私人场合一定要板着脸，但却绝不能为所欲为。要知道很多"破纪"行为都是私下完成的。所以说，越是私人场合恰恰越能体现出一名党员的党性观念和党员意识。

央视已经声明要调查此事，其中很重要的一点就是，要端着纪律和规矩这把铁尺子去查清问题。这一事件也提醒央视党组织，对于党员的内部管理要更加严格，作为国家级舆论平台，在监督别人的同时更要加强纪律建设，管好"台内人"。时下，央视领导将如何应对这个问题，如何处理破坏党的纪律规矩的行为，公众正拭目以待。

言论自由不等于自由言论，更不能无原则无底线。尤其是作为一名党员，要时刻用党的纪律和规矩这把尺子去量量自己的言行。遵守党的纪律是无条件的，现在就是要严明纪律。

作品中演绎推理逻辑清楚：在第四段、第五段中阐述大前提——党员要有纪律意识和规矩意识，任何场合都不能忘记共产党员的身份；小前提是毕福剑是一名共产党员，因此得出论点：党员毕福剑必须有纪律意识和规矩意识。通过演绎推理论证，厘清事件的认识观点，传达出正确的舆论观念，整体逻辑体系严密。

三、归纳推理

归纳推理是从特殊到一般的推理过程，根据多个个别事物所具有的共同要素，在分析、归纳后，推导出此类事物的一般性结论。这是从个别知识的前提出发，推出一般知识结论的推理过程。归纳推理多为经验性总结，通过积累发现具有共性的个别事物特征，并对其进行总结性归纳，发现一般性规律。《人民日报》2010 年 1 月 13 日发表的一篇新闻评论作品《说说沈浩的“不容易”》[1]，所运用的推理方法就是通过阐述沈浩三个方面的不容易，最终归纳出中心论点：沈浩的工作不容易。

说说沈浩的“不容易”

了解安徽小岗村党委第一书记沈浩的人，都由衷地感叹他的“不容易”。细思之，沈浩至少有三个“不容易”。

一是短短 6 年干成这么多实事不容易。30 多年前 18 枚红手印揭开中国农村改革序幕的小岗村，长期处在“一朝越过温饱线，二十年没进富裕门”的窘境中。沈浩上任后殚精竭虑，带领乡亲们脚踏实地艰苦奋斗，终于硕果满枝：村道实现了硬化，还连上了省道国道；粮油公司、钢构厂、电器公司等先后建成；美国 GLG 集团、深圳普朗特集团等大企业相继落户；优质葡萄园、养殖种猪基地应运而生；庭院小楼拔地而起，茅草屋成了旅游景点、“农家乐”生意红火；有线电视网进村入户，大包干纪念馆、敬老院、文化广场渐成风景；全村人均收入从 2003 年的 2 300 元，提升到 2008 年的 6 600 元……沈浩的这些“不容易”告诉我们，说一千不如干一件，道一万不如挑一担；有想干事的愿望，还要有干实事的作风；要牢记为人民服务的宗旨，更要有为人民服务的本领。

二是聚拢人心不容易。农民兄弟既有勤劳、善良、敦厚的本性，也有统一思

---

① 刘汉俊. 说说沈浩的“不容易”[N]. 人民日报，2010－01－13(要闻第 04 版).

想、提高素质、增进共识的迫切需要；既有强烈的致富愿望和动力，也存在眼界和方法的局限。锅碗瓢盆少不了磕磕碰碰，鸡犬相闻也难免人心相隔。沈浩没有因为自己是外来干部、选派干部就回避矛盾，而是勇于担当、善于应对。面对分歧他苦口婆心解疑释惑，面对村霸逞强他一身正气敢于碰硬。他受过委屈、挨过打骂，有泪水却没有发泄，有气愤却没有气馁。他坚定地依靠党员、相信群众，用改革的办法解决发展中的问题，努力地团结、教育、提高群众，形成人心思和、思稳、思富、思进的局面。沈浩的这些“不容易”告诉我们，新时期党员干部要具备驾驭复杂局面的勇气和能力，善于做聚民心、稳民心、得民心的工作。

三是离家创业不容易。沈浩扎根小岗村，吃住百姓家，不当“走读干部”、“镀金干部”、“候鸟干部”，与农民兄弟同呼吸、共命运、心连心，在改造客观世界的同时改造自己的主观世界。他敬民如父、爱民如子，全村108户家家走遍，冷暖安危，察之秋毫。床下七双鞋只只沾满泥土，20多本日记篇篇是民情。那三次挽留他的几百枚红手印个个鲜红滚烫，情重千钧。沈浩不是一个绝情寡欲的人，他离家不舍家、念家不恋家，既尽忠义又重孝亲，既为大家又顾小家，尽力用各种方式表达对老母、妻女的爱意，两厢牵挂，一往情深，令人既潸然泪下又肃然起敬。沈浩的这些“不容易”告诉我们，奉献精神、牺牲精神，是共产党人永远的情怀和崇高的境界。

沈浩的“不容易”，是对他真实状态的描述，更是对他精神状态的赞许。沈浩从这些“不容易”中走过来，走出了共产党员的风采。古人云：“为之，则难者亦易矣。”对照沈浩扪心自问，他已“为之”，我们能否？

《说说沈浩的“不容易”》一文，抓住中心论点，以具体的三个方面的具有个别性的“不容易”，推导出一般性结论：沈浩作为安徽小岗村党委第一书记，他的工作不容易。

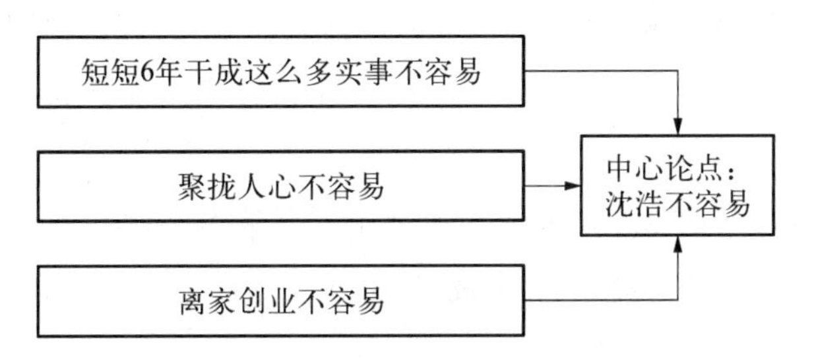

图9-3 《说说沈浩的“不容易”》中的归纳推理

再如，1956年9月1日范荣康发表在《人民日报》的评论《不要蛮干》，从宝成铁路建设为了赶7月1日通车，忽视安全作业和科学规律，造成工地伤亡事故和工程质量问题的新闻事件出发，列举交通建设和工业生产中种种“蛮干”现象及其后果，进而分析指出，“蛮干”和“艰苦”“英勇”是不能相提并论的，科学的规矩，必须遵循，并最终归纳出一个具有普遍意义的结论：“一味蛮干，逞一时之能，图一时之快，最后必然挫伤了群众的积极性，给国家的建设事业带来不利的后果。”

四、类比推理

比较是很重要的一种思维方式。类比推理涉及两个或两种对象的属性比较。由于比较的两个对象或两类对象具有某些相同属性，推理认为它们的其他属性也具有相同性，是一种相互比较的关系，即从个别的前提出发，导出“个别”的结论。下面选取1984年普利策社论奖作品《霉变的劳工部》（“Moldy Department”）[①]，来看看类比推理在新闻评论作品中的运用。

霉变的劳工部

政府的腐败像霉菌一样滋生，只要给它提供生存的空间和适当的生长条件，它便会四处蔓延，遍及眼前的所有事物。

萨姆·考德威尔将我们州政府的劳工部变成了滋养腐败的温床。16年来，他建立了一个帝国，而它又与本来就很少存在于本州政府的制约与平衡机制隔绝。但考德威尔不再只靠自己扩展势力，他需要帮助。

一些帮助来自赫尔曼·塔尔梅奇。考德威尔在塔尔梅奇兴旺发达的腐败事业下不过是个傀儡，并且由于考虑到官职终身任期，考德威尔操纵政府工作时不能像塔尔梅奇家族一样有恃无恐。但考德威尔最大程度地学到了塔尔梅奇的政府工作原理——欺软怕硬。

他恃强凌弱的直接对象就是他自己的雇员。雇员们从他那儿得到工作，他从不让他们忘记这一点。一次又一次，他公开强行索取竞选捐款、性满足和私人服务。

州政府的考绩制本是用来保护雇员不受腐败侵害的。但考德威尔试图给考绩制的管理者足够的好处，使之不插手他的部门的工作。于是，法规便不再对考德威尔起作用。

---

① 沃尔特·李普曼，詹姆斯·赖斯顿等. 新闻与正义 普利策新闻奖获奖作品集 1917—1997 Ⅱ［M］. 展江主译评. 海口：海南出版社，1998：830－832.

按州政府的规定，当一个职位空缺时，必须在本部门公开宣布，以便让在册雇员有机会得到提升。一次又一次，好一点儿的职位均被考德威尔的一个个来自小乡村、无所适从、不具备任何岗位素质、几乎没有任何在州劳工部工作经验的朋友占据。

在需要较高水平的行政岗位上，考德威尔挑选有犯罪经历的人、低级摇摆舞酒吧的老板、唯命是从的政党雇员等在任何地方都找不到正经工作的人担任。说得好听点，他们是不能胜任工作，说得难听点，他们都是无赖和暴徒——并且从他们当中有人曾在今年犯过重罪便可判断，暴徒比无赖人数更多。

不仅考德威尔本人不得不准备接受审判，他的那些同党也正被起诉。据统计，在我们清理完这个部门之前，另有50至60名官员将面临犯罪指控。接着我们又发现州运输部招标舞弊的问题。那么州农业部和州政府财政部的腐败又给人什么启示呢？

改革佐治亚州政府需要走很长的一段路。即使我们消灭了劳工部的腐败，稍有不慎，霉菌又会死灰复燃。

这篇新闻评论作品运用类比思维，将政府的腐败与霉菌的滋生相类比，通过对共同属性的比较，得出结论：要改革佐治亚州政府，不能让腐败死灰复燃。文章的第一段就直接将政府的腐败与霉菌相类比，提出论点；最后总结观点时，也用霉菌的特性来类比政府的腐败，认为腐败稍有不慎就会死灰复燃。

第二节　新闻评论论证中的思维

从认识论角度看，思维是大脑对信息的加工活动，是人类对客观现实的概括和间接的反映。理论思维是洞察事物实质、揭示事物本质或过程的内在规律的抽象思维，即根据事物固有的内在规律进行创造性的思考。新闻评论论证中也涉及多种思维方法，这里归纳概括为四类。

一、发散思维

发散思维是由一种现象或事物联想到与这一现象或事物在空间或时间上相似相关的其他现象或其他事物的思维方法。这种思维方法经过比较和联系，产生新的创造，往往是从一点发散开来，在不同事物的相互联系中突出事物的特征，发掘事物的本质。第 29 届中国新闻奖广播评论三等奖作品《从苹果败诉，看中国知识产权保护的自信》[①]就是基于苹果公司的败诉事件，运用发散思维，联系到中国的知识产权保护体系问题。这篇评论从事件出发，进一步挖掘事件背后的问题，通过采访相关律师、专家学者，从多个方面阐释中国知识产权保护已经获得世界的认同和尊重。文章论述中国的知识产权保护方面的自信包括中国作为专利大国的自信、拥有越来越完备的知识产权司法体系的自信、拥有知识产权领域优秀法律人才的自信和能够不断加强权益人权益保护的自信等，从一场知识产权官司思考到整个国家的知识产权保护体系。作品通过发散思维，将评论作品的立意拔到了一个很高的高度。

二、纵深思维

纵深思维是一种刨根究底，透过现象看本质的思维方式。纵深思维可以让新闻评论撰写者有意识地解剖、追问事物之间相互制约、相互影响、相互决定的内在联系，透过现象不断寻找造成这种现象的原因，甚至进一步追问产生原因的原因，追根溯源，由表及里。

例如，毛泽东受聘担任湖南大公报馆外撰述员期间，看到 1919 年 11 月 14 日《大公报》刊登的一篇讲述长沙姑娘赵五贞因反对包办婚姻而在花轿中自杀身亡的新闻。16 日，针对这一事件，毛泽东在《大公报》上发表了一篇题为《对于赵女士自杀的批判》的新闻评论。文章通过这一自杀事件，发掘其背后的本质，“社会上发生一件事，不要把它看小了，一件事的背后，都有重叠相生的原因”，“这件事的背后，是婚姻制度的腐败，社会制度的黑暗，意想的不能独立，恋爱不能自由”。在毛泽东发表新闻评论后，又出现了针对这一事件的几十篇不同论点的新闻评论。

三、逆向思维

逆向思维指的是对某种现象从相反的方向进行探索，不遵从惯性思维，而是突破僵化认识或刻板印象，正中求反去思考问题。

第 27 届中国新闻奖文字评论三等奖作品《洪水面前，谁都不是旁观者》[②]，就运用逆向思维，面对“洪涝灾害”这一选题，将切入点选为洪灾中存在的错误认识，将救灾工

---

① 孙世庆，阮怡，李连申，叶舜祺：《从苹果败诉，看中国知识产权保护的自信》，广播新闻信息综合频率《1036 青年领秀》，2018 年 12 月 27 日 20 时 05 分 00 秒。

② 王钟的. 洪水面前，谁都不是旁观者[N]. 中国青年报，2016－07－26(01).

作与公民义务、社会责任相联系。

洪水面前，谁都不是旁观者

连日来，暴雨侵袭多个省市，江河水位超过警戒线，山洪泥石流等自然灾害频发，不少城市和乡村遭遇特大洪灾。抗洪救灾工作中，我们看到了被洪水冲垮家园的不幸、失去亲人的痛苦、等待救援的期盼，但也看到了灾区群众的坚韧顽强，看到了抗洪一线人民子弟兵的奋不顾身，看到了党员干部、团员青年的责任担当，他们为了人民群众的生命和财产安全，竭尽全力。

灾难像一面镜子，映照出生命的坚强与抗争，映照出人们抵抗灾难的勇气与团结，也映照出冷漠和旁观。有人在灾难现场勇往直前，也有人置身事外看热闹，甚至造谣生事。

洪灾当前，政府救灾力量发挥着核心和基础性作用。这一力量既包括来自党政机关和居民(村民)自治组织的党员干部，也包括承担救灾职责的相关部门，还有冲在一线的解放军武警战士，他们是抗洪抢险的主力军。此外，灾区群众开展自救和互救，同样是减少灾难损失的重要途径。

洪灾令人猝不及防，救灾往往就是一场与时间的赛跑。在专业救援队伍到来之前，以及救援过程中，都离不开自救。而防洪抗灾，更是一场保卫家园的“阻击战”，谁都不该置身事外。

观望和等待，只会延误时机。个体的力量是弱小的，但所有弱小的个体，能汇聚成强大的力量。

每一个公民都有积极参与救灾的责任。从法律上看，《中华人民共和国防洪法》规定，任何单位和个人，都有保护防洪工程设施和依法参加防汛抗洪的义务。也就是说，公民参与救灾不仅是一种道德提倡，更是不可逃避的法律义务。面对救灾，每个人都应当在力所能及的范围内贡献自己的力量。

那些袖手旁观、说风凉话者，实际是在逃避公民的责任；而那些制造和传播谣言、无事生非者，更有违法嫌疑，要承担相应的法律责任。

在公民权利意识上升、政府全面建立问责制度的背景下，包括网络监督在内的各种社会监督，也在促进和参与救灾工作。但是，面对影响巨大的自然灾害，社会与个体的责任不能止于监督，而是需要一种“起而行”的态度。一个人的公民意识，不仅体现在自身权益遭侵害时站出来维权，也体现在对国家和法律要求的责任和义务不退缩、不逃避。

近年来，民间公益组织的救灾力量崛起，就是公民履行救灾义务的体现。中国历来有社会力量参与救灾的传统，还有许多“官主民办”“官民合办”的救灾组织，民间救灾组织也正在成为政府救灾的有效补充力量。

最近各地的洪灾救援中，许多民间公益组织将热心救灾的公民有序地组织起来，在第一时间赶赴灾区，配合当地政府展开救援与赈济，发挥了不可替代的作用。

覆巢之下，安有完卵。只有人人在灾难中贡献自己的力量，才能让救灾体系更加完善，让救灾工作做得更扎实全面，从而最大程度地减小灾难所带来的损失。无论身处灾区，还是距灾区千里之外，无论因为职责的要求参与救灾，还是以普通公民、灾区群众的身份参与救灾，都应该少一点逃避，多一点担当；少一些冷言冷语，多一些实际行动。抗洪救灾工作是一场全民战役，洪水面前，谁都不是旁观者。

这篇评论作品对于评论对象的选择不是惯性思维中的抗洪救灾人群，而是抗洪工作中的旁观者和阻碍者，从相反的角度去思考问题，及时指出救灾中的错误意识，提出人人都有义务在灾难中贡献自己的力量。作品角度特殊，一经发表就被许多媒体列入抗洪救灾专题页面，进行重点展示。

四、批判思维

批判思维指的是要理性存疑，对于任何主题和内容都不能盲目信从，而是应当思考其中是否存在问题，巧妙地运用思维方法去发掘现象背后可能存在的问题。例如毛泽东 1949 年 1 月 5 日发表的新闻评论《评战犯求和》一文，针对蒋介石求和声明中的观点，逐条进行批驳和揭露，深刻揭示出了蒋介石声明中的要害问题，即维护“蒋介石这一伙杀人凶犯及其美国主子”的利益。

第 28 届中国新闻奖文字评论二等奖作品《不要让耀眼数字迷了眼睛》[①]，就是运用批判思维创作的一篇评论作品。2017 年前三季度，山西省 GDP 增速达 7.2%，3 年来首次超过全国平均水平，乐观欣喜之声迭起。《山西日报》总编辑认为，经济数据越耀眼越要保持冷静，他责成记者执笔写篇评论，表达的是：爬坡过坎转型疾行的山西，当前千万不要让耀眼数字迷了眼睛。

---

① 张临山. 不要让耀眼数字迷了眼睛[N]. 山西日报，2017-12-03(01).

不要让耀眼数字迷了眼睛

数字之于经济，如同血压体重之于人，是健康状态的“晴雨表”，天然随行，重要非常。

好看的经济数据，亦如同一枚硬币的两面，一方面反映出经济发展的成绩、趋势，“此中有真意”；另一方面又容易让人产生数字迷恋喜不自禁，“乱花渐欲迷人眼”。

前三季度，我省GDP增速达7.2%，3年来首次超过全国平均水平，经济发展质量效益明显改观，新旧动能加速转换。十九大之后，山西经济发展由“疲”转“兴”，折射出政治生态由“乱”转“治”的新气象新状态。

目前，山西以7.2%为主的一系列经济增长数字，堪称耀眼。前8个月，规上工业企业实现利润较上年同期增加643.4亿元，是2012年以来同期最好水平。7.2%，这是从2014年开始14个季度以来的GDP最高增速，这是近4年来山西经济发展的最好水平，这是从党的十八大向十九大交汇过渡的山西最新答卷。以此为标志，这是山西一个历史性的变化。这一成绩，来之不易，表明全省经济稳中向好、好中提质。

行百里者半九十。爬坡过坎转型疾行的山西，当前千万不要让耀眼数字迷了眼睛。小富即安、沾沾自喜的心态要不得。打退堂鼓、走回头路的倾向更值得警惕。我们要做到不为数字所惑，不为积习所绊，不为成绩所累。

不受迷惑，头脑要清醒。越是乐观欣喜之声迭起，越要保持冷静。我省经济稳中向好，但要清醒地看到，好中有忧，好中不忘忧。在支撑经济回暖的多重积极因素中，煤价回升的作用不可否认。全省经济运行短期稳定长期显忧的现象比较突出，经济持续较快增长的基础尚不牢固。部分行业增长有放缓迹象，规上工业增加值连续由上半年的8.1%回落至4%左右。

不受迷惑，目标更坚定。好中要知难，这个难就是转型之难。我省转型发展还面临着较大困难和挑战，摆脱“一煤独大”“一股独大”绝非一日之功。煤、电等传统能源工业对经济增长仍有较大影响，前三季度，能源工业增加值拉动全省工业增长5.2个百分点。与此同时，战略性新兴产业、高技术产业规模仍然较小。不能“好了伤疤忘了疼”，必须横下一条心，坚持目标定力，以恒久之功全面转型深度转型。

不受迷惑，行动有力量。知易行难，知行合一。耀眼数字已是过去时，未来希望全在进行时。越是临近年终关键节点，越到了加紧中流击水之时。省委、省政府出台《贯彻落实国务院支持山西省进一步深化改革促进资源型经济转型发展意见行动计划》，作出周密安排部署，正以非常之力走资源型经济转型新路。

山西不当“煤老大”，要做“排头兵”。居安思危，增强定力，不忘初心，方得始终。

针对各种乐观的声音，《山西日报》抓住关键要点，善意提醒，态度真诚，观点独到，从高点思考，从痛点落笔，提出小富即安、沾沾自喜的心态要不得；打退堂鼓、走回头路的倾向更值得警惕；山西要做到不为数字所惑，不为积习所绊，不为成绩所累；不能“好了伤疤忘了疼”，必须横下一条心全面转型、深度转型。

扩展阅读

[1] 伍佳佳. 网络新闻评论写作的思维转换与优化策略[J]. 新闻前哨，2020(04)：41-42.
[2] 刘兢. 新闻评论教学的跨学科视野与研究性思维[J]. 新闻记者，2012(09)：68-71.
[3] 刘洪珍. 批判性思维及其在新闻评论创作中的应用[J]. 国际新闻界，2009(08)：62-66.

第十章　新闻评论的判断与判断意识

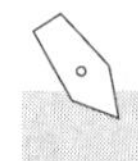

内容提要

1. 新闻评论的事实判断与价值判断。
2. 马克思理论指导下的新闻评论判断意识。

思考练习

1. 新闻评论的事实判断和价值判断指什么？
2. 联系具体案例，分析新闻评论中的历史意识和前瞻意识。
3. 思辨意识、大局意识在新闻评论作品中是如何体现的？

中国共产党的思想指南是马克思辩证唯物主义和历史唯物主义。社会主义新闻事业，必须建立在马克思主义世界观和方法论的基础之上，向广大受众指示认识真理的道路。新闻工作的事实判断与价值判断必须能把握世界观和认识论的正确方向，新闻评论撰写者要自觉地运用马克思主义世界观、方法论，全面系统地观察事物、剖析问题，真实、客观、准确地评价新闻事件和现象。

第一节　新闻评论中的事实判断与价值判断

逻辑学认为，判断是断定事物情况的思维状态，是对思维对象是否存在、是否具备某种属性以及事物之间是否具有某种关系的肯定或否定。所谓事实判断是指对于新闻事实、现象的存在与否及程度范围如何的断定;价值判断是指对于新闻事实、现象所蕴含的实际意义或启示的断定。一般而言,事实判断是价值判断的基础,价值判断是事实判断的升华。

下面选取两篇同样以"屠呦呦获得诺贝尔奖"为选题的新闻评论——《科技日报》发表的分别获得第26届、第28届中国新闻奖文字评论三等奖的两篇作品,具体分析其不同事实判断与价值判断:

别拿屠呦呦说事儿①

"中国大陆科学家离诺贝尔奖还有多远"的诘问,于2015年10月5日17时30分终结。没想到这一刻真的到来时,各种"吐槽"瞬间在网上"爆棚"。许多人把目光集中在屠呦呦的"三无"身份上,即无博士学位,无留洋背景,无院士头衔。按他们的逻辑,因为中国大陆第一位获得诺贝尔奖的科学家"三无",所以科学界以往那些荣誉、职位、学位和称号等大打折扣,甚至一文不值。

古代希伯来人发现,健康的人身上有虱子,有病发烧的人身上没虱子。于是,他们高兴地得出结论:虱子能使人健康。而事实的真相却是,人在发烧时,身上的虱子觉得不舒服,嫌热才逃离。因果联系是世界万物之间普遍联系的一种,也可以说是最重要的一种。但问题在于,并不是任意两种现象之间都存在因果联系。谁规定中国大陆科学家的第一个诺贝尔奖得主必须在院士中产生?以屠呦呦获诺奖来推断和评判院士制度优劣,便是犯了和古代希伯来人同样的错误。

我们的人才评价体系,包括院士制度当然有种种弊端而且亟待完善,但它一定是理性改良的结果,而不可能在情绪化的宣泄中完成。另一方面,无论院士头衔、博士学位,还是在《自然》《科学》等顶级国际学术期刊发表论文,都只是对科学家的评价手段。既然是评价手段,就不可能十全十美。诺贝尔奖又何尝不是!拿科学成就来说,获奖者不一定高于其他科学家,或者说其他科学家不一定逊于获奖者。就中国科学事业而言,没有这个奖时照样发展,得过这个奖后也未必因之加速前进。评价科学家的这些手段之间当然会有一定联系,但肯定不是必然联系,更不是因果联系。屠呦呦获奖是好事。好事来了,咱们最好淡然处之,而不必过度解读。否则,不是存心塞私货的话,那就是庸人自扰了。

收藏界有种说法,叫"捡漏儿"。在某种意义上,"三无"的屠呦呦是且只是一

① 刘亚东.别拿屠呦呦说事儿[N].科技日报,2015-10-08(01).

个"漏儿"。试图以她的"三无"否定现有科学共同体秩序的观点,无论多么具有煽动性和蛊惑性,都不足信也不可取。没读完大学的比尔·盖茨成功了,美国人没有因此停止大学招生;不会说外语的屠呦呦得了诺奖,中国人同样不会因此取消外语教育。必然中有偶然,偶然中有必然。这个道理平时谁都懂得,就算突如其来的喜讯让人有些懵懂,也不该失去起码的辩证能力。

呦呦鹿鸣,食野之蒿。屠呦呦在科学道路上孜孜以求的探索,终被国际科学界以"21响礼炮"的最高礼仪认可和肯定。事实上,这件事给人们最重要的启示是,科学有自己独特的发展规律,急功近利的行为无法创造一流的成果,只有在寂寞的长跑中不言放弃的人,才有希望达到光辉的顶峰。作为科学家的屠呦呦获得诺贝尔奖,圆了一个中国梦。请为她点赞,别拿她说事儿!

比起诺奖,我们更需要诺奖级的创新①

诺奖的果实,悬挂于十月高枝。这无疑是最权威的科学奖项,是对致力科学事业之人的至高奖赏。但也不得不承认,人们已经长久没有看到义理而非器物、规则而非应用意义上的开创式创新。在理论范畴上,即便如"听"到引力波这般伟大成就,某种程度上仍是对百年前爱因斯坦预言的验证——他在物理学黄金年代所提的理论,今天依然在引领科学界的革命。

技术同样如此。人类已经能够上天入海、遨游现实与网络,也正在AI的帮助下迎来又一次解放,但这一切的能源基础,仍是自19世纪便开始驱动我们世界运转的电力,及其背后的化石能源。

当然,科学的探索,从不是一蹴而就,壁垒的打破,往往也需要等待天才。诺奖的价值,既是创立者诺贝尔所希望的那样"奖励为人类作出卓越贡献的人",更应在于通过对科学所代表的探求、勇气、耐心等人类美好天性的褒奖,以引领、激励这个世界,始终走在更好的方向上。

这一意义,同样值得对诺奖有着特殊情结的中国人思忖:相比现实的奖项,今时今日的中国,更需要诺奖级的创新。

近代百年的积贫积弱,常常让我们忘记自己的国家曾在数千年的时间里,一直领跑世界文明史。半个多世纪的后发追赶,令我们习惯了科技落后、善于模仿的形象认知,进而看低祖先四大发明、农、医、纺织、建筑等领域之于世界的价值。事实上,

---

① 张梦然.比起诺奖,我们更需要诺奖级的创新[N].科技日报,2017-10-09(01).

在漫长的历史长河中，中国长期都是以科技大国的身份，为人类社会的进步作贡献。

如今，经过近四十年的追赶与积累，中国即将再次担起大国之责。与此前的有例可循不同，如今世界也在等待中国给出答案，做出示范。因此，我们在吸收、学习先进科学技术的同时，自身科研的眼界、标准与投入，也势必提升到诺奖这种与世界舞台前排位置相符的级别。中国的科技创新，未来不仅要成为本国发展的核心竞争力，更将为世界问题的解决提供方案。

诺奖坐拥百年历史，享有崇高声望，在屠呦呦之后，若能有更多本土学者于未来荣膺诺奖，当然令人欣喜。只是随着中国这个曾长久屹立于世界文明最前列的大国迎来复兴与回归，国人对于诺奖的整体心态，已经从可望不可即的怯畏仰视，转为"水到渠定成"的安然自持。

而伴随国际地位与影响力的提升，一个GDP占世界近六分之一、人口占五分之一的大国对于科技的需求与贡献，也远非一个诺奖能够满足和评价的了。

事实判断与价值判断之间的关系不是单一的，在新闻评论中两者往往相互独立，但又互相支持，在不同新闻评论中的关系也不相同，呈现多样化。

以《别拿屠呦呦说事儿》一文来看：例如第三段中"我们的人才评价体系，包括院士制度当然有种种弊端而且亟待完善"就是事实判断；接着又是一个事实判断："另一方面，无论院士头衔、博士学位，还是在《自然》《科学》等顶级国际学术期刊发表论文，都只是对科学家的评价手段"；最后，基于事实判断又做出了价值判断："科学有自己独特的发展规律，急功近利的行为无法创造一流的成果，只有在寂寞的长跑中不言放弃的人，才有希望达到光辉的顶峰。"

而《比起诺奖，我们更需要诺奖级的创新》中，事实判断与价值判断多为独立存在。第一、第二、第三、第五自然段中对诺奖、技术、科学、历史的描述判断属于事实判断；而第四、第六自然段中，"相比现实的奖项，今时今日的中国，更需要诺奖级的创新"，"中国的科技创新，未来不仅要成为本国发展的核心竞争力，更将为世界问题的解决提供方案"等判断则属于价值判断。

第二节　基于历史唯物主义的判断意识

意识，指人们对外界和自身的觉察与关注程度。判断意识则是指新闻评论工作者对于新闻事实、现象做出判定时觉察与关注的方向和重点。

一、历史的眼光：历史意识

列宁曾提出，政论家的经常性任务就是"写当代历史"，指的是正确解释说明历史，推动历史发展。新闻评论作品要有历史观，从历史发展、社会发展的角度去思考问题，这里不仅要有关注历史的眼光，从历史中发现问题；还要有历史意识，继承历史，定位现在，用历史的价值来判断现实。第29届中国新闻奖文字评论三等奖作品《牢固树立马克思主义历史观——论深入开展马克思主义"五观""两论"教育》[①]就是非常好的代表作品，具有强烈的历史意识。

牢固树立马克思主义历史观

——论深入开展马克思主义"五观""两论"教育

历史观正确与否，关系人心聚散、国家兴亡、民族盛衰。习近平总书记深刻指出："一个民族、一个国家，必须知道自己是谁，是从哪里来的，要到哪里去，想明白了、想对了，就要坚定不移朝着目标前进。"

历史观是人们对社会历史总的看法和根本观点，是世界观的重要组成部分。正确的历史观是我们科学认识中国历史、理解当代中国、把握西藏社会前进方向、奋力开创美好未来的重要精神力量。只有树立正确历史观，才能增强中华民族的自豪感和自信心，不断提升凝聚力和向心力，形成同心共筑中国梦的磅礴力量。

马克思主义历史观深刻揭示了社会存在决定社会意识，社会由低级形态向高级形态发展是普遍规律，生产力和生产关系、经济基础和上层建筑的矛盾运动是人类社会发展的动力，阶级斗争是阶级社会发展的直接动力，人民群众是历史的创造者，资本主义的灭亡和共产主义的胜利同样不可避免。这些基本观点深刻反映了人类社会的发展规律，是中国共产党制定路线方针政策的理论基础，为中国共产党认识历史、引领时代、开创未来提供了科学的世界观和方法论。

只有认识历史才能顺应历史，只有顺应历史才能创造历史。中国共产党始终立足中华大地，把马克思主义历史观与中国的具体实际相结合，探索出了新民主主义革命的正确道路，推翻了三座大山，建立了新中国，结束了自鸦片战争以来中华民族积贫积弱的历史，实现了站起来的伟大梦想。在苏联模式不符合中国国

① 廖嘉兴. 牢固树立马克思主义历史观——论深入开展马克思主义"五观""两论"教育[N]. 西藏日报，2018-12-05(01).

情，我们在探索中又遇到挫折的艰难时刻，中国共产党坚持以马克思主义历史观为指导，尊重人民群众的首创精神，果断作出改革开放的重大决策，走自己的路，建设中国特色社会主义，使中国的面貌、中国社会的面貌、中国人民的面貌发生了巨变，实现了富起来的伟大梦想。党的十八大以来，以习近平同志为核心的党中央坚持以人民为中心，绘制了中华民族伟大复兴的宏伟蓝图，推动中国特色社会主义迈进新时代，实现了中华民族从站起来、富起来到强起来的伟大飞跃。

中国共产党始终以马克思主义历史观为指导，正确认识中国历史，全力推动各民族共同繁荣发展。中国历史是中华各民族共同缔造的，西藏自古就是中国不可分割的一部分。中华民族的历史，就是一部追求民族团结、国家统一的历史。

民族团结、国家统一是中华民族的最高利益，是中国历史发展的规律。中国共产党把握历史发展大势，代表西藏各族人民的根本利益，顺应西藏各族人民的根本愿望，推动实现了西藏和平解放，把帝国主义势力从西藏驱逐出去，有力地维护了国家主权和领土完整，彻底粉碎了近代以来帝国主义策划的所谓"西藏独立"的阴谋。面对西藏反动上层为了永远保持政教合一的封建农奴制度和三大领主的特权而发动的武装叛乱，党领导西藏人民平息了叛乱，彻底废除了政教合一封建农奴制度，解放了百万农奴，扫除了西藏社会历史发展进步的最大障碍，使西藏与全国一道迈上社会主义的康庄大道，实现了短短几十年跨越上千年的巨变。在历史性巨变面前，西藏各族人民切身感受到，只有中国共产党才能解放西藏人民，只有在祖国大家庭里走中国特色社会主义道路才能加快西藏的发展、创造短短几十年跨越上千年的人间奇迹，才有西藏各族人民富裕文明和谐的幸福生活。

然而，十四世达赖集团出于不可告人的政治目的，出于维护反动阶级的一己私利，出于同西方反华势力阴谋勾结的需要，公然否认西藏自古以来是中国不可分割一部分的铁的历史事实，公然否认民主改革的伟大历史意义，公然否认西藏和平解放半个多世纪举世瞩目的辉煌成就，逆历史潮流而动。千百年的历史事实谁也无法改变，伟大的历史成就谁也抹煞不了，不尊重历史的人怎么会被历史尊重呢！十四世达赖集团还掩盖阶级矛盾，不遗余力地为封建农奴制度歌功颂德，不遗余力地攻击西藏发展道路和西藏各族人民为之奋斗的社会主义现代化事业。世人皆知，旧西藏没有一条公路，没有一座电站，也没有一所现代意义的学校、医院。广大农奴和奴隶"能留下的只有自己的脚印、能带走的只有自己的影子"。上世纪 50 年代初，西藏地区生产总值只有 1 亿元左右。2017 年，西藏地区生产总值超过 1 300 亿元，公路通车里程 9 万公里，电力装机容量 300 万千瓦，在全国率先实施15年公费教育，公费医疗实现全覆盖。新旧西藏哪个光明哪个黑暗？哪个进步哪个落后？哪个民主哪个专制？哪个开放哪个封闭？只要不是心怀鬼胎的人都一目了然。“天下大势浩浩荡荡，顺之者昌，逆之者亡。”十四世达赖篡改历史、罔顾事实，制造“西藏独立”的奇谈怪论，必将以彻底破产而告终。

树立马克思主义历史观，为的是在历史镜鉴中把握中国社会发展大势，在不忘初心中实现中华民族伟大复兴，在明辨是非中认清十四世达赖的本来面目，从而树牢“四个意识”、坚定“四个自信”，更加自觉地做到“两个维护”，在党的领导下，为西藏更加美好的明天凝聚智慧和力量。

这篇新闻评论，以历史为依据，以事实为准绳，其中关于树立正确历史观的必要性、马克思主义唯物史观为何是正确的历史观、中国共产党如何践行和发展马克思主义历史观、新时代要如何践行马克思主义历史观等，论点环环相扣，论据逻辑清晰，资料翔实有据。本文用历史的眼光，从西藏短短几十年就实现了跨越上千年巨变的事实出发，用历史观的理论知识进行论证，对十四世达赖集团逆历史潮流的反动行为进行了有力抨击，具有很强的影响力和感染力。

二、发展的眼光：前瞻意识

恩格斯在为马克思《法兰西内战》所写导言中评价马克思：“在伟大历史事变还在我们眼前展开或者刚刚终结时，就能正确地把握这些事变的性质、意义及其必然后果。”①

事物是不断发展的，新闻评论要具有发展的眼光，具有前瞻性。前瞻性指的是洞察和预测事物的发展趋势。因此，在进行事实判断与价值判断的时候，要关注未来发展趋势，主要是考虑：新闻评论作品对于社会发展过程具有哪些作用？是否符合社会发展趋势？是否对于社会发展趋势有所揭露？等等。例如1941年6月23日，毛泽东起草的《关于反法西斯的国际统一战线》的社论，首次在世界上提出了建立国际反法西斯统一战线的思想，具有很明显的前瞻性。

第26届中国新闻奖广播评论二等奖作品《丰年更忧粮安》②对未来的农业走向给予了深入思考，前瞻性地提出“农业供给侧改革”概念，为国家未来农业发展战略提供

---

① 马克思恩格斯选集(第三卷)[M].北京：人民出版社，2012：43.

② 高祥，牟维宁，任季玮：《丰年更忧粮安》，黑龙江广播电视台乡村广播农村天地，2015年12月013日07时00分05秒。

意见。评论作品以农业连年增长的数据为基础，在对数据进行分析和充分采访调查后，深度剖析了中国农业面临的处境和存在的问题，对中国农业的未来发展做全新的梳理和重新的定位。作品中提出的“农业供给侧改革”具有战略预见性，引发了社会的高度关注和热烈讨论，也成为中国现代农业改革的新理念。

第三节　基于辩证唯物主义的判断意识

一、辩证的眼光：思辨意识

辩证唯物主义是从事一切工作不可偏离的理论指导，辩证思维对新闻评论写作是不可或缺的。新闻评论一定要有思辨意识，在进行是非与价值判断中，辩证地看待评论对象，做到文字客观合理。很多优秀的新闻评论作品都具有明显的辩证特色，如《人民日报》前总编辑范敬宜撰写的很多评论摒弃了“非黑即白”的思维定式，透露出强烈的辩证色彩。他的不少作品标题以“辩”为名，比如《“回头路”辩》《倒退辩》《单干辩》等，都是针对当时改革开放中或者社会发展中存在的问题，用辩证说理的形式进行全面的论证剖析，让读者信服。下面选取郭沫若《科学的春天》[①]里面的一段文字来看思辨意识的体现。

> 科学是讲求实际的，科学是老老实实的学问，来不得半点虚假，需要付出艰巨的劳动。同时，科学也需要创造，需要幻想，有幻想才能打破传统的束缚，才能发展科学。科学工作者同志们，请你们不要把幻想让诗人独占了。嫦娥奔月，龙宫探宝，《封神演义》上的许多幻想，通过科学，今天大都变成了现实。伟大的天文学家哥白尼说：人的天职在勇于探索真理。我国人民历来是勇于探索，勇于创造，勇于革命的。我们一定要打破陈规，披荆斩棘，开拓我国科学发展的道路。既异想天开，又实事求是，这是科学工作者特有的风格，让我们在无穷的宇宙长河中去探索无穷的真理吧！

对于“科学”这个话题，在进行事实与价值判断过程中，文章提到两个辩证的观点：一是要讲求实际，二是要创造幻想，用思辨意识去考虑“科学”的发展问题，提出论点：

---

① 郭沫若. 科学的春天[N]. 人民日报，1978-04-01(03).

科学工作者既要异想天开，也要实事求是。

第26届中国新闻奖文字评论三等奖作品《重视改革的“慢变量”》①，针对著名经济学家洪银兴提出的改革“快慢变量”的问题，对改革中的问题进行了辩证分析。

重视改革的“慢变量”

改革关键之年，如何作出关键作为？这无疑是一道沉甸甸的考题。最近，省委全面深化改革领导小组接连召开两次会议。从深化省管企业负责人薪酬制度改革，到科协所属学会承接政府转移职能试点……紧锣密鼓推出的一项项改革举措，让我们看到了省级层面全力推进改革的决心和行动。

船到中流，不进则退。当改革进入深水区，开始啃硬骨头，“进”的动力何在？此时此刻，面对改革的复杂性、艰巨性，一方面，我们必须增强改革的责任感、使命感，一如既往地加速推进改革。另一方面，我们必须重视改革的“慢变量”，更加协调系统地推进改革。

导致事物变化的因素，有“快变量”，也有“慢变量”。比如海浪的起伏波动，其“快变量”是今天海上有没有风。但决定海浪的真正原因是月亮，有了月亮才有潮汐现象。月亮，就是海浪的“慢变量”。

改革也有“快变量”和“慢变量”之分。改革的“快变量”，是那些直接的、见效快的改革方面。而“慢变量”，则是那些深层次的，需要一个培育和成长过程的改革方面。比如，企业改革，进行股份制改造是“快变量”，它可以让企业一夜间“改头换面”。而建立现代企业制度则是“慢变量”，需假以时日企业才会因此真正“脱胎换骨”。再比如户籍制度改革，统一城乡户口是“快变量”，而农民市民化则是“慢变量”。改革中，或许一纸通知就可以实现城乡户口的统一，但农民成为市民却是个缓慢的过程。

全面深化改革，我们需要在“快变量”上大有作为，更需要在“慢变量”上大显身手。事实上，改革成效好不好，很大程度上恰恰是由“慢变量”确定的。而且，“快变量”的改革，最终也离不开“慢变量”改革的支撑。必须看到，容易的、体制外的、增量的、局部的改革，到如今已基本完成。向“全面”与“深化”发力，需要我们更多地在“慢变量”的改革上着力，使改革真正取得整体性成效。

重视改革“慢变量”，首先要明晰快与慢的辩证。改革，既是为当前计，更是为

① 翟慎良. 重视改革的“慢变量”[N]. 新华日报，2015-09-14(01).

长远谋。忽视“慢变量”,只看眼前,只重速度,往往会欲速而不达,甚至留下后遗症。比如城镇化改革,有些地方急躁冒进,出现“农民被上楼”现象,所谓新城镇也成为“半拉子工程”。而重视“慢变量”,就要在城镇化改革中,一步步填平城乡之间的公共服务鸿沟,解决城乡户口之间的“含金量”差距。唯此,城镇化改革才能快速而又稳妥地推进。

现实中,这种“慢变量”的改革,是看不见的“潜绩”,是更难啃的“骨头”。作为改革决策者,必须增强改革定力,保持改革韧劲,不仅努力让百姓尽快享受“改革红利”,也要尽力给百姓留下“未来收益”;不仅要有“吃力不讨好”的心理准备,还要有“功成不必在我”的气度和胸襟。

重视改革“慢变量”,还要明晰此与彼的辩证。改革是一项复杂的系统工程,牵一发而动全身。改革变量之间,此慢与彼快,彼慢与此快,常常互为表里,相互交织。加快推进改革,必须避免快慢失衡、顾此失彼,解决好改革措施的衔接配套,处理好改革产生的利益冲突。

从这个意义上来说,民众的广泛参与、社会各方的协同配合,就是全面深化改革最重要的“慢变量”。只有重视了这个“慢变量”,改革才能协调各方利益,汇聚各界力量,形成“砖连砖成墙,瓦连瓦成房”的局面。反之,一切改革皆如“壁里安柱”,既不稳固,也不会长久!

评论对于快与慢和此与彼进行了辩证分析,且对于全面深化改革过程中出现的问题有针对性地提出建议:一方面要增强改革的责任感、使命感,加速推进改革;另一方面,也要重视改革的“慢变量”,协调系统地推进深层次、基础性改革。评论具有很强的思辨色彩,其论点极具理论含量,具有很强的针对性和指导性。

二、整体的眼光:大局意识

新闻评论必须有大局意识,从大局出发,把握大局,服务大局,从党和人民的根本利益出发,从社会稳定的角度出发进行立论、论证,从而得出有利于大局的结论。作者在分析问题的过程中,要用整体的眼光看问题,在撰写新闻评论作品的时候,通常要考虑现今中国整体的舆论背景及舆论特点,如虚拟公共空间与现实空间交叉,国内舆论场与国际舆论场声音的混杂,社会转型时期出现的阶层固化、利益纠葛、环境污染以及就业、养老、升学等一系列社会问题,网络传播与媒介融合所带来的受众分化、内容碎片化以及泛娱乐化等问题。对我们当前所面对的政治、经济、文化等大背景的了解,要求评论撰写者必须从全局角度出发来考虑问题。这对于新闻评论作品的写作来说是至关重要的。

第27届中国新闻奖网络评论一等奖作品《每一名党员都要牢固树立“核心意识”》[①]就是一篇具有大局意识的评论作品。2016年10月24日至27日，中共十八届六中全会在北京举行。全会明确了习近平总书记的核心地位，正式提出了“以习近平同志为核心的党中央”。这篇新闻评论准确把握了十八届六中全会的精神，为全党统一意志、统一行动标定了刻度。

每一名党员都要牢固树立“核心意识”

“学好全会精神，继续新的长征！”“跟着共产党走，越走路越宽，越走越有信心”……27日，随着十八届六中全会胜利闭幕，“坚定不移推进全面从严治党”的冲锋号响彻云霄，在网络上以及社会各界激起热烈反响。尤其令人振奋的是，全会号召，全党同志紧密团结在以习近平同志为核心的党中央周围，坚定不移维护党中央权威和党中央集中统一领导，确保党团结带领人民不断开创中国特色社会主义事业新局面。

一个国家、一个政党，领导核心至关重要。党的十八大以来，习近平总书记团结带领全党全国各族人民同心协力、苦干实干，中国的国际声望与日俱增，中国的百姓获得感与日俱增。“一带一路”风生水起，多边外交、主场外交亮点频频，中国经济风景独好……在国际政治经济的舞台上，中国舞步绚丽多彩，令世人瞩目倾心；“五位一体”总体布局统筹推进，“四个全面”战略布局次第开花，国防和军队改革迈出重大步伐，脱贫攻坚战如火如荼……在国内政治经济社会发展中，党和国家各项工作取得新的重大进展，成就非凡，硕果累累，以习近平同志为核心的党中央居功至伟。

紧抓国家发展，不忘从严治党。习近平总书记身体力行、率先垂范，坚定推进全面从严治党，坚持思想建党和制度治党紧密结合，集中整饬党风，严厉惩治腐败，净化党内政治生态，党内政治生活展现新气象，赢得了党心民心，为开创党和国家事业新局面提供了重要保证。一手抓国家发展，一手抓从严治党，习近平总书记在新的伟大斗争实践中已经成为党中央的核心、全党的核心。

“习近平总书记有魄力，有想法；敢作为，敢担当！这核心，俺服！”网友的炽热

---

① 宗国(姜赟). 每一名党员都要牢固树立“核心意识”[J/OL]. [2016－10－28](2020－03－30). http://opinion.people.com.cn/n1/2016/1028/c1003-28816243.html.

心声，是最好的证明。明确“以习近平同志为核心的党中央”，反映了全党全军全国各族人民的共同心愿，是党和国家根本利益所在，是坚持和加强党的领导的根本保证，是进行具有许多新的历史特点的伟大斗争、坚持和发展中国特色社会主义伟大事业的迫切需要。明确习近平同志的核心地位，对维护党中央权威、维护党的团结和集中统一领导，对全党全军全国各族人民更好凝聚力量抓住机遇、战胜挑战，对全党团结一心、不忘初心、继续前进，对保证党和国家兴旺发达、长治久安，具有十分重大而深远的意义。

“一盘散沙，才是中华民族最大的敌人。”这是当年孙中山先生语重心长的告诫，今日听来依然振聋发聩。紧密团结在以习近平同志为核心的党中央周围，全体党员就必须牢固树立政治意识、大局意识、核心意识、看齐意识，坚定不移维护党中央权威和党中央集中统一领导，继续推进全面从严治党，共同营造风清气正的政治生态，确保党团结带领人民不断开创中国特色社会主义事业新局面。

今天，行进在新长征路上的中国，面临着经济利益的多元化、社会生活的多样化、组织形式的多态化，我们这样的大国、大党，要凝聚全党、团结人民、战胜挑战、破浪前进，每一名党员就必须牢固树立“核心意识”。服从谁、围绕谁、拥护谁，检验着每一名党员的“核心意识”。懂规矩、守纪律、讲服从，才能走好路、扛好旗、打赢仗。

评论作品是十八届六中全会闭幕后关于“核心意识”的第一篇网络评论，从“一个国家、一个政党，领导核心至关重要”，到习近平总书记“成为党中央的核心、全党的核心”，再到网友表示信服核心，最后号召“每一名党员就必须牢固树立‘核心意识’”。全文立体丰富地阐释了习近平同志何以成为党中央的核心，准确把握全会的鲜明主题，从国家、政党、人民的大局出发，以大局意识阐述会议精神，层层深入，对统一思想、升华认识、凝聚力量具有重要作用。

扩展阅读

[1] 刘爽. 理性：新闻评论的重要原则[J]. 新闻采编，2019(04)：19－20.

[2] 赵振宇，张强. 新闻评论的正义观初探[J]. 国际新闻界，2013，35(11)：34－46.

第十一章　新闻评论的结构

内容提要

1. 新闻评论的标题。
2. 新闻评论的结构。
3. 可资借鉴的美国新闻评论结构。

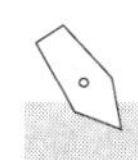

思考练习

1. 新闻评论标题的特点有哪些?
2. 如何起一个好的新闻评论标题?
3. 新闻评论的结构有哪几种?
4. 结合具体案例,分析不同结构类型的新闻评论作品。

新闻评论作为一种文化产品,具有一定的符号结构,要通过合理的结构来构建说理体系,传播新闻信息与观点。新闻评论撰写者在创作之前,往往会对整个作品的结构布局做一个合理的构建预想,在预想的基础上逐步将内容填充至作品的结构中,直至完成整个评论作品。

对于一篇报纸类新闻评论作品而言,首先要构建文章的文本结构,用文字逐步支撑起整篇文章;对于广播类新闻评论作品来说,其整体结构的建构则需要考虑每个部分应选用哪些符号,有的要使用同期声,而有的则需要形象化词语,因为作为声音类媒介产品,结构的构成有其独特之处;对电视类新闻评论作品来说则又有不同,电视是用画面、声像去完成整个结构框架,选用怎样的画面和声像,决定了电视类新闻评论作品的成功与否；而多媒体、融媒体新闻评论作品因其终端的不同而有更加不同的结构方式，当充分考虑应用声音、画面、图片、文字等多种语言符号来立体展示作品。

新闻评论的整体结构必须保证中心论点的统率作用，说理体系要具有逻辑性，采用真实可靠的论据。要明确新闻评论三要素之间的关系，只有对三要素进行合理的处置安排，才能保证评论作品整体结构的科学合理。

第一节　新闻评论标题

新闻评论标题就是新闻评论作品的题目，是信息的代码方式。它能够突出显示评论作品中某些信息要素，在受众阅读前吸引受众，在阅读之中引导受众。

著名的政治评论家胡乔木说过："首先要讲究标题，报刊上那么多文章，谁知道哪一篇好，都要先看标题，标题好能吸引人。"[①]人民日报社原总编辑范敬宜也说过："标题是文章的眼睛，眼睛无神，内容再好也吸引不了读者。"[②]标题也叫题目，"题"指人的额头，"目"指人的眼睛，"题"和"目"都是一个人最显著的地方，是一个人精神面貌最容易体现出来的地方。因此，文章标题(题目)，自然也是最能传神、最能揭示文章内容的部分。不论是新闻还是新闻评论，标题都是提示新闻作品主要内容、对新闻内容进行概括、引导读者阅读的重要载体，是为新闻内容服务的。

一般来说，新闻评论标题要具备准确、简洁、生动和鲜明四个特点。新闻评论标题要考虑它的两个从属关系，既要强调新闻标题的属性，也要强调新闻评论标题的属性。因此新闻评论作品的标题主要应发挥三个作用：首先是提示论题，即主要概括评论内容；其次要表明论点，即传达主要观点信息；最后还必须吸引关注，即以特殊的形式引起关注。提示论题是新闻标题属性决定的，表明论点则是由新闻评论的特殊性决定的，而吸引关注则是由标题的主要作用决定的。

威尔伯·施拉姆(Wilbur Schramm)在20世纪50年代，就影响受众对大众传播节目选择的决定性因素提出信息选择的或然率公式：报偿的保证/费力的程度＝选择的或然率。公式中的"报偿的保证"指传播内容满足选择者的需要的程度，而"费力的程度"则是指得到这则内容和适用传播途径的难易状况。受众之所以选择这种媒介、这则信息，而不选择那种媒介、那则信息，"费力的程度"是个重要决定因素。因此有效地

① 冯根良.新闻标题艺术[M].海口：南方出版社，1997：2.
② 李德民.评论写作[M].北京：中国广播电视出版社，2007：100.

概括内容、提示论点的标题，更有利于吸引读者的注意力。

好的新闻评论标题是经过反复思考、修改而产生的，往往一个字的区别都会有明显的变化。例如1949年9月16日发表的新华社社论，原题为《迅速召开各界代表会议》，由于没有对会议性质做精准的界定，阅后容易使人费解，引起猜忌：究竟召开的是什么性质或什么范围的代表会议呢？是妇女代表会、工人代表会，还是别的什么代表会？毛泽东在审稿时随即将其修改为《迅速召开各界人民代表会议》，增添了“人民”二字，顿使题意准确得体。

第二节　新闻评论结构

著名新闻教育家徐宝璜在《新闻学》中对评论的结构做出了要求：“首先将此多数阅者所注意之最近事实，简明叙出，以为批评之基础。次以种种理由而批评之，最后为结论。”①文章的结构是文章部分与部分、部分与整体之间的内在联系和外部形式的统一。结构外在表现为开头、主体、结尾。明代诗人谢榛谈到文章结构时说：“起句当如爆竹，骤响易彻，结句当如撞钟，清音有余。”新闻评论作品的结构应做到完整、严谨、匀称。

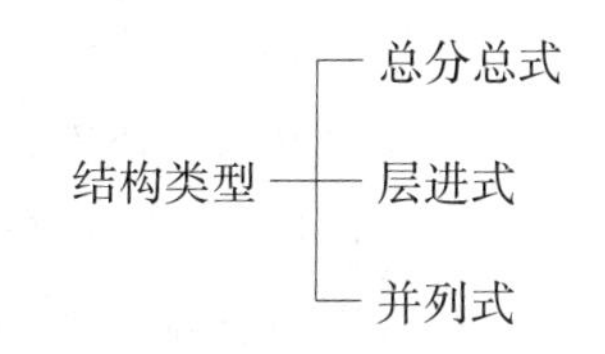

图11-1　新闻评论结构类型

一般来说，新闻评论的主要结构分为以下几种：

一、总分总式

总分总式就是三段式结构，开头提出中心论点，文章主体部分进行论证，最后结尾再次对中心论点进行总结。例如第27届中国新闻奖文字评论一等奖作品《供给侧改革需加减法并举》②采用的就是总分总式结构。

供给侧改革需加减法并举

中共十八届五中全会提出：“在适度扩大总需求的同时，着力加强供给侧结构性改革，着力提高供给体系质量和效率，增强经济持续增长动力，推动我国社会生产力水平实现整体跃升”，2015年底召开的中央经济工作会议对供给侧结构性改

① 徐宝璜.新闻学[M].北京：中国传媒大学出版社，2018：66.
② 梁发芾.供给侧改革需加减法并举[N].甘肃日报，2016-01-27(06).

革作出重点部署。供给侧改革将是2016年极为重要的改革内容。

供给与需求是经济的两个侧翼,应该协调健康发展。现在强调供给侧结构性改革,是因为供给出现了结构性问题。某些国内产品,虽然数量可观,却在质量上和结构上与市场需求不匹配。以钢铁为例,目前我国钢铁产量虽然位居世界第一,却质量不高,严重过剩,我国是圆珠笔的生产大国,但生产圆珠笔的核心部件圆珠的钢材却需要从日本进口。这就是说,我国产品供给侧出现了问题,必须调节结构,提高质量,压缩过剩产能,减少无效和低端供给,扩大有效和中高端供给,使供给能够满足市场的需求。

供给侧改革必须遵循市场化和法治化原则,让市场在资源配置中发挥决定性作用,让政府发挥更好的调控作用,为此必须既作加法,也作减法。供给侧改革作加法,是因为有些工作政府没有做好,存在缺位,需要加强,需要补短板;作减法,是因为有些工作交给市场反而会有更好的效果,也是因为政府向企业提取的税费太高影响到企业的生产能力,必须减负。

供给侧结构失衡,落后产能过剩,产品质量不高,竞争力不强,非常重要的原因是企业创新能力不足。因此,国家必须营造有利于创新的良好社会氛围和社会环境,制定和执行有利于创新的法律制度,维护好有利于创新的市场秩序,让有创新能力的企业在市场竞争中脱颖而出,真正从创新中获得收益。

首先要形成崇尚创新的宽松环境。无论科学技术、文学艺术,还是生产管理、社会治理,都需要不断创新,推陈出新。创新者生,不创新者死,这种优胜劣汰的自然法则也是严酷的市场法则。人类的所有创新活动,都离不开自由的心灵和宽松的环境。创新中要允许探索,允许差异,允许个性,允许出错。政府应积极制定政策,表彰和奖励有突出创新成果的组织和个人,对于有突出创新的企业,在宏观政策上予以优惠。这样就可以在全社会形成崇尚创新的良好氛围和环境,形成以创新为荣的价值观念。

其次,国家尤其要通过立法和执法,建立起保护创新的法治环境和市场秩序,尤其要加强对知识产权的保护。对于经济活动来说,创新往往意味着巨额的研发投入,如果创新的成果不被保护,研发者不能从创新中得到最大化的收益,一个新的项目和产品的推出立即引发大量的盗版和假冒,那么,企业花巨资投入的研发费用就得不到补偿,这样就不可能有创新和发明。所以,必须加强对知识产权的保护力度,必须加大对假冒伪劣产品的打击力度。当创新确确实实能够给企业和个人带来效益的时候,企业和个人的创新积极性主动性才会被真正激发起来。

政府除了必须作加法，还必须作减法。产能过剩问题，结构失衡问题，产品质量不高问题，往往与税费太高，管制太多有关，也与不当的扶持与财政补贴有关，必须通过减法将这些方面的问题减下去。

减法之一是减税。沉重的税负，不合理的收费，过高的社会保障费率，都成为企业沉重的负担，影响了企业发展后劲和活力。所以，必须减税清费，减轻企业负担。今年的减税措施主要是"营改增"和对制造业的增值税税率下调。降税的同时，还应该切实考虑降低企业背负的各种收费，包括社会保障的费率，尤其应该防止前些年影响恶劣的"三乱"的死灰复燃。乱收费、乱罚款和乱集资摊派，在经济下行财政收入紧缩的情况下，很容易重新被激活，防止"三乱"发生，是政府减法的应有之义。

减法之二是减少行政审批，简政放权，降低行业准入的门槛。近些年，通过行政审批制度的改革，各级政府已经精简、下放和取消了一大批行政审批事项，但影响企业发展的各种有形无形的管制仍然不少，政府应进一步简政放权，还权企业和社会，让企业轻装上阵，让创业者更方便地进入市场。

减法之三，是停止对于产能严重过剩的国有企业的财政补贴和扶持政策。财政补贴低水平的产能过剩的国有企业，扭曲了市场配置资源的作用，使落后产能不能够被市场淘汰；也形成错误的激励机制，造成国有企业的道德风险和机会主义行为；同时，补贴落后产能也花掉大量应该用于民生的宝贵财政资金。停止对过剩的落后产能的保护，取消对落后产能的补贴，让无法在市场竞争中生存的"僵尸企业"退出市场，是极其痛苦的选择，但也是必须作出的选择，只有如此才能真正淘汰落后产能。

总之，在供给侧改革中，政府做好加法，是为了更好地发挥政府的作用；做好减法，则是为了让市场发挥决定性的作用。政府更好地发挥自己的作用，同时把本该应由市场发挥作用的交给市场，供给侧的改革，就能够顺利推进。

文章针对供给侧结构性改革这一重大选题，首先在第一自然段对选题背景进行描述，随后在第二、第三自然段提出中心论点，即应加减法并举，接着具体从作加法、作减法两方面进行论述：在作加法部分，要形成崇尚创新的宽松环境，要建立保护创新的法治环境和市场环境，尤其要保护知识产权；在作减法部分，要减税降费，简政放权，去过剩的产能等。最后一个自然段进行总结归纳，将中心论点进行总结，提出作加法和作减法并举才能顺利推进供给侧改革。

二、层进式

层进结构是逐层递进、由表及里的一种结构方式，整个结构层次分明、逻辑顺畅。2001年4月6日《解放军报》对于美国军用飞机闯入我国领空并撞毁我军用飞机一事发表评论文章《中国主权不容侵犯》。这篇评论采用的就是层进式结构。

中国主权不容侵犯

美国军用侦察机撞毁我军用飞机事件，震惊了中国人民，震动了国际社会。江泽民主席就此发表谈话，外交部进行严正交涉，公布了事实真相，表明了我国政府的严正立场。全军指战员和武警部队官兵坚决拥护江主席的谈话，拥护我国政府就这一事件采取的措施。

美国军用侦察机制造的这起事件，是对中国主权和领空的严重侵犯，责任完全在美方。是美方飞机，无视国际法对飞越自由的规定，进入中国近海专属经济区的上覆空域进行侦察；是美方飞机，违反飞行规则，突然转向和撞击中方飞机，造成我机坠毁；是美方飞机，肇事后未经中方许可，非法闯入中国领空并降落中方机场。事实俱在，铁证如山。然而，美方不仅不向中方道歉，反而反咬一口，恶人先告状，对中方无端进行指责。对美国这种霸权主义的丑恶行径，我全军将士表示极大愤慨！

需要指出的是，美国军用侦察机侵犯中国主权和领空并非始于今日。多年来，美军飞机从未停止在我近海上空进行这种危险的挑衅活动。我们不禁要问美国那些至今抱着“冷战”思维不放的先生们，如果别国的军用飞机飞临夏威夷附近空域进行侦察，你们作何感想？你们能容忍这样的“国际惯例”和“飞越自由”吗？狡辩是徒劳的，惟一体面的方式，就是尊重事实，向中国政府和人民作出解释，向中方道歉，并承担全部责任。我们严正要求，美国必须停止在中国沿海空域的此类飞行，这样才能防止类似事件的再次发生，才有利于中美关系的发展。

江主席十分关心我坠毁飞机跳伞飞行员的安全，强调人是最可宝贵的，多次指示全力组织搜救活动。这充分体现了党和政府对人民军队的关爱。跳伞飞行员的安危也牵动了全军将士的心。我们心系南海，期盼我们的战友在各方的全力搜救下安全归来。

中国人民的感情不可侮，中国的主权不容侵犯。西方侵略者几百年来只要在东方的一个海岸上架起几尊大炮，就可以霸占一个国家的时代，已经一去不复返了。中国领土绝不是哪家军队随便溜达的"后花园",中国领海绝不是哪家舰船随便游弋的"游泳池",中国领空绝不是哪家军用飞机随便进出的"空中走廊"。以保卫祖国为己任的中国人民解放军,以国家的利益为利益,以国家的意志为意志,时刻牢记党和人民赋予的神圣使命,坚决保卫国家主权和领土完整,捍卫国家领海、领空和海洋权益。

评论以撞击事件为由头,首先揭露美国侦察机侵犯我国主权的恶劣行径,进而指出这种危险"挑衅活动"已经进行多年,必须道歉并停止,再宣告中国已然强大,主权不容侵犯。整篇文章内容层层递进,从事件到分析到结论,逐步论证论点。

三、并列式

并列式结构中各部分为并列关系,往往存在多个分论点,每个分论点相互独立,以各个并列的分论点论证主论点。如第16届中国新闻奖广播评论二等奖《三问中部》[①]就是典型的并列式结构。

三问中部

每天,一条长长的超重运煤车队绵延在大同通往北京的公路上;每天,澳大利亚的铁矿石都在装船发往武钢、马钢、太钢;每天,安徽金寨县都有农民拿着那张从未见过的补贴明白卡在问:我现在可以取吗?

这些加速着的变化发生在中国的中部,晋、豫、鄂、湘、赣、皖六省,这里人口占全国的近三成,土地占全国的一成多。2002年一个数据的微小变化,使这片古老土地的希望与梦想陡然绷紧。这一年,中国西部地区GDP增长率开始超出中部0.51个百分点,中部心不甘情不愿地成了全国的尾巴。而中央投向西部4 600个亿的建设资金,再加上约5 000亿的各种转移和财政补助资金是中部最眼馋的。随后的东北等老工业基地振兴之策,更使中部塌陷之说与洼地之说风生水起。

第一问:中部的优劣何在?

优势劣势其实是一把双刃剑的不同锋面。这里有中国最好的小麦,也有着全国四分之一的贫困县;这里有全国森林覆盖最好的江西、湖南省,也有着全国污染严重城市最多的山西省;这里有长江、黄河,全国水资源量的四分之一,也有全国

① 王晓晖:《三问中部》,中央人民广播电台,2005年03月31日。

洪涝顽症的淮河和洞庭湖;这里有中国最多的富余劳力,也有着外出打工最多的人群,到外省市暂住人口占全国的43.6%;这里有中国最早的工业体系,也有着沉重的改革负担;这里有全国最密集的铁路、公路和河流,但运出的是煤、粮等初级产品,郑州的高速公路上飞驰的一半是过路车。一句话,中部什么都有,最多的还是发展的空间和潜力。

2004年经济增长速度列入前五名的没有中部的身影,GDP仅相当于东部的33.6%;地方财政收入仅占全国的15.3%,低于GDP所占比重,说明增长较为粗放;再有两个重要指标:城镇居民人均可支配收入中部六省全都低于全国平均水平,农民人均纯收入除江西外,其余五省也都低于全国平均水平。说明百姓家底仍不殷实。

第二问:中部崛起的结点在哪里?

一个答案:三农。中部2.44亿农民不致富,中国就不会进入小康。面对三农,中部依然两难:不种粮,显然大局上过不去,自己也舍不得,最大的商品粮基地,小麦第一的河南,油菜第一的湖北,水稻第一的湖南怎么能不种地?但只种粮,肯定富不起来。难题可能需要三把钥匙齐来攻破:第一把叫调整结构,农业产业化,粮食深加工,河南凭此由农业大省成为强省。但需警惕不顾条件克隆式、刮风式的一哄而上;第二把叫劳动力转移,但就地转化需要科学规划小城镇,外出打工需要城市的户籍门、社保门公平敞开;第三把是制度钥匙,比如安徽省正低调推进的农村综合改革。而工业反哺农业,城市支持农村都是为这三把钥匙提供润滑的空间。

第三问:中部崛起的发动机在哪儿?

农业的根本出路在规模化,国际测算只有户均达到30亩地才能实现依靠农业致富,而在中国的条件下只有通过工业的发展把农业人口剥离耕地才能实现。

中部的工业化靠两条腿,一条是迎接梯度转移过来的东部产业,一条是依托自身老本上产业。但细瞧中部六省工业增加值和增值税的变动曲线,便知这里的产业外向度很低,最大的发动机依旧是传统的煤炭、电力、冶金、机械、化工等高举高打的重化军团,它涉及面广,牵动性强,但需要警惕的是:资源在时空上的支撑力有多大?去年山西的煤产量是5亿吨,小煤矿挖了1.5亿,消耗了7.5亿的资源,而同样的消耗,大煤矿却挖出了3.5亿,一个小小开采率的提升可以使资源能够多传一代甚至几代后人。重化工业带来的水、电、土地等资源的高消耗以及污染考验着中部工业发动机的可持续运转。令人欣喜的是中部近几年增速飞快的旅游文化产业和园区经济可能会给六省增加一部更加洁净的引擎。

中部是中华文明的发祥地,中部的所有问题都带着鲜明的中国特色,如果说落实科学发展观在中国仍任重道远,那么中部发展的帷幕也才刚刚拉开。

评论作品针对中部崛起这一大主题,从三个关键问题入手,剖析中部的现状、困境、优势、劣势、趋势,三个部分也就是三个问题,各部分相互独立,具有独立的分论点,呈并列分布结构。

第三节　可资借鉴的美国新闻评论作品结构

康拉德·芬克(Conrad Fink)在《冲击力:新闻评论写作教程》[①]中将美国的新闻评论分为以下几种(见图11-2):

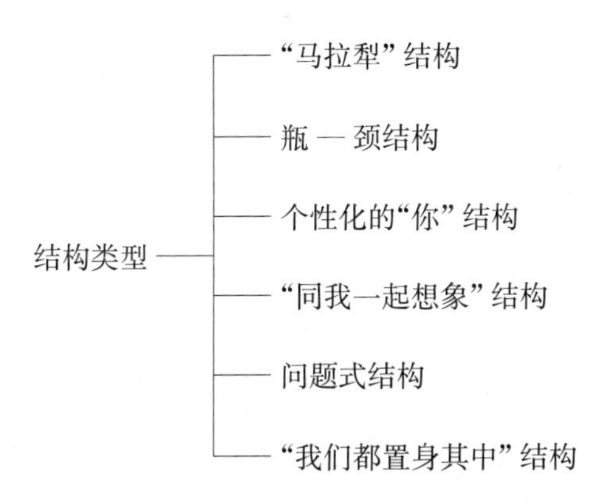

图11-2　美国新闻评论结构类型

下面结合普利策新闻奖获奖案例一一进行介绍:

一、“马拉犁”结构

“马拉犁结构”是一种运用最为广泛的结构,也为倒金字塔形结构,分为导语、主题、结论,各部分发挥的作用如下所述。

导语:表明主题,解释议题,界定问题。

① 康拉德·芬克.冲击力:新闻评论写作教程[M].柳珊,顾振凯,译.北京:新华出版社,2002:85-102.

主体：报道细节，提供“增值”的调查研究，提供不同观点，援引平衡的以及相互独立的消息来源。

结论：提出见解，建议(要求)有所作为，号召读者加入。

1985年普利策社论奖作品《我们一定是疯了》(“We Must Be Crazy”)[①]就是一篇典型的“马拉犁”结构的评论作品。

我们一定是疯了

我们一定是真的疯了。

多年来，我们美国人熟视无睹大量伤亡事件的发生，因为一些人喜欢打枪并且在买枪时并没有深思熟虑。

演绎疯狂行为的并非仅我们一国——德国人在有人威胁到他们在高速公路上以130英里时速驾车的神圣权利时随时都表现得很坦率。但我们颇感孤独的是，我们的国家在某种意义上说，仍是一个公民在家里万一遭到突袭时需要轻型武器的拓荒地区。

詹姆斯·奥利弗·休伯特并不是独一无二的，但他是说明必须加强枪支管理的最好实例。他脾气暴躁，几乎憎恨每一个人。他和他妻子都曾向同他们发生小小口角的人开枪。

没有人能为休伯特——或任何人——合法拥有一支乌齐式狙击步枪提出正当理由，虽然枪迷们试图这样做。同样没人能为休伯特——或任何人—— 拥有穿甲弹提出正当理由。

但是他都拥有了。而且他在上周携带12毫米口径猎枪和9毫米手枪走进加利福尼亚一家麦当劳快餐店，用这些枪杀死20人，打伤19人。随后警察赶来，将一粒解气的子弹射穿了他的胸膛，这样的死法太便宜他了。

有多少脾气暴躁的反社会分子在随处浏览着《兵痞》杂志并摆弄着他们的枪?有多少年轻人在街上买支手枪就像买个热狗一样容易?这不令你胆战心惊吗?

出于自我辩护，枪迷们将告诉你，宪法允许他们有这种极端的嗜好，虽然他们习惯性地省略了“秩序良好的民兵”这种说法。这就意味着形成了类似国民警卫队的组织，而且这些枪迷还告诉你，他们全都是自动取得资格的。

他们会说汽车同样能杀死人，但他们却忘了买车和开车必须要有驾照和进行

① 沃尔特·李普曼，詹姆斯·赖斯顿等. 新闻与正义 普利策新闻奖获奖作品集1917—1997 Ⅰ[M]. 展江主译评. 海口：海南出版社，1998：833 - 835.

汽车登记。他们会说一把厨房里的刀子也能杀人，却没有谈到用一把小刀怎能在麦当劳店里制造屠杀事件。

他们还会说他们喜欢收集武器，就像其他受宪法保护的爱好一样。对于他们来说，小偷喜欢偷收集枪支者并将赃物贩给想买枪的罪犯，这并没什么大不了。这个国家会理解喜欢收集各种炭疽病菌的疯子吗？

所谓的自我辩护完全是胡说八道。

持狙击步枪、机枪和重型手枪的猎人或枪手不能在目标距离里准确射击有什么合理的意义？那些武器只适于杀人或用作军事目的。允许任何像休伯特一样头脑发热的人来购买他喜爱的各种致命武器又有什么合理性呢？

每天有60个美国人——每一天——在这个国家死于手枪下。这值得吗？

国家禁止向公民出售军用武器是合理的，严格限制向枪手以及那些以其他理由想拥有手枪和进行转手买卖的人出售手枪也是合理的。更为合理的说法是，国家的大多数人不应该受到少数喜欢玩枪的人恐吓。

事实上，只有一个讲得通的理由。

我们一定是疯了。

这篇评论的导语和提示语均与标题相呼应，阐明作者的观点，直接指向枪支管理问题，认为目前的枪支售卖是疯狂的。文章主体运用各种事实论据来论证目前枪支管理中存在的问题，借此论证为什么说“我们一定是疯了”这个论点。

二、瓶—颈结构

瓶—颈结构指运用一个人或一件轶事把读者吸引到复杂问题上来。

下面选取1957年普利策社论奖作品《和平代价何其高》(“What a Price for Peace”)①来看瓶—颈结构的运用。

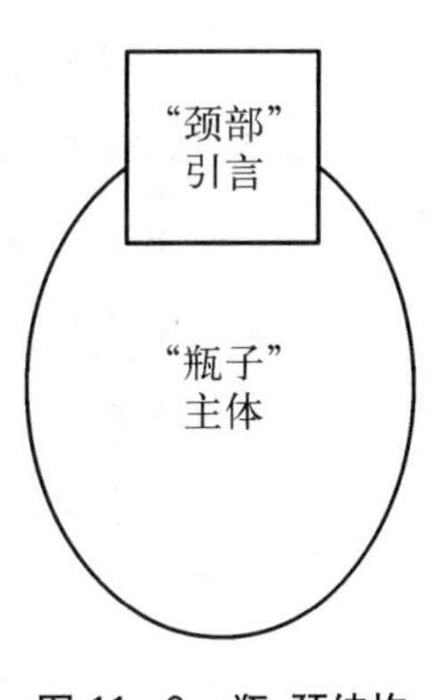

图11-3 瓶-颈结构

和平代价何其高

当骚乱的人群疯狂地在校园里横冲直撞的时候，糟糕的情况便开始了。

① 沃尔特·李普曼，詹姆斯·赖斯顿等.新闻与正义 普利策新闻奖获奖作品集1917—1997 I [M].展江主译评.海口：海南出版社，1998：739-741.

这就是在亚拉巴马大学发生的事情。这是一件亚拉巴马大学、亚拉巴马州的人民及塔斯卡卢萨的社会团体应感到羞耻——而远不止是害怕的事件。

我们的政府是根据人民的意愿而产生的。如果我们仍以民主程序作为指针的话，他们的意愿应该通过民意测验来表达，通过在立法局的行为表现出来，并最终由法律确定下来。疯狂骚乱的人群从来不曾表达出明智的意愿，他们以后也绝不可能。

不要再犯错误了。昨天在亚拉巴马大学的是一群神志混乱的暴民。

每一个目睹了事件的人都把学校里发生的悲剧称作"与谋杀相当"——是的，我们谈的是"谋杀"。

"如果他们当时能够抓到她，他们会杀了她。"

这便是没有参与其中但却亲历整个事件的目击者的结论。

袭击的目标是奥瑟琳·露西。她的"罪过"是什么呢？她是黑人，这就违反了南方的传统与世俗习惯——但在法律上，即使是上诉到联邦最高法院，法律也站在她一边。

今天，在亚拉巴马大学，在塔斯卡卢萨这里，法律站在你一边意味着什么？

答案是——什么意义也没有，如果一个暴民不同意你和法院的观点，情况就不会改变。

正如事实所表明的一样，大学的校方在暴民的压力和意志下屈服了。如果这些失去控制的暴民还想染指其他方面，我们拿什么来限制他们呢？毫无疑问，什么也没有。

那么对付暴民的办法是什么呢？我们认为，答案很简单，是坚决有效的行动，即对于任何违法者采取一切必要的手段。

没有一个学生在校园里被捕，这件事也不是对警察的控诉，它控诉的是当局。因为这个当局未能产生一个负起责任来打击犯罪与腐败的政府。

已发事件的意义远不止一个黑人女孩应该入学那么简单。我们面对着法律与秩序的崩溃，它是对错误的无耻妥协，而不是对正确的东西坚决捍卫。

是的，今天早晨，亚拉巴马大学的校园里又恢复了和平的气氛。但我们为此付出了怎样的代价啊！

这篇评论的写作背景是：亚拉巴马大学录取了第一名黑人学生奥瑟琳·露西。在录取的第二天，当地的一些学生、市民等极端分子就发动暴乱，最终导致学校将露西开除。评论开始导语仅用简单的几句话对事件进行了描述，作为过渡段落，也就是“瓶子的颈部”。随后主体部分开始讨论这件事情背后的问题，表明自己的论点，证明暴民行为的错误性，并提出如何对付暴民行为，这就是“瓶子的主体”。

三、个性化的“你”结构

个性化的“你”结构指向“你”（即读者）的个人化想法。1923 年普利策社论奖作品《致一个忧虑的朋友》（“To an Anxious Friend”）①将读者称为朋友，就是采用的个性化的“你”结构。

致一个忧虑的朋友

你告诉我说，法律高于言论自由。我的回答是，你既不可能有明智的法律，也不可能将明智的法律付诸实施，除非人们的智慧能够自由地表达。但是如果存在自由，愚蠢将由于自身的毒害而灭亡，而智慧将生存下来。这就是人类的历史。它是人与上帝亲密关系的见证。你说言论自由不适用于紧迫之时，而我的回答用的是令人悲哀的大实话：只有在紧迫之时言论自由才处于挑战之中。在平时，没有人对它产生疑问，因为人们不需要它。反过来也一样。只有当自由的言论被压制时，才有人需要它；而当有人需要它时，它对于正义而言是至关重要的。

和平是美好的。但是如果你使用武力，不让人们进行自由的讨论，而又对和平发生兴趣——这就是说，合乎礼仪的、有秩序的言论自由——那么你对正义的兴趣是很有限的。没有正义的和平是暴政，无论你怎样费尽心机地为它裹上糖衣。今天，本州面临高压的危险要大于面临暴力的危险。是的，暴力是高压的产物。无论谁为正义辩护，都有助于维护和平；无论谁践踏对和平的祈愿，哪怕以和平的名义温和地进行，那也只能伤害和平，扼杀上帝在我们获得成年资格时培植于人们心中的美好的东西。当这种东西被杀死的时候，人面兽心的人将济济一堂，弹冠相庆。

所以我说，亲爱的朋友，将忧虑驱逐出你的心中。我国将生存下去，本州将繁荣起来，有序的生活将向前推进，只要人们能够畅所欲言——通过声音，通过明信片，通过信件或通过报刊。理性从来不会背弃人类。只有武力和高压一直在世界上制造着毁灭。

① 沃尔特·李普曼，詹姆斯·赖斯顿等. 新闻与正义 普利策新闻奖获奖作品集 1917—1997 Ⅱ[M]. 展江主译评. 海口：海南出版社，1998：610－611.

评论抓住“言论自由”主体，以第二人称“你”开头，似乎一直是在与“你”也就是读者进行对话，通过这种对话的方式来表达作者的观点。

四、“同我一起想象”结构

“同我一起想象”结构以读者能“看到”的语句“画面”开篇，是很有效的交流方式。1973 年普利策社论奖作品《我们的 2.13 亿美元的礼品马》(“Our ＄ 213 Million Gift Horse”)[①]就选用了这种结构。

> 不过，2.13 亿美元的确是令人咋舌的一大笔钱。冒着背上看起来像是挑剔别人礼物的恶名，我们认为这笔钱可以花在其他事情上。
>
> 例如，你可以用 2.13 亿美元，清理胡萨托尼克河从温泽支流一直到与康涅狄格州接壤的河段，还会有足够的余款沿河建造再生池塘和公园。
>
> 或者你可以建造并装备足够的学校，以便接纳所有需接受县公共教育的下一代。
>
> 或者，如果你想用于税收分享政策，把 2.13 亿美元投入伯克希尔的城市和乡村，那它将足以让全县所有地方的房地产税总额延缓 10 年偿付。
>
> 或者，把这笔钱从那荒唐的花销中取出，资助每个人，全县 70 000 零散居民每人可分得近 3 000 美元的礼金。

通过对进行高速公路修缮的 2.13 亿美元展开想象，和读者一起考虑如果将这 2.13 亿美元投入其他方面，会有什么样的“画面”，以这种直接的“画面”描述，向读者证明 2.13 亿美元用在社会需要方面比满足汽车的需要更为合理。

五、问题式结构

问题式结构以提问的方式来吸引读者，先提出问题，进而再分析问题。下面选取 1971 年普利策社论奖作品《真的这样吗？柯克州长？》(“Do You，Governor Krik?”)[②]来看问题式结构。

① 沃尔特·李普曼，詹姆斯·赖斯顿等. 新闻与正义 普利策新闻奖获奖作品集Ⅱ[M]. 展江主译评. 北京：中国人民大学出版社，2008：176.

② 沃尔特·李普曼，詹姆斯·赖斯顿等. 新闻与正义 普利策新闻奖获奖作品集Ⅱ[M]. 展江主译评. 北京：中国人民大学出版社，2008：171－172.

真的这样吗？柯克州长？

克劳德·柯克州长今天莅临盖恩斯维尔，我们想提个问题。

他真的如此想重新选举以便拉出个乔治·华莱士，分裂佛罗里达人民吗？

这个问题是公平的，我们这样认为，是因为柯克州长在过去几个月所持的种族主义态度。今年早些时候，他试图延长学校取消种族隔离的截止期限。这个问题并非无理。

接下来的事更加恶劣。他突访曼那提县，两次暂缓校董会执行法院的规定，几乎用暴力对抗美国执法官。在法庭的鄙视和每天10 000美元的罚款的压力下，柯克州长才在喃喃的“胜利”声中退却了。

谁胜利了？当然不是法治。

这个州长最后在私立学校大放厥词，因为被取消了免税额而攻击美国税收总署。柯克州长轻松地忽略了，国内收入署的规定明明只适用于种族隔离学校。

柯克赞同对计划不取消种族隔离的学校实行联邦免税吗？“我不知道有什么学校在真正按你说的那样做。”他回答。

我们可以向大家透露：

——当柯克州长今天到达阿拉楚阿县时，他可能会与县行政长官拉尔夫·塞龙聊天。2月份学校取消种族隔离后，塞龙在阿拉楚阿县外创办了长青学院。该校现有100个学生，7个教职员工，学费450美元。

——他也许还会察看位于北34街的正急剧扩张的传统基督学校，该校强占公地，要入校学生交纳575美元学费。

——他会问起由比利·布拉希尔博士和哈里·沃克博士初创的橡树厅预备学校的情况，该校向所有人开放，“不论种族、信仰、肤色”，当然，学费是1 100美元。

这些东西很难说有什么价值，更关键的是克劳德·柯克的意图。我们愿意直截了当地给他指出来。

回到热血沸腾的1964年，你说过，柯克州长，“我相信法律面前人人平等、机会均等……我们必须显示出对少数民族的教养，使大家认识到我们都是美国人”。

再回到1967年，你对《星期六晚邮报》说：“我不是像莱斯特·马多克斯那样的红领官员……我，是南部唯一的好人。”

后来，当应邀出席亚拉巴马的一个有关种族隔离的会议时，你说：“在我们现在的佛罗里达……不得参与试图破坏或延迟最高法院颁布的取消种族隔离的国家法令的活动。”

重要的是，柯克州长，你是否放弃这些高调，把你的政治命运置于偏狭之中呢？

柯克州长，你真的丝毫不替你的人民着想？

这篇评论作品就是典型的问题式结构。在文章开头提出两个问题，文章主体结构根据问题来论证柯克州长的种族主义行为，对其进行批判。文章结尾处再次使用两个反问，以提问题的方式直接批判柯克州长的错误行为。

六、“我们都置身其中”结构

“我们都置身其中”结构指通过细节描绘，令读者置身其中。在这种结构中，内容通常具有很强的描述性，例如1965年普利策社论奖作品《麦金尼备忘录》(“Memo to Mckinney”)[①]就采用这种写作结构。

麦金尼备忘录

肮脏的道路上，黑人小男孩因重压在他肩背上的大木桶而疲惫不堪。他从喷泉到这儿走了两个街区，每周这个孩子都要走3—5次。

这个孩子和其他3人居住在一个长24英尺、宽18英尺的房子里。

好几扇开着的窗子上没有玻璃。

没有前门。

屋顶的两处破漏使阳光透射进来。

这孩子的一家与另外一家共用后院的外屋。

房中不仅没有洗手间，也没有自来水、淋浴或热水供应。

房子的侧面已腐烂，烟囱需更新，地基高出地面。

当孩子要跨上台阶进房子的时候，水从桶边溢出。

现在，麦金尼市长，让我提醒你，这是这家人一周用水量的三分之一至五分之一。

而且是用来饮用的水。

这家人居住在佛罗里达州盖恩斯维尔市区内的东北区。周租金5美元。这

① 王蕾．外国优秀新闻作品评析[M]．北京：中国广播电视出版社，2000：178-179.

是佛罗里达“大学区”，该州的科技、教育和医疗中心。

现在，麦金尼市长，请你再次对我们说，如同你去年8月所说的那样，住房问题无须顾虑。请再一次告诉我们，如你上周所说的那样，最低住房标准有待讨论。毕竟自1955年来，妇女选民会和盖恩斯维尔居民住房委员会在调查研究的基础上，已把没有室内供水及管道饮水系统的房子列了出来。

10年了，市长先生。

请你对那个在肮脏的道路上背负饮用水的孩子说，实施最低标准住房是不必要的。

在我们的心中，我们愿意用爱默生的话来抚慰那个儿童：“有失必有得。世界，正如你心中意愿，自我调节。任何秘密都将昭示于天下，任何美德都将有善报，任何恶行都会有恶果。毋庸置疑。”

这篇评论作品一开头就非常详细地描述了一个走在肮脏道路上背负饮用水的黑人小男孩的生活环境和背水的过程，让读者置身其中，对他的居住环境有个非常清晰的认识。通过这样的细节描述，后面作者揭示出仍然严峻的住房问题，批判市长对于最低住房标准的错误认识，使文章更具说服力。

扩展阅读

[1] 马少华.从传播效率的角度谈新闻评论的开头与结尾(上)[J].新闻与写作，2005(02)：42-43.

第十二章　新闻评论的语言特点

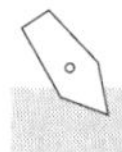

内容提要

1. 新闻评论的语言特点。
2. 新闻评论的文风。

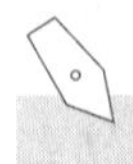

思考练习

1. 新闻评论语言的演变特点是什么？
2. 新闻评论的语言的规范性有哪些？
3. 新闻评论的语言的要求有哪三点？
4. 结合优秀案例，分析新闻评论作品的文风。

第一节　新闻评论语言的演变

一、新闻评论语言的通俗化

19 世纪末 20 世纪初，资产阶级改良派为宣传变法维新、开发民智而提倡白话文，认为“白话为维新之本”，因而主张废除文言文。1903 年 12 月 19 日，林獬（林白水，号“白话道人”）在上海创办了《中国白话报》。该报最大的特点就是坚持在新闻评论中使用白话来进行表达，用通俗易懂的文字向文化水平不高的下层劳动群众宣传革命。[①]

① 刘家林. 中国新闻通史[M]. 武汉：武汉大学出版社，1995：317.

这是辛亥革命时期比较著名的宣传革命的白话刊物。女革命家秋瑾创办了《中国女报》,其中刊登的新闻评论也多为白话写作,如《敬告姊妹们》①就以简单易懂的白话语言传递民主革命思想。

敬告姊妹们

……我的二万万女同胞,还依然黑暗沉沦在十八层地狱,一层也不想爬上来,足儿缠得小小的,头儿梳得光光的,花儿朵儿扎的镶的戴着,绸儿缎儿滚的盘的穿着,粉儿白白脂儿红红的搽抹着,一生只晓得依傍男子,穿的吃的全靠着男子,身儿是柔柔顺顺的媚着,气虐儿是闷闷的受着,泪珠儿是常常的滴着,生活儿是巴巴结结的做着,一世的囚徒,半生的牛马。试问诸位姊妹,为人一世,可曾受着些自由自在的幸福未曾呢?

1917年1月、2月,《新青年》杂志分别刊登了胡适的《文学改良刍议》和陈独秀的《文学革命论》,揭开了新文化运动中的白话文运动。陈独秀将《新青年》改为白话刊物,政论文中采用相对文言文更加浅白的语言形式进行评论。1918年后,《新青年》特辟了《随感录》专栏,用来刊登新闻评论文章,先后刊发了李大钊的《庶民的胜利》《布尔什维主义的胜利》,鲁迅的《我之节烈观》《随感录》,蔡元培的《劳工神圣》等重要文章。

随着广播、电视等媒介的出现,鉴于媒介的特殊性,新闻评论的语言开始呈现口语化的特点。如中国共产党创办的第一个广播电台——延安新华广播电台的《工作细则》要求:"要用普通语的口语,句子要短,用字用词要力求念起来一听就懂,并要注意音韵优美与响亮。"②口语化、浅显的语言要求,对新闻评论语言通俗化的发展起到了很大的推动作用。

二、新闻评论需要注意语言的规范性

新闻评论撰写者在使用新闻语言时要注意语言规范和语言创新。关于语言规范问题,《人民日报》曾于1951年6月6日发表社论《正确地使用祖国的语言,为语言的纯洁和健康而斗争》,强调语言规范的重要性。语言作为文化产品中的传播符号,不论是何种语言类别,都要注重语言的统一性和规范性,只有这样才能保证文化产品传播

---

① 张枬,王忍之.辛亥革命前十年间时论选集(第二卷)[M].北京:生活·读书·新知三联书店,1977:844-845.

② 中央人民广播电台研究室,北京广播学院新闻系.解放区广播历史资料选编[M].北京:中国广播电视出版社,1985:119.

过程中信息理解的一致性，不至于导致信息的混乱。《中华人民共和国国家通用语言文字法》第五条指出，“国家通用语言文字的使用应当有利于维护国家主权和民族尊严，有利于国家统一和民族团结，有利于社会主义物质文明建设和精神文明建设”。可见，使用规范的语言文字是关乎国计民生的重大事项。因此，该法要求新闻出版、广播电视等行业要使用符合规范的语言和文字。这里的语言类别不仅是具体的语言种类，如汉语、英语、日语等，也指不同传播媒介中的语言，如文字语言、声音语言、画面语言等。

对于新闻评论作品来说，除了常规文化产品的语言规范，还需要注重新闻语言的规范性，体现新闻评论作品作为新闻体裁的新闻性。这里需要平衡好新闻评论作品中语言表述专业性与大众性之间的关系。首先，新闻评论作品作为新闻体裁，所使用的新闻语言具有专业性，是用专业的新闻写法来说理论事，阐述思想与观点；同时，由于新闻评论的公共性，在作品创作中又不可忽视大众化的语言描述，要考虑公众的需求，满足受众的接受实际。

语言创新指的是在不同时期会出现新的语言内容，新闻撰写者不必墨守成规，对于新的语词、新的表达方式要结合新闻语言，进行有所选择的创新，让新闻评论作品更有新意，更具时代性，也更有说服力。新闻评论撰写者需要注意语言规范和语言创新的平衡，在语言规范的前提下再进行语言创新，以保证新闻评论作品用语用词以及语法规范，让评论作品具有公信力和示范性；一定程度的语言创新可以让作品文风更具生机，说理更加生动形象，更加贴近受众的生活。

第二节　新闻评论的语言特点

一、准确简明，言之有物

孔子十分反对辞藻过于华丽，认为“文胜质则史”(《论语·雍也》)，在表达时只要做到“辞达而已矣”(《论语·卫灵公》)。因此，语言简洁、精练是表达的最佳状态，用凝练的语言集中而鲜明地表达思想或观念反而比用华丽的语言更能起到想要的效果。新闻评论的语言必须做到准确、简明，坚决杜绝长篇大论的现象。

下面选取一篇短评《千字问鼎诺贝尔》，来看新闻评论语言如何做到准确简明，言之有物。

千字问鼎诺贝尔

文章长的好还是短的好？这一下子不大好说。但文章越长读者越少，却是明明白白的事实。

精彩的短文章(包括报告、讲话),会给人留下极深的印象,其效果,如同钱学森一个人,就可以顶它五个陆军师。

古代一首描写打猎的《弹歌》,只有八个字:“断竹续竹,飞土逐宍。”

欧阳修《六一诗话》中的序,只有一个复句:“居士退居汝阳而集,以资闲谈也。”

日本一家打字机公司的广告,只有5个字:“不打不相识!”

美国近代著名科幻小说家弗里蒂克·布朗写的一篇科幻小说,也只有24个字:“地球上最后一个人独自坐在房间里,这时忽然响起敲门声……”

文章的价值在其内容,而不在其长短。这些可以算是有力的佐证吧!

更能说明问题的是两篇千字学术论文,竟叩开了诺贝尔奖的大门。1953年,英国的《自然》杂志发表了题为《关于DNA分子双螺旋模型》的千字短文,创造性地提出了组建DNA一级双螺旋的分子结构模型,被公认为生命科学史上的“时代之作”。两位作者由此而获得了诺贝尔生物学奖。1965年,美国两位物理学家在《天体物理月刊》上发表的题为《在4080兆赫处天线附加温度》的论文,仅仅600来字,然而却创造性地提出了宇宙背景辐射的科学论点,对大爆炸宇宙学提供了奠基性的实验支持。于是这两位作者分享了1978年度的诺贝尔物理学奖。

提倡讲短话、写短文、开短会,已经不是一天两天、一年两年了,然而却总也不见成效,或成效不大,原因何在?根本之处在观念上。有人对短文抱有偏见,以为那是“小菜”,上不了盛宴;以为那是“雕虫小技”,算不得大本事;以为那是“轻武器”,打不了大仗;以为那是轻而易举的事,犯不着花多少力气,实在是荒乎谬哉!既然科学论文可以“大题小做”,简明扼要;既然“豆腐干”可以登大雅之堂,千字可以问鼎诺贝尔,我们的文章为什么非要洋洋洒洒,拖泥带水呢?为什么不替读者想想,非得无端空耗他人时间(鲁迅先生说这不异于谋财害命)呢?不错,现今的制度是按字计酬,但还是多练练写短文吧,短文写了,照样能拿诺贝尔奖。

全部问题在于,观念是不是转变更新,有没有把文章写精短的本事。

原载于1992年4月23日《中国青年报》的这篇评论文章针对“长风”恶习,以千字论文就可问鼎诺贝尔奖这一事实为论据,证明“短文”的价值。文章选取了众多事实案例,从不同角度进行论证,同时还运用多种修辞手法,语言简洁生动。文章开头便设问提出问题,再运用多个案例支持论点,最后采用两个反问推出结论。文章内容简单,但是论据充足，论证有力，评论语言丰富，向读者充分阐述了文章写短的积极意义和巨大作用。

二、生动形象，寓理于形

新闻评论作品中经常运用寓言故事或历史典故来讲述道理，会产生非常不错的表达效果。例如毛泽东在《将革命进行到底》中以希腊寓言“农夫与蛇”故事来论证我们决不能怜惜反动派的道理，让说理更加通俗易懂，更好地说明了在革命即将成功时绝对不能心软，否则就会和寓言里的农夫一样被蛇咬死，只有要将革命进行到底，才是真正的胜利。文章通过一个寓言故事，使抽象的内容变得更加生动形象了。

> ……现在中国人民的敌人忽然竭力装作无害而且可怜的样子了……应该怎样来对付这些君子国的先生们呢？这里用得着古代希腊的一则寓言：“一个农夫在冬天看到一条蛇冻僵着。他很可怜它，便拿来放在自己的胸口上。那蛇受了暖气就苏醒了，等到回复了它的天性，便把它的恩人咬了一口，使他受了致命的伤。农夫临死的时候说：我怜惜恶人，应该受这个恶报！”外国和中国的毒蛇们希望中国人民还像这个农夫一样地死去，希望中国共产党，中国的一切民主革命派，都像这个农夫一样地怀有对于毒蛇的好心肠。但是中国人民、中国共产党和中国真正的革命民主派，却听见了并且记住了这个劳动者的遗嘱。况且盘踞在大部分中国土地上的大蛇和小蛇，黑蛇和白蛇，露出毒牙的蛇和化成美女的蛇，虽然它们已经感受到冬天的威胁，但是还没有冻僵呢！

三、手法丰富，情理交融

新闻评论作品中往往运用大量的修辞手法，以丰富的表达方式来叙事说理。评论的语言要有艺术性，有理有据也有情。第 28 届中国新闻奖文字评论三等奖作品《用“红船精神”凝聚力争上游的力量》[①]围绕“红船精神”，用丰富的评论语言来表达论点。

用“红船精神”凝聚力争上游的力量

党的十九大闭幕仅一周，习近平总书记就带领新一届中共中央政治局常委，

① 单士兵. 用“红船精神”凝聚力争上游的力量[N]. 重庆日报，2017 - 12 - 15(03).

在一大旧址中重温誓词，在南湖红船旁沉思历史，重申中国革命精神之源“红船精神”，强调要结合时代特点大力弘扬“红船精神”，让“红船精神”永放光芒。当前，各地干部群众正掀起弘扬“红船精神”的热潮。“红船精神”的核心内涵是理想信念，是我们走在新时代前列的精神动力。“红船精神”所承载的首创精神、奋斗精神、奉献精神，是激励我们党长期顽强奋斗、不断发展壮大的力量源泉。对重庆来说，要抓住大力弘扬“红船精神”的契机，结合自身实际，积极汲取“红船劈波行，精神聚人心”的思想精髓，提振力争上游的精气神。

“红船精神”蕴含坚定理想、敢为人先、百折不挠的价值力量，是滋养力争上游的精气神的源泉。力争上游的精气神，对于拓宽重庆的视野，提高重庆的境界，保持重庆的定力，增强重庆的动力，激发重庆的活力，塑造重庆的新形象，有着迫切的现实性、准确的针对性和深刻的逻辑性。重庆是中国西部大开发的重要战略支点，处在“一带一路”和长江经济带的联结点上，正在加快建设内陆开放高地、山清水秀美丽之地。这“两点”“两地”是习近平总书记对重庆提出的定位要求，为重庆改革发展提供了根本遵循。“两点”“两地”既是目标位置，也是机遇挑战。要落实“两点”“两地”定位要求，重庆必须增强发展的紧迫感，革除陈旧观念，增强锐意进取的勇气、敢为人先的锐气、蓬勃向上的朝气，求真务实、勇于创新，迎着目标、奋力拼搏，以力争上游的精气神，汇聚不断向上的力量。

红船，是一条信念之船、理想之船。力争上游的精气神来自于坚定的理想信念。重庆处于长江上游，两江穿城，绵长辽阔，群山环抱，巍峨雄奇。天地大美，山高水远，没有坚定信念的人，不可能抵达风光无限的高处。从古老的巴渝文化到革命年代的红岩精神，从唱响重庆的三峡移民精神到领航中国的“红船精神”，有太多坚定目标、催人奋进的理想信念，激励着巴渝人民披荆斩棘、勇毅前行。特别是，红岩精神与“红船精神”一脉相承，两者共同点是对理想信念的执着，是对党的事业的执着。理想信念是精神层面的东西，也是实打实、能感知、可衡量的。力争上游，要众人划桨行好船，心往一处想，劲往一处使。要有力争上游的精气神，就绝不能把理想信念当口号喊，绝不能得“软骨病”。要切实补足精神之“钙”、强健奋进之“魂”、提振拼搏之“气”，来点亮信仰灯塔、确立价值坐标、涵养精神境界，渡过急流险滩，抵达成功彼岸。

红船，是一条创新之船、奋进之船。力争上游的精气神体现于具体的行动方法。力争上游是价值观，更是方法论。舵手引领、击楫勇进，逢山开路、遇水架桥。重庆要有力争上游的精气神，体现在目标行动上，就要始终坚持党中央集中统一领导，确保中央有部署，重庆有行动，让重庆改革发展与中央战略部署同频共振；体现在方式方法上，要找准重庆发展的着力点和主攻方向，既遵循“顶层设计”，又注重牵住“牛鼻子”，学会“弹钢琴”。特别是，随着改革进入深水区，前方有很多难关要闯，很多险滩要过，开弓没有回头箭，正是中流击水时。这时候，要坚决反对消极无为、懒政怠政，不思进取、马达空转。要有力争上游的精神，就必须既要有魄力、定力，又要有毅力、耐力。要务实笃行、敢于创新，不畏险阻、攻坚克难，啃掉一批“硬骨头”，拔除一批“拦路虎”，穿越问题峡谷，拥抱改革红利。

秀水泱泱，红船依旧。两江浩荡，不舍昼夜。地处长江上游的重庆，要用“红船精神”凝聚起强大力量，在各项工作实践中力争上游。要从“红船精神”中得到理想信念的支撑，以开放文化提升改革发展的格局，涵养务实作风，滋养奉献意识，蕴蓄创新精神，真正落实好“两点”“两地”的定位要求，打造内陆开放高地，建设西部创新中心，办好民生实事，让重庆力争上游的精气神得以高扬，让重庆人以积极进取的崭新形象得到尊重。

这篇评论作品立意高远，将“红船精神”的价值与地方实际相契合。文中运用了大量的排比、比喻、借代等修辞手法，语言优美，感情充沛，描写手法细腻，让整篇评论作品的艺术性和可读性大大提高。例如将红船的特点概括为“信念之船、理想之船”，“创新之船、奋进之船”，将“红船精神”的奋进动态描述为“秀水泱泱，红船依旧。两江浩荡，不舍昼夜”，使得文章极具感染力。

第三节　新闻评论的文风

文风，就是文章的风格，新闻评论作品的文风主要由新闻评论体裁规范和撰写者的主观能动性两个方面决定。不同新闻评论作品的文风有明显区别，主要源于新闻评论撰写者对于新闻选题的处理方式。采用不同的文章风格，对于发挥新闻评论的新闻价值和论证价值具有不同的效果。

从一般性与特殊性来看：不同文体具有不同的文风，新闻评论作品具有一般性，也就是议论为主的“共性”的文风；同时，新闻评论作品作为一种文化产品，是由新闻评论撰写者发挥主观能动性创作出来的，因此新闻评论作品又具有特殊性，深深镌刻上了撰写者的印迹，体现着撰写者“个人”的文风。这里选取被誉为《南方周末》史上最好新年献辞的《总有一种力量让我们泪流满面》来具体看新闻评论的文风、文采。

总有一种力量让我们泪流满面

这是新年的第一天。这是我们与你见面的第777次。祝愿阳光打在你的脸上。

阳光打在你的脸上，温暖留在我们心里。这是冬天里平常的一天。北方的树叶已经落尽，南方的树叶还留在枝上，人们在大街上懒洋洋地走着，或者急匆匆地跑着，每个人都怀着自己的希望，每个人都握紧自己的心事。

本世纪最后的日历正在一页页减去，没有什么可以把人轻易打动。除了真实。人们有理想但也有幻象，人们得到过安慰也蒙受过羞辱，人们曾经不再相信别人也不再相信自己。好在岁月让我们深知"真"的宝贵——真实、真情、真理，它让我们离开凌空蹈虚的乌托邦险境，认清了虚伪和欺骗。尽管，"真实"有时让人难堪，但直面真实的民族是成熟的民族，直面真实的人群是坚强的人群。没有什么可以轻易把人打动，除了正义的号角。当你面对蒙冤无助的弱者，当你面对专横跋扈的恶人，当你面对足以影响人们一生的社会不公，你就明白正义需要多少代价，正义需要多少勇气。

没有什么可以轻易把人打动，除了内心的爱。没有什么可以轻易把人打动，除了前进的脚步……

这是新年的第一天，就像平常一样，我们与你再次见面，为逝去的一年而感怀，为新来的一年作准备。祝愿阳光打在你的脸上。

阳光打在你的脸上，温暖留在我们心里。有一种力量，正从你的指尖悄悄袭来，有一种关怀，正从你的眼中轻轻放出。在这个时刻，我们无言以对，惟有祝福：让无力者有力，让悲观者前行，让往前走的继续走，让幸福的人儿更幸福；而我们，则不停为你加油。

我们不停为你加油。因为你的希望就是我们的希望，因为你的苦难就是我们的苦难。我们看着你举起锄头，我们看着你舞动镰刀，我们看着你挥汗如雨，我们看着你谷满粮仓。我们看着你流离失所，我们看着你痛哭流涕，我们看着你中流击水，我们看着你重建家园。我们看着你无奈下岗，我们看着你咬紧牙关，我们看着你风雨度过，我们看着你笑逐颜开……我们看着你，我们不停为你加油，因为我们就是你们的一部分。

总有一种力量它让我们泪流满面，总有一种力量它让我们抖擞精神，总有一种力量它驱使我们不断寻求“正义、爱心、良知”。这种力量来自于你,来自于你们中间的每一个人。

所以,在这样的时候,在这新年的第一天,我们要向你、向你身边的每一个人,说一声,“新年好”! 祝愿阳光打在你的脸上。

因为有你,才有我们。

阳光打在你的脸上,温暖留在我们心里。为什么我们总是眼含着泪水,因为我们爱得深沉;为什么我们总是精神抖擞,因为我们爱得深沉;为什么我们总在不断寻求,因为我们爱得深沉。爱这个国家,还有她的人民,他们善良,他们正直,他们懂得互相关怀。

这篇评论原载于1999年1月1日的《南方周末》,发表时署名“本报编辑部”,是一篇饱含真情与希望的社论,令人感动。评论中起承转合、变化有致,用诗歌一般的语言,大量运用重复和排比的修辞手法,将文中的感动传递出来,表达出对国家、对人民、对读者的炙热感情。可以看出,这篇新闻评论作品文风独特,将新闻理想与社会责任的感情融入到了作者的文风中。这篇新闻评论作品已成为经典,广受好评,其标题变成流行句式,被多次重复使用。

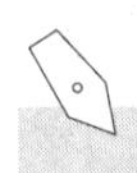

扩展阅读

[1] 董育宁.新闻评论语篇的语言研究[D].上海:复旦大学,2007.
[2] 刘祥平,邓辉林.新闻评论中第一人称的使用[J].新闻爱好者,2011(13):92-93.

第十三章　广播新闻评论的制作

内容提要

1. 广播新闻评论的概念。
2. 广播新闻评论的特点。
3. 广播新闻评论的内容。
4. 广播新闻评论的制作要点。

思考练习

1. 什么是广播新闻评论？
2. 广播新闻的主要特点是什么？
3. 广播新闻评论的种类有哪些？
4. 结合具体案例，分析广播新闻评论的制作过程。
5. 广播新闻评论制作的要点是什么？

在人类历史上，广播最早在美国诞生。1906 年圣诞节的前夜，费森登（Reginald Aubrey Fessenden）和亚历山德逊（Alexanderson）在纽约附近设立了一个广播站，开始了人类有史以来的第一次广播。1923 年 1 月，中国最早的广播电台由外商奥斯邦在上海建成。1926 年，刘翰创办了第一家中国人自己的广播电台——哈尔滨广播电台。[①] 1940 年，中央人民广播电台的前身——延安新华广播电台的创建标志着中国人民广播

① 石屹. 广播电视新闻业务[M]. 北京：北京大学出版社，2014：18－19.

事业的正式诞生。[1] 中国初期的广播新闻评论，并没有在写作和选材上着意体现出广播特色，而是更多播发通讯社或报刊的文字评论。广播在这里只是通讯社或报刊的传声筒，与其他评论的区别仅仅只是传播媒介的不同而已。[2]

1979 年 4 月 26 日，中央人民广播电台在《全国联播》节目中播出署名为"本台评论员郭平"的《改善中越关系的根本办法》，成为改革开放后中央人民广播电台播出的第一篇广播评论。1980 年是中国广播评论开始起步并步入正轨的一年。这一年，中央人民广播电台组建了评论组，各专业编辑部也纷纷撰写和播出自己的评论，广播评论数量达到 1979 年的 8.8 倍。随后，广播新闻评论开始进入人们的视野。

第一节　什么是广播新闻评论？

目前并无统一的关于广播新闻评论的定义，根据本书第一章第一节中对新闻评论的定义加以引申，那么广播新闻评论就可以定义为一种通过广播向公众传递意见性新闻信息的新闻体裁。

一、广播新闻评论的特点

广播新闻语言系统一般包括语言符号与非语言符号。其中语言符号包括播音语言、现场语言，而非语言符号包括环境、气氛等自然声音和人为创设的音响音乐等人造声音。

广播新闻评论的主要特点由广播这一媒介的特性决定，可归纳为以下三点：

（一）短小凝练

广播新闻评论一般篇幅较短，结构凝练。这是由广播的传播特性决定的。听众在收听广播的过程中，很难长时间保持关注度，因此一般的广播评论篇幅都不长。

（二）语言生动

广播新闻评论语言多具有口语化的特征，生动形象，通俗易懂，便于读者收听和理解。在广播的音响语言传播过程中，对于过于复杂深奥的语言，听众很难在收听过程中有效地理解和明白，往往会使传播效果大打折扣，因此，广播新闻评论的语言必须贴

---

① 廖艳君，等. 新闻评论[M]. 北京：清华大学出版社，2010：203.
② 姜淮超. 新闻评论教程[M]. 北京：中国政法大学出版社，2003：183.

近生活，晓畅浅显、通俗易懂。

（三）线性传播

广播的传播方式是线性的，所以广播新闻评论也必然是采用线性传播方式，只能依照节目的播放顺序来进行收听。在广播收听过程中，听众在听完前面的内容后，无法马上再次重复收听已播放的内容，因此新闻广播评论作品一般也要遵循线性传播的特点，有层次地逐步传递信息与观点。

二、广播新闻评论的种类

广播新闻评论的主要形式一般分为三种，分别为谈话体评论、评论员评论以及录音评论，在不同的广播新闻评论作品中选用的评论形式并不相同。

（一）谈话体评论

谈话体评论即评论形式为谈话形式。谈话形式的广播评论内容包括与专家对话、与相关人物对话、听众连线、主持人之间互动等多种形式的谈话。如第29届中国新闻奖广播评论三等奖获奖作品、山东广播电视台的广播评论节目《解“锁”》，从企业家的三个故事讲起，展示了山东认清差距、对标先进进行思想解放、积极作为、锐意改革的过程。评论把思想解放比喻成“解锁”，具有现实和时代意义；地方领导调研而不做决策等事例十分典型，容易引起共鸣，揭示了山东深化改革发展的思想和政策问题。

（二）评论员评论

评论员评论分为演播室和新闻现场两个场景的评论形式，包括述评、口头评价、录音述评等。例如针对20世纪90年代初北京电器中名牌产品存在的问题，北京人民广播电台发表的评论《北京的名牌产品为什么纷纷落马?》，就是评论员评论。它根据典型事例，以无可辩驳的事实，剖析了北京名牌产品纷纷落马的原因及其造成的惨痛教训。

北京的名牌产品为什么纷纷落马?

燕牌缝纫机、昆仑彩电、雪花电冰箱是北京的名牌产品。过去要凭票证购买，为满足人们日益增长的物质文化生活需要作出了贡献。可是，曾几何时，这些名牌产品在激烈的市场竞争中却一个个败下阵来。这些产品在市场竞争中之所以纷纷落马，一个重要原因是：企业领导市场观念淡薄，产品更新意识不强，市场反应迟钝。早在1984年，燕牌缝纫机在市场出现不景气时，缝纫机厂的个别领导不是在开发新产品上下功夫，却从全国八亿农民家庭都要购买缝纫机的想象中得出缝纫机市场前途广阔的结论。第二年，当上海、广州等各种名牌缝纫机席卷北京市场时，燕牌缝纫机措手不及，一败涂地。雪花冰箱是我国最早生产的电冰箱，已经有36年的历史。但是产品开发落后于市场，款式陈旧，总在年产十几万台上徘徊，没有形成规模经济。当全国冰箱大战蚕食北京这块“宝地”时，雪花冰箱在南方“容声”“上菱”“中意”等名牌冰箱强大的冲击面前，显得软弱无力。从1989年市场巨变后到现在，“雪花”连年亏损，在一定意义上说，这是“雪花”自己酿成的苦酒。除了企业本身的原因之外，企业“婆婆”多，指手画脚多，实际支持少，企业没有真正的决策自主权也是一个重要原因。“七五”期间，“雪花”上缴利税一亿四千万元，可是有关部门对老设备技术改造和引进国外先进技术注入的资金却很少。这些年，一个又一个“婆婆”把企业管得喘不过气来，不少比较好的技改项目在公文慢慢悠悠地旅行中错过机会。

从燕牌缝纫机到雪花冰箱的落马，教训是沉痛的，它告诉人们，开发新产品不能一劳永逸。市场是千变万化的，企业要在激烈的市场竞争中立于不败之地，必须开发、储备一批适销对路的高精尖产品，并根据市场变化做出快速反应。历史的教训还说明，政府职能部门对企业不能什么都管，要自觉转变职能，把《企业法》赋予企业的权力归还给企业，让企业放手开发和经营。当前，北京工业产品在市场竞争中面临严峻的形势，1985年本市工业产品在北京市场的覆盖率达到75％，现在却不到40％，一些名牌、拳头产品在萎缩。面对上海等南方城市新产品项目一个接着一个，北京工业后劲显得不足。随着北京商业的“四放开”，买全国的，卖全国的，首都市场必然是中外企业家们的必争之地，产品竞争将更加激烈。作为北京财政收入的主要来源，首都经济建设主战场的北京工业向何处发展？本市工业主管部门和企业家们是应该认真思考和采取果断行动了。

这篇评论由北京人民广播电台1992年7月10日播出，属于记者述评，通过评论员口述评论，回答了消费者“北京的名牌产品为什么纷纷落马”的质疑。论据充分有力，事实准确，以理服人。

（三）录音评论

录音评论主要运用现场声音、以往录音资料，加以音乐等声音的辅佐。它又叫音响评论，是以音响为材料或手段的广播评论。这类评论还可以通过音响营造一种现场感，让评论内容更加生动。针对2003年“非典”后上海市政府出台的一项新政策，上海人民广播电台发表评论《召回“新政策”也是进步》，其中就运用了典型环境的典型声响，增加可听性、真实性和说服力。

召回“新政策”也是进步

各位听众，上海市卫生局在7月30号出台新规定：宣布在2004年6月底前，将上海市营业面积低于50平方米的餐饮店全部关闭。这一消息传出后即刻在社会上引起了强烈的反响，许多反对意见通过各种渠道反映到了上海市政府。时隔不久，上海市政府即通过新闻发布会作出回应。下面请听新闻频率记者丁芳、周导发来的新闻综述：召回“新政策”也是进步。

这场不小的风波起源于今年上半年那场令人生畏的SARS。

上海市卫生局卫生监督所副所长方有宗向记者介绍了这个新规定出台的初衷。

（实况）在SARS的后期，我们看了些比较有名的餐饮业，看了以后我们很吃惊，后台简直就没办法下脚，一些餐具、用具一翻，里面有很多老鼠屎，甚至把配好的菜放到面貌全非的纤维板上。像这样的情况，发生食物中毒，食源性疾病的可能性非常大，因此我们觉得整顿餐饮业是十分必要的。

出于对SARS这个至今不知传染来自何处的流行性疾病的恐惧，出于对居民食品卫生的负责，上海市卫生局在7月30号出台了一份由上海市政府转发的《2003—2004年本市餐饮业食品卫生专项整治行动计划》，其中最抢眼的就是宣布了2004年6月底之前，将上海市营业面积低于50平方米的餐饮店全部关闭。管理部门一再强调，这一计划的出台是从保护最广大百姓的利益出发。

（确确实实是保护老百姓的利益，因为到这种小餐馆去的都不是大款，关小餐馆实际上是保护他们的利益和健康，让这些老百姓吃饭能够安全、放心。）

但让卫生管理部门始料不及的是，他们的这番努力和苦心，许多老百姓并没有“领情”。反对的声音主要来自两个部分，一部分恰恰是经济状况一般的平民百姓。家住陈家桥的市民罗文玉就认为关掉小饭店不应该。

（不应该[关50平米]，这样太不方便平民百姓了。平民百姓经济收入比较低一点，吃的比较便宜，这样小饭店一关，对他们不方便了。不卫生应该加强管理、督促，要求他们把卫生搞好。）

姚光乃老人一方面对政府部门出台这项新规定的本意表示理解，另一方面也认为关掉这些小饭店着实会给老百姓带来很大的不便。

（这些小饭店对市民来说是有帮助的，很方便，但是卫生条件，有的好，有的不好。你现在硬是要实行小饭店都要关门，这对老百姓也不利，创造些条件，以后再实行，总的愿望是好的。）

卫生管理部门这一新规定的出台，不仅让许多老百姓觉得“不方便”，更是让上海几千家小餐饮店主和店里的员工们不知该“何去何从”。上海市卢湾区商会副会长、上海世好餐饮管理公司董事长翁联辉是反对者中的一位代表人物，他经营的“吉祥馄饨”连锁店目前加盟者已达70多家，而这些加盟店的面积大都不足50平方米，正好都被列在“红牌”罚出局的范围之内。翁联辉告诉记者，自从这个规定宣布之后，他就没睡过一个安稳觉。

（50平方米的餐饮面多量广，我觉得政府职能部门应该是引导，多提供培训，然后以比较严厉的措施监管，可以像足球比赛那样实行红黄牌，实在不行只好请你出局，仅仅以面积大小定一个标准，从管理上太简单了。所有我熟悉的做餐饮的，他们也明白我要有改进的地方，但是让我马上死，大家也想不明白。）

各种声音通过不同的渠道快速地反映到上海市卫生局和上海市政府。对于这些不同的“声音”，市政府没有“充耳不闻”，经过研究，9月28号，在上海市政府例行新闻发布会上，新闻发言人姜澜专门就此事作出表态。

（这个行动计划是一个指导性文件，其中提到餐饮业经营场地在50平方米以下的要整顿，这也是卫生部门的一个倡导性的提议，它本身不具有强制性，对这类餐馆的管理，到现在为止，上海有关部门依据依然是原来的规则。）

过去人们更多的是听到诸如汽车等因产品质量问题而被厂家“召回”，而现在是一项政府出台的政策规定因遭到强烈争执而被含蓄地“召回”，这在上海还是非常罕见的。翁联辉说，这项规定出台时社会反响强烈，而当它被“召回”后，依然反响强烈。

（政府能够正确地对待百姓的反应，客观地实事求是地认识到自己可能在规定中的不足，这样一种做法在百姓中引起了很大的反响，口碑非常好。）

华东政法学院行政法教研室主任朱芒认为，政府在出台新规定时本来是出于实现公共利益、维护公共利益这样一个好心，但问题是，新规定的出台缺乏程序。

（面积必须要50平方米，我们从法律上说是缺乏说明的。你可以定50平方米，但你必须很清楚地说明，为什么50平方米可以解决这个公共利益的问题。接下来，你要听一下别人的意见，但是现在就变成单方面，是个程序的问题。）

参与制定这项规定的上海市卫生局卫生监督所副所长方有宗也承认，在制定政策时，好心办了错事。

（当时提出50平方米，我们是好心，都给它做了规定，但是这个出台的过程当中没有很好地听取各方面的意见，好心办了坏事。按照《行政许可法》，只有法律法规的规定，你卫生局是没有权力提出新的要求的。）

一项法规、决定的出台，不论它是出于多么善良的动机，不论它能发挥多么重要的作用，首要的前提是：它必须符合法定程序。上海市人大法工委主任沈国明说，程序对于保证一个事项的公正性是非常重要的。

（程序对于保证一个事项的公正性是非常重要的，所以不能忽略程序。政府运作如果没有程序的话，那么对于社会带来的危害是比较大的。）中国律师协会副会长、上海律师协会会长朱洪超认为，政府这样做，得到的将是群众对政府的亲近和信任，也会给其他部门许多的启迪。

（给我们最大的启迪，今后任何一部法律、法规或规章的出台，我们要考虑到各种关系利益之间的复杂点、所在点，这就要求在制定相关法律和规章的时候要进行科学调研，法律利益的得益者和被削弱者都应该听取相互的意见。）

政府的每一项政策都难以做到完美无缺，正视政策存在的"瑕疵"及时做出"召回"行动，这是开明政府应有的胸怀，朱芒认为，通过这件事也传递出一个信号。

（随着法制的不断完善，公众的参与性开始加强。开始了从单纯的支配关系走向社会和国家、政府和社会成员之间的互相互动关系，这一点是非常好的，是一个制度上很大的进步。恐怕在我们国家也是比较新的制度发展的现象。）

令人欣慰的是，记者最新了解到上海市卫生监督部门在这项新规定被"召回"后，并不是垂头丧气，而是积极吸取教训，为了上海千千万万市民的饮食安全，他们正在紧锣密鼓地制定更为科学、更为完善的食品卫生整治行动计划。

（上海人民广播电台新闻频率2003年10月3日播出，记者丁芳、周导。有改动）

记者确定选题后，用两天时间，深入到街头巷尾的小饭店、居委会了解民声，采访专家学者、政府官员，以独特的视角、鲜明的立意、多层的剖析对选题进行充分论述，强调了加强民主建设和依法治理社会相依相存的关系。

第二节　广播新闻评论的制作要点

随着传播载体的不断丰富，多种新闻传播方式也在逐步融合。广播新闻评论在“融媒体”的大背景下，应结合自身传播的特殊性，找到广播新闻评论制作的关键点，将单一播报形式转化为集多种方式于一体的立体播报。下面结合历年中国新闻奖获奖作品来进行分析。

一、选题“软着陆”

广播新闻评论作品选题要注重“软着陆”，不可强硬，进而提升作品的可听性，优化传播效果。第29届广播评论二等奖作品《搞一次卫生何需9份“痕迹”》[①]就做到了从小切口找“着陆点”。作品从搞一次卫生前后做了9份“痕迹”这个小切口入手，以小见大，摆事实，讲道理，谈危害，话根源，提建议，深入浅出地阐明“形式主义”泛滥的危害，强调基层工作应重实绩、做实效。评论从搞卫生这个小切口入手，批评形式主义问题。选题以小见大，听众也很容易理解，收听效果良好。

二、评论时效快

广播新闻评论要第一时间对社会热点、社会痛点以及重大事件做出反应。新媒体时代，信息传播速度越来越快，过去抢新闻以天、以小时计，现在很多媒体抢新闻已经开始以秒来计，这就要求新闻评论也必须随之加快。在新闻事件发生时或发生后，可以采取记者札记、编辑短评、主持人快评、连线评论员等多种方式，第一时间推出同步评论、即时评论，率先亮明新闻观点。

比如，中国之声的王牌节目《新闻纵横》，主打第一时间解读、点评、追问、评论新闻事件，对最新的新闻热点事件或话题进行即时解读、评论，凸显了广播评论的时效性。例如，在“空姐郑州遇害案”之后，时隔三个月，滴滴顺风车再曝恶性运输安全事件。中国之声《新闻纵横》推出评论《乐清滴滴事件 应提升公共安全危机管理能力》，针对新闻事件发声，起到了积极的舆论引导作用。

---

① 严伍，李建艳，胡冰，王鑫：《搞一次卫生何需9份“痕迹”》，江西省分宜县融媒体中心FM99.1《分宜新闻》，2018年12月23日19时39分。

三、语言有深度

广播新闻评论要做到言之有物，事理结合，虚实相间。2018 年 6 月 18 日，美国白宫发表声明，宣布在 4 月公布对我国 500 亿美元输美产品加征关税基础上，再对价值 2 000 亿美元的中国产品加征 10%的关税，并声称如果中国反制，将再对另外 2 000 亿美元中国产品加征关税，这几乎涵盖所有中国输美产品。对这一事件，中央广播电视总台发表广播评论作品《“贸易恐怖主义”救不了美国》①，该评论获得了第 29 届中国新闻奖广播评论二等奖。评论一针见血地指出，在白宫貌似失去理性的声明背后，其实是遭到中方强硬反击后的恼羞成怒、面对美国股市因贸易战下跌的恐慌、备战中期选举的焦虑，以及无法啃下中国这块“硬骨头”而难以推行全球贸易战的气急败坏，意在向中方极限施压，以示强来博取选票。评论同时指出，美国这种以一对多，单挑全球，重创全世界自由贸易、经济全球化、多边贸易体制和全球产业链的做法，正是赤裸裸的“贸易恐怖主义”。这种做法救不了美国，国际社会应该尽快携起手来，共同打赢这场贸易领域的“反恐之战”！这篇评论有理有据、层层递进地将美方极限施压、背信弃义、敲诈勒索的“贸易恐怖主义”本质揭露得入木三分。评论作品针对热点事件，有效提升了中国媒体的国际传播话语权和影响力，是国际传播领域的一个范例。

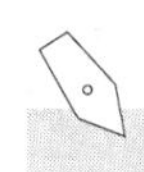

扩展阅读

[1] 王雪莲，龚险峰. 广播新闻评论节目的变迁与困惑——以中国之声《新闻纵横》节目为例[J]. 新闻界，2016(02)：28 - 32.

[2] 高玲，肖玉英，李国宝. 广播新闻评论的改进与提升[J]. 中国广播电视学刊，2011(10)：80 - 81.

[3] 喻季欣，李琴. 让点睛的话语赏心悦耳——新媒体时代的广播新闻评论写作[J]. 新闻与写作，2011(06)：85 - 87.

① 盛玉红：《“贸易恐怖主义”救不了美国》，中央广播电视总台中国国际广播电台国际锐评，2018 年 06 月 20 日 06 时 38 分。

第十四章　电视新闻评论的制作

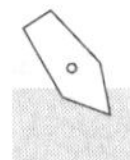

内容提要

1. 电视新闻评论的概念。
2. 电视新闻评论的制作。

思考练习

1. 电视新闻评论是什么?
2. 电视新闻评论有哪几种类型?
3. 传统电视新闻评论与融媒体时代电视新闻评论的区别是什么?
4. 结合具体案例,分析电视新闻评论的制作过程。

从 1958 年北京电视台发出中国第一道电视信号,到 1961 年三年间,全国共有 19 家省市级电视台开播。但是由于经济波动等原因,到 1963 年,全国仅保留了 8 家省市级电视台。此后,直至“文化大革命”结束,十多年间中国的电视台无明显发展,电视节目播出内容虽有一定的新闻特征,但更多是针对报刊等出版物所刊新闻的单纯诵读。20 世纪 80 年代初期,舆论宣传仍以纸媒为主。1980 年 7 月,中央电视台参照《人民日报》的《今日谈》创作思路,开播了《观察与思考》栏目。这是一档具有特点的电视节目,是电视新闻评论栏目化和专业化的探索。

1988 年中央电视台设立了“评论组”,这是一个专门从事新闻评论制作的机构。该评论组将原有的《观察与思考》和《社会瞭望》两档新闻节目,改组成了全新的栏目《观察思考》。该栏目不仅有固定的主持人,还有一定的包装手段及固定的播出时间。

1993年，央视在原来新闻评论组的基础上成立了新闻评论部，中国第一档实行制片人负责制的节目《东方时空》开播，并获得了巨大成功。1994年，央视将老牌栏目《观察思考》和《东方时空》进行整合，形成了《焦点访谈》。《焦点访谈》成为中国电视新闻评论节目发展历史上的一个标志，这是目前最有影响力的电视新闻评论节目之一。1996年创办的有脱口秀性质的新闻评论节目《实话实说》，也是一档有影响力的谈话类新闻评论栏目。再后来《新闻调查》《面对面》等节目陆续出现，各省市频道也创立了一大批优秀的电视新闻评论栏目。电视新闻评论逐渐成为新闻评论家族中的重要成员。

第一节　什么是电视新闻评论？

关于电视新闻评论，与广播新闻评论定义一样，这里也根据新闻评论的定义加以引申。电视新闻评论是一种通过电视向公众传递意见性新闻信息的新闻体裁。

电视的传播符号包括画面、音响、解说词、同期声、字幕等。由于电视传播媒介具有视听结合、声画互补的特点，观众在观看时有很好的在场感，因此，相较于其他新闻评论形式，电视新闻评论具有形象化论证、立体化整合、现场感染力强等优势。

电视新闻评论的主要类型有主持人评论、谈话评论和电视述评。

一、主持人评论

主持人评论类节目以主持人口播评论为主。1989年11月中央电视台播出的《面对疲软的市场》[①]开创性地运用了阐述性评论的电视节目形式，主要信息与观点都由主持人阐述。

面对疲软的市场

主持人：这样的情景，观众朋友最近一定经常看到。这几个月来，从北京到全国各地市场，像这样的降价、甩卖、让利、有奖酬宾到处可见。不论是消费者的感觉，还是国家统计局的权威数字，都告诉我们一个事实：我们正面对一个疲软的市场。

一

主持人：如果说去年的抢购风潮是陡然而起的话，那么今年的市场疲软现象

① 刘梓良，王润泽. 中国百年新闻经典. 评论卷[M]. 北京：人民出版社，2013：203-205.

可以说是悄然而至。在今年的市场上,过去一向旺销的商品变得平销,市场显得出奇地平静。接着,滞销的现象越来越多,过去要走后门才能买到的紧俏商品,在当时可以说"皇帝的女儿",可现在搭上"嫁妆"都"嫁"不出去。在疲软的市场里,形形色色的促销手段都试过了,可消费者还是不买账,他们似乎变得挑剔了,就是不肯掏出钱来买东西,在种种优惠面前也不为所动。

于是,统计家的图表上曲线开始下滑:7月份社会主要28种商品中,有23种商品销售下降,下降面达82%。1~9月全国社会商品零售额实际下降8.2%,出现了近10年没有过的负增长。

面对着这样的市场,消费者、经营者、生产者、专家学者,都从不同的角度在思索,在议论——是喜?是忧?市场为什么会出现疲软?疲软的市场意味着什么?

(同期声:西单商场总经理王权　从1988年与1989年市场情况比较可以看出人们的心理:倾向储蓄保值,期待进一步降价。)

主持人:商品积压在货架上,仓库里卖不动,牵动着商品背后一系列经济活动,最揪心的恐怕是商品生产者了。产品卖不出,原料买不进,给本来就被资金缺乏弄得焦头烂额的生产企业火上浇油。市场对生产产生了明显的抑制效应,很多企业效益和生产速度明显下降。比如上海的毛纺业,由于毛纺制品几百万吨、几百万米的积压,整个行业陷于半停产状态。彩电曾是第一俏货,但到7月底,全国彩电积压近200万台,几十亿元资金滞死,电视机厂的日子怎么过是可想而知的。

(同期声:北京电视机厂总经济师谢家淇　过去产品无库存,现在积压,有停产危险。)

主持人:在消费品市场疲软之后,生产资料市场的疲软也跟着出现了。

(同期声:物资部谢明干　物资市场疲软,会影响下一步生产活动,消费者不知买什么,经营者不知卖什么,生产者不知生产什么……)

主持人:消费品市场疲软,使企业不能正常生产,企业不能正常生产,又使生产资料市场发生疲软——就像一根链条一样,一环套着一环。

对于市场疲软的原因,经济界人士见仁见智,众说纷纭。有几点认识是共同的:治理整顿措施开始见效,物价涨势减弱,储蓄分流了居民的购买力,去年抢购产生了滞后效应,部分商品的价格过高限制了居民消费,等等。

(同期声:国家计委王梦奎　现在的市场状况是紧缩政策的必然结果。)

人们的目光并没有停留在市场疲软的现象和原因上,透过捉摸不透的市场,人们正在进行更深的思索……

二

市场疲软现象已经引起人们的关注和议论，并以不同的角度参与市场评说。在探寻市场疲软的原因时，很多人都谈到这是紧缩政策的效应。现在，市场给我们带来一些难题，市场疲软给生产带来的不利影响已经很明显，那么，紧缩政策还要不要继续实行？放松银根是不是出路？

（同期声：经济专家王梦奎、赵涛　紧缩应继续，适当时机放松。）

我们都知道，我国一向是短缺经济，然而一直生活在紧张的市场环境中的人们，突然置身在销售疲软的市场中，难免感到困惑。既然商品都积压在仓库里卖不出去，那么是不是市场饱和，产品过剩，买方市场已经出现了呢？

（同期声：经济专家侯云春、闻潜　买方市场没有出现，供大于求是暂时的。）

对千千万万个工商企业来说，疲软的市场使它们处于困境，要生存、要发展就要探寻渡过难关的路子。

（同期声：王权、谢家淇　现在结构上的问题很大，只有调整结构才能渡过眼前的难关。）

看来路难走，但路毕竟得走，这就逼着人们去寻找可走的路，为了走今后的路，人们自然要想，目前的市场状况会持续多久？它将怎样发展？有人乐观地说，现在市场稳定；更有一些有识之士提醒道，现在是“稳中有难、稳中有险”，呈现出“近期松，远期紧；今年松，明年紧”的趋势。专家们对未来市场形势的预测绝不是危言耸听，严峻的形势在等待我们，我们的确不能太乐观。

（同期声：谢明干　眼前的市场疲软还要持续一段时间。）

（商场里抢购与甩卖的情景）

无形的手和有形的手把一个变幻莫测的市场推到我们面前，被去年抢购风潮弄得神经紧张的人们，还没有完全松弛下来，就又被眼前的大甩卖弄得惊愕不已。这强烈的反差，急剧的起伏，似乎在给我们某种启示，这是惩罚呢，还是契机？在铁的经济规律面前，容不得迟钝、彷徨，我们已经受了不少惩罚，我们已错过了不少契机。

市场像国民经济的一面镜子，它忠实地告诉人们事实，它敏感地向人们发出提醒的信息，市场又像是一道严峻的试题，存心要考一考我们应对复杂经济问题的能力。愿我们在它面前少一点无可奈何、束手无策，多一点主动驾驭能力。

（中央电视台 1989 年 11 月播出，记者敬一丹、姜诗明、杨家林）

《面对疲软的市场》这期节目针对 1989 年秋全国市场疲软现象，综合各界人士的言论，对市场发展做出准确预测，引导大家正确看待国家的紧缩政策。节目中对市场的观点、分析、预测均由主持人口播陈述，说理平和透彻，观点鲜明独到。

二、谈话评论

谈话评论类节目以谈话形式为主，有很强的交流感，参与交流的人物从两人到多人不等。例如 1999 年凤凰卫视创办的《时事开讲》作为我国第一档“个人化的新闻评论节目”，采用就是两人一问一答的谈话评论类型。后来凤凰卫视又推出了《锵锵三人行》，这也是一档谈话类评论节目，由主持人窦文涛和另外两个嘉宾组成。节目往往针对热门新闻事件或社会热点话题进行对谈，三人在节目中各抒己见，谈笑风生地进行交流，十分具有亲和力。

1996 年 3 月 16 日中国中央电视台新闻综合频道（CCTV－1）推出了谈话类节目《实话实说》，这是央视所打造的最为成功的谈话类节目之一。该节目早期通过主持人、嘉宾、观众的共同参与和直接对话，采用以多方观点交锋为主要表现形式的节目类型。这些节目坚守了“每周一个话题，每题一个热点，每点一次舌战，每战一道火花”的理念。在沙龙式的新闻评论节目中，嘉宾多方发表评论意见，呈现出多元化的意见性信息。

三、电视述评

电视述评是夹叙夹议、述评结合的一种电视评论形式。下面以第 29 届中国新闻奖电视评论二等奖《重生——海鑫重整启示录》[①]为例来看电视述评的特点。

山西海鑫钢铁集团曾是山西省最大的民营钢铁企业，上缴税金曾连续两年位列全国民营企业榜首，在推动地方经济社会发展方面举足轻重。

2014 年，受市场调节、内部管理和金融环境等因素影响，辉煌一时的海鑫集团停产，引发舆论话题。海鑫的停产给地方金融、税收、就业、稳定带来了巨大的压力和风险。为化解危机，在政府主导下，海鑫依法重整，历时两年，以山西建龙之名再登山西民营钢企头把交椅。作为当时全国最大的企业重整案件，海鑫的重整经验也被列入国家行政学院的教学案例。节目针对这一重大选题，历时一年调查，采访了 40 多位海鑫重整的亲历者和见证者，在节目中用翔实的采访、真情的讲述、客观的评论，深入剖析

---

① 蔺建秀，王丽，等：《重生——海鑫重整启示录》，山西广播电视台记者调查，2018 年 12 月 29 日。

了一个民营企业艰难蜕变背后体现的政府担当、市场选择和法律保障。节目中既有海鑫这一民营企业转型过程的讲述，也有对这一事件的针对性评论，评述结合，将企业命运与政府、市场、法治之间的相互关系呈现给观众。

本篇评论时长近30分钟，主线清晰，逻辑严谨，情节跌宕，细节感人，用朴实凝练的文风和娴熟精到的电视手法把一个专业性极强的重整案件鲜活通俗地呈现在观众面前。节目播出后，创同时段同类型节目收视率新高，并被腾讯网、搜狐网等知名门户网站争相转载。节目在还原海鑫从“命悬一线”到“浴火重生”真相的同时，引发了人们对企业命运与政府、市场、法治之间相互关系的深入思考。

第二节　融媒时代的电视新闻评论制作

随着网络媒体的影响力逐步扩大，以及传媒技术的发展，“媒体融合”日渐深入。随着新闻传播业的实践探索和新闻理论的丰富发展，“互联网＋”“融媒体”等概念已经被广泛接受。融媒时代对电视新闻评论的制作也提出了新的要求。下面以中央电视台在媒体融合发展基础上制作的三档电视新闻评论节目为例，通过对电视新闻评论制作的实践经验的总结，探讨融媒时代电视新闻评论的创新和优化。

一、《中国舆论场》节目

2016年3月20日，中央电视台推出国内首档融媒体电视新闻评论节目《中国舆论场》。该节目于每周日下午7点30分在中央电视台中文国际频道播出，采取直播形式，时长为一个小时，一经推出，就备受关注，在2016年上半年新闻栏目全国收视率排行中位列第八。节目以全新的形态设计和融媒体互动形式，改变了传统电视新闻节目的生产流程。节目将电视、互联网、移动设备和新媒体平台深度结合，打造了多样化的新型互动模式。

《中国舆论场》节目分为“一榜知舆情”“热词大搜索”和“你评我也评”三大板块，层层递进，相互勾连，通过主持人的引导，在线观众与评论员互动，实现舆情的深度知悉。第一个板块“一榜知舆情”，实时关注网络热点舆情，盘点一周最热舆情前十名，利用视频资料、图片资料、排行榜等网络资料进行归纳总结舆情概况。第二个板块“热词大搜索”，整理过去一周发生的热点事件，生成“词云地图”，引入评论员快评，通过评论员的专业性解读，对热点事件中的疑点、难点、争议点进行逐一解答和回应。第三个板块

"你评我也评"，引入150位在线观众，在线观众通过文字或视频提问和评论，与主持人和评论员进行及时互动。

《中国舆论场》突破了平台限制，利用微博、微信等社交网络平台，实现了电视新闻节目的跨屏传播。跨屏传播符合当下观众的收视习惯，利用现代传播技术搭建了一个集观看节目内容、探讨各方观点、与专家零距离沟通和促进全民参与的融媒体平台。

图 14-1 《中国舆论场》节目现场

(一) 选题来源

《中国舆论场》重构了电视新闻节目的生产流程。《中国舆论场》每期节目话题都来源于"一榜知舆情"，借助大数据和台网联动，与央视网合作，联合推出每周舆情榜单，将大数据分析和24小时舆情监测体系结合，监测范围覆盖所有网络舆情主要载体，然后再利用热度评价指标体系呈现舆情热度，而舆情热度用于选取节目话题，确保选题与受众关心点契合，提升电视新闻节目话题设置的科学性。

(二) 评论对象

在与线上观众进行互动提问时，节目主持人或评论员会有针对性地对部分提问进行专业解读。节目主持人或评论员在答疑解惑时，是根据观众的实时提问进行针对性的回答与引导，而不是节目组提前设置好的套路。这种可称之为"你我他"的交互式对话，取代了传统电视新闻评论节目中"专家话语主导"的表达方式。在对话过程中观众是主动参与的，他们对问题的认识也在对话中实现了交互式提升。

(三) 互动方式

"3D虚拟在线观众席"取代传统现场观众，多屏互动让网友评论直接成为话题的论点，嘉宾直播更切合当下流行的新媒体形态。最为突出的是，融合多媒介形式的新型线上互动，使电视节目的转型不再仅停留在强化观众参与感的层面上，观众的意见和想法开始真正进入中央级电视媒体的舆论场。同时，大量社交元素也被融合到节目各节点中。

节目将新媒体工作平台放置在现场，用来汇总全球观众的实时反馈，处理节目需要的大数据，突破了电视平台时效较滞后的缺陷，将多元声音在电视平台上进行交汇，迎合了互联网时代观众对最新、最热舆情的了解需求。大屏幕还会实时显示在线互动观众的年龄分布、全球在线互动总人次等收视互动大数据，有助于节目全面把握收视动态，及时对节目进行调整。

二、《央视快评》节目

《央视快评》是中央电视台精心打造的新闻评论新品牌，其紧紧围绕习近平总书记重要思想和重要讲话，进行快速阐释和权威解读，旨在更好地聚焦习近平新时代中国特色社会主义思想。《央视快评》自 2018 年 2 月 15 日问世以来，借助央视强大的融媒体平台和自身品牌形象，创新新闻评论的制作和传播方式，迅速形成了强大的舆论影响力，有效地提升自身的品牌形象和舆论引导力。

《央视快评》在文章开头链接所要评述的事件和新闻的短视频，充分利用二维码等传播手段，着力提升受众体验的覆盖面。它在《新闻联播》中以声画的方式呈现，增强

图 14－2 《央视快评》栏目

了传播力和传播面；同时，充分通过央视目前现已形成的包含央视、央视网（央视移动网）和“两微一端”在内的融媒体平台进行进一步传播。

三、《主播说联播》栏目

2019 年 7 月 25 日起，在《新闻联播》的《国际锐评》栏目中，由康辉口播的两篇锐评中的“满嘴跑火车”“怨妇心态”“扎轮胎”等金句走红网络；此后刚强在同月 27 日的锐评中所说“裸奔”“雷人”等词汇，也连续几日花式上热搜。另外，央视“段子手”朱广权播报高温天气的金句频繁登上热搜，在以年轻用户为主的抖音、快手上也能看到各种剪辑版本，再配上旋律洗脑的 BGM（背景音乐），引来了众多网友的积极反馈互动。

央视推出的《主播说联播》是顺应互联网时代短视频浪潮的新栏目，节目自 2019 年 7 月 29 日开播以来，借助各种传播平台，在网络上引起了巨大的反响，相继在抖音、快手、微博、微信等各大视频、社交平台上线。2019 年 8 月 24 日，《新闻联播》在抖音和快手同步上线，粉丝数达到了千万级，点赞数更是过亿。

《主播说联播》主要以重大新闻题材为主题，以主持人口播为形式，以评论的手段来进行宣传，传达主流价值观，引导公众舆论。在设置议题的同时，激发公众参政议政

图 14－3 《主播说联播》微博栏目

的热情，这不仅体现了新闻评论的表达创新，实质上更能促进主流媒体舆论场和民间舆论场的协同共振，提高国家民族的认同感。例如 2020 年年初新冠疫情最严峻的阶段，《主播说联播》在抖音、快手等官方号连续发布多个作品，第一时间向用户发布疫情信息，从企业、医疗、教育、政策、生活等全方位、多角度传递疫情信息，迅速辟谣，安抚民心，起到了良好的传播效果。

扩展阅读

[1] 张玲玲，张如成.我国电视新闻评论节目现状及制约性因素分析[J].新闻界，2006(04)：52-53+49.
[2] 李德顺.浅议媒介融合背景下电视新闻评论节目的突围之道[J].新闻记者，2010(07)：77-79.
[3] 曹琦."电视+时评"：融媒背景下新闻评论的创新——以"央视快评"为例[J].青年记者，2018(17)：83-84.
[4] 崔林，陈昱君.融合传播环境下电视新闻评论节目的样态变革与创新[J].电视研究，2021(05)：13-16.

第十五章　网络新闻评论的制作

内容提要

1. 网络新闻评论的概念。
2. 网络新闻评论的制作。

思考练习

1. 什么是网络新闻评论?
2. 简述网络新闻评论的发展过程。
3. 融媒时代,网络新闻评论制作的主要形式有哪些?
4. 结合具体案例,分析网络新闻评论制作的要求。

1994 年 4 月 20 日,中国与国际互联网相联的 64K 网络信道实现了连通,标志着中国正式加入互联网国际大家庭。根据中国互联网信息中心(CNNIC)2021 年 8 月发布的第 48 次《中国互联网络发展状况统计报告》,截至 2020 年 6 月,我国网民规模达 10.11 亿,手机网民规模达 10.07 亿,网络新闻用户规模达 7.60 亿。[①] 网络媒体用户覆盖广泛,网络新闻已成为新闻最重要的传播样态。在网络新闻逐步繁荣的过程中,网络新闻评论逐步进入人们的视野。

---

① 中国互联网信息中心. 第 48 次《中国互联网络发展状况统计报告》[EB/OL]. (2021-09-15)[2021-11-15]. http://www.cnnic.cn/hlwfzyj/hlwxzbg/hlwtjbg/202109/P020210915523670981527.pdf.

第一节　什么是网络新闻评论？

一、网络新闻评论的概念

在2006年中国新闻奖评选中，网络媒体首次参评，设立“网络新闻评论”“网络新闻专题”和“网络新闻名专栏”奖项。网络新闻传播的地位和作用受到权威奖项的认可。第29届中国新闻奖评选，网络新闻参评作品已扩大为“网络评论”“网络专题”“网络访谈”“网页设计”“短视频新闻”“移动直播”“新媒体创意互动”“新媒体报道界面”“新媒体品牌栏目”“融合创新”等十个类目。中国新闻奖评选中有参赛资格的网络新闻是经国家正式批准的报社（报业集团）、通讯社、广播电台、电视台以及新闻宣传主管部门和新闻单位主办的具有登载新闻业务资质的新闻网站发布的作品。历年来获得“网络评论”奖项的作品多为以文字符号传播的新闻评论作品。从中国新闻奖评选的作品来看，狭义的网络新闻评论指的是在网络平台中传播的文字符号评论作品。广义的网络新闻评论作品指利用网络媒体传播的新闻评论作品，只要是通过网络这一传播媒介传播的具有新闻评论体裁特征的作品，都应当属于网络新闻评论作品。也就是说，其组成符号不限于文字，文字、图像、声音、影像等多种符号独立或是融合状态下形成的新闻评论作品，都是网络新闻评论作品；传播平台不论是网站、移动端还是社交化媒体，只要是依赖互联网信息技术的传播媒介平台传播的新闻评论作品，都是网络新闻评论作品。

这里也对网络新闻评论研究中的一个模糊概念进行澄清。以往的部分研究，将网络平台中的使用者反馈，即读者留言、论坛回复或是用户评论均视为网络新闻评论，这是不恰当的。网络新闻评论的大前提是新闻评论作品，使用者反馈大多数情况下并不具备作品的整体结构和逻辑表达，而仅仅是只言片语的观点呈现，故不能称其为新闻评论作品，所以不应归为网络新闻评论。

2019年12月28日，人民日报微博评论专栏《你好，明天》发表微博（见图15－1）：

顶级医学刊物《柳叶刀》首发全中文论文，是中国麻醉医生谭文斐《给父亲的一封信》。两代人行医，心路比医路艰辛，但为何前赴后继屈从“命运的指挥棒”？除了救死扶伤的信念，别无他物。没有人比医生更懂生死之大，但治病救人就是

图 15－1　人民日报微博评论专栏《你好，明天》

遗憾的艺术，无视甚至伤害医生，才是对生命最大的漠视。

微博内容由新闻事件到论证论点，是网络新闻评论，具有新闻评论的特征。而在这篇微博下读者的留言更多只是一种互动，单独看并没有提供信息与观点，最多只是针对这篇新闻评论而发表的简短的意见，所以不可将这种用户反馈也看成网络新闻评论。

二、网络新闻评论的发展

在出版于 1964 年的著作《理解媒介：论人的延伸》中，马歇尔·麦克卢汉首次提出了“媒介是人的延伸”这一理论，指出：“任何媒介（即人的任何延伸）对个人和社会的任何影响，都是由新的尺度产生的；我们的任何一种延伸（或者任何一种新的技术），都要在我们的事务中引进一种新的尺度。”[①]互联网技术的发展推动了网络新闻的发展，而网络新闻的出现催动着新闻传播业的不断变革。

① 麦克卢汉．理解媒介：论人的延伸[M]．何道宽，译．南京：译林出版社，2019：17.

以《纽约时报》为例，2006年《纽约时报》受网络媒体冲击，利润率下降到美国公开发行报纸中的最低利润率。为了扭转劣势，《纽约时报》开始积极探索与网络媒体的融合，寻求困境突围之策。首先是2004年设立研究开发中心，推进媒体的数字化建设，开发时报阅读器（Times Reader），积极扩展进网络视频领域，逐步实现数字化生存。2015年8月6日，《纽约时报》宣布付费数字订阅者已突破100万大关。2020年5月，《纽约时报》宣布，面向阅读器数字报订阅户免费开放网站访问。在新媒体环境下，新闻评论的样式和内容都处在日新月异的发展进程中。

关于中国的网络新闻评论的发展历史，本书第四章“新闻评论的发展历史”将其归为四个时期：传统媒体“触网”时期、门户网站集合新闻时期、UGC（用户生成内容）模式下的互联网2.0时期和融媒体大发展时期。下面围绕样式和内容方面的变化，进一步地概括说明。

（一）复制

网络新闻评论发展的第一阶段是信息的复制。在信息技术的作用下，纸质媒体的信息开始在互联网中不断被复制。这主要体现在网络对传统报刊评论内容的直接复制搬运，早期的“网络报纸”“手机报”均采用这种方法。网络新闻评论和广播、电视一样，初始阶段都是对已有报刊新闻评论的一个简单的复制过程，主要时段是传统媒体“触网”时期。

复制的第二阶段是门户网站集合新闻时期，对互联网平台中已有的信息进行大量的复制集合，网络新闻评论作品被复制到门户网站平台。这一阶段，开始出现体现网络媒体特征的新闻评论作品，传播符号逐渐丰富起来。

（二）融合

在UGC（用户生成内容）模式下的互联网2.0时期，信息大量融合，受众通过电子屏幕可以了解到呈爆炸状态的海量信息。这一阶段，网络新闻评论作品形式丰富，数量众多。而融媒时代的到来，开启了新媒介发展的黄金时期，不同媒介融合产生更新的媒介形式，各类组合以指数级增长，拓宽了事实信息和意见信息的传播领域。数字比特流具有可互换性，不同媒介可以转变形式，互相融合。现今的网络新闻评论作品正是信息融合的产物。

例如人民日报全媒体新闻平台“中央厨房”，目前有40多个融媒体工作室尝试着“跨部门、跨媒体、跨地域、跨专业”的“跨界”兴趣化组合，进行“跨介质协作，项目制施工”，融媒体生产力明显提升。在人民日报“中央厨房”机制推动下，融合策划、融合制作、融合传播已成为常态。融媒体工作室围绕时政、财经、军事、国际等垂直领域策划选题、精耕细作，涌现出“麻辣财经”“侠客岛”“一本政经”“金台点兵”“学习大国”等明星工作室，更是探索出了许多富有个性化的新闻产品，出品了一大批优质的融媒体成果，也催生了大量优秀网络新闻评论作品。

第二节　融媒时代的网络新闻评论制作

融媒时代，新技术突飞猛进，如何融合新媒体的技术手段，在舆论场域中发挥自身的竞争力和传播力，努力在不断的实践创新中，推出新的网络新闻评论形式，是新闻传播业在网络新闻评论制作中需要关注的问题之一。例如中央电视台、新华网以及《人民日报》等主流媒体凭借丰富的经验和广泛的受众基础，融入互联网＋、大数据、云计算等先进技术，不断探索创新，推出了《中国舆论场》《初心》《V观》等媒介产品形式，创新了当前新闻评论的传播形态和节目业态。下面选取短视频和H5页面两个新媒体技术，具体来看看在融媒时代，网络新闻评论制作过程中如何实现媒体融合。

一、短视频＋新闻评论

2018年被称为“短视频之年”。在2018年之前，国内已经初步探索了“短视频＋新闻评论”这一新型评论形态，制作了一些短视频新闻评论产品。这一阶段的短视频新闻评论产品大多是从电视新闻评论节目中剪辑而成的，和传统电视评论节目内容几乎没有不同，只是将时长进行了压缩精简，再上传到互联网。但也有媒体根据网络平台的特点自制短视频评论，例如，《环球时报》前主编胡锡进在2015年创办的“胡侃”。这一阶段可以看作短视频新闻评论的萌芽期。

从2019年开始，基于移动端传播的短视频评论栏目大量涌现，且各具特色（见下表）：

表15－1　近年来的短视频＋新闻评论栏目

媒　　体	栏　　目
凤凰视频	又来了
《河南日报》	问“候”两会

续 表

媒　　体	栏　　目
中央电视台	两会·听我"蒋"
中央电视台	央视微评
《湖北日报》	楚楚说两会
《中国青年报》	中青融评
《齐鲁晚报》	小强说
《环球时报》	胡侃
《新京报》	陈迪说
《人民日报》	两会"石"评

这些短视频新闻评论时长不一，按照时长来分类，可分为1分钟以内的"微型评论"、5分钟以内的"中型评论"、20分钟以内的"长评论"。

评论作品的内容来源主要分为两种，一种是由传统电视上的评论节目剪辑而来，另一种是网络平台制作的新栏目或新产品。

同时，值得注意的是，众多短视频新闻评论是针对特殊媒介事件制作的，如在两会期间，短视频新闻评论产品呈井喷式增长，在形式和内容方面进行了创新。

例如《新京报》"我们视频"旗下《陈迪说》，从2018年6月创办至今，总播放量达3亿多，是目前国内最具代表性的短视频时评栏目。《陈迪说》节目形式分为短评和长评，短评一般在200字以内，时长1分钟以内，主要分发在微视、快手、腾讯视频和新京报App等平台；长评一般在1 200字左右，时长为4—5分钟，主要在微博上进行更新。节目时长短，传播平台基本为网络媒介，栏目组成人员精练。据评论员陈迪介绍，团队成员除自己这个评论员外，还有内容编辑和视频编辑另外两人。同时，评论制作时间短，发布时效强，一般早上报选题进行资料阅读，下午撰稿，然后录制、制作剪辑出作品投放。

第29届中国新闻奖网络评论二等奖作品《辛识平："娘炮"之风当休矣》，针砭一些人热捧"小鲜肉"、渲染"娘炮风"、误导价值观的不良现象。评论配发3分06秒的视频，将文字内容与短视频内容相融合，观点鲜明，论述深刻，语言犀利热辣，播发后引发了强烈的社会反响，成为现象级的爆款评论。

图 15－2　网络评论作品《辛识平：“娘炮”之风当休矣》

二、H5 页面＋新闻评论

H5 页面技术也被运用到新闻评论的制作过程中。例如，在中宣部组织的“大江奔

图 15－3　H5 产品《快看！我把我印在了长江上》

流——来自长江经济带的报道”主题采访活动中，“人民日报评论”微信公众号不仅开设了专栏《评论君的“长江号”》，每天推送一篇“现场评论”，还推送了 H5 产品《快看！我把我印在了长江上》。用户在阅读评论内容的同时，还可以上传个人头像制作精美的明信片分享到朋友圈，形成了“二次传播”的良好效果。这种“线上线下”共同发力的传播方式，让网络评论更添影响力。

扩展阅读

[1] 凯文·凯利. 必然[M]. 周峰等，译. 北京：电子工业出版社，2016.

[2] 涂光晋，吴惠凡. 表达·交流·争论·整合——新媒体时代新闻评论的变化与反思[J]. 国际新闻界，2011，33(05)：16-23.

[3] 张月萍. 微博客对网络新闻评论的影响[J]. 新闻大学，2010(03)：118-119.

[4] 胡菡菡. 网络新闻评论：媒介建构与公共领域生成——对网易“新闻跟帖”业务的研究[J]. 新闻记者，2010(04)：63-66.

第十六章　新闻评论的标题

内容提要

1. 新闻评论标题的概念。
2. 新闻评论标题与新闻标题的区别。
3. 新闻评论标题的制作。
4. 新闻评论标题制作易出现的问题。

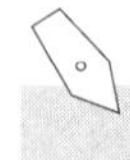

思考练习

1. 什么是新闻评论标题?
2. 新闻评论标题与新闻标题有何区别?
3. 如何制作新闻评论标题?

第一节　新闻评论标题的概念及特点

一、新闻评论标题的概念

新闻标题不是从来就有的，无论是邸报、朝报，还是清代的京报，都是没有标题的。直到现代报纸传入中国，19 世纪 70 年代前后，才开始出现“类题”。一般以新闻发生地的名胜古迹做类题，比如“上林春色”指北京，“西湖棹歌”指杭州，“羊城夕照”指广州。创刊于 1861 年的《上海新报》，在 1870 年 3 月 24 日的报纸上出现《刘提督阵亡》《种树得雨》之类标题，中国现代新闻标题逐渐出现。[1] 早期新闻评论的标题，几乎千篇一律地以“论××”或“××论”为题，如19世纪70年代《申报》的《论铁路有益中国说》《论铁路火车事》。这类标题，只是标明评论对象，不呈现作者观点。随着新闻业务的发展，新闻标题和新闻评论标题在20世纪上半叶逐步得到完善和规范。

不论是新闻还是新闻评论，其标题都是为新闻内容服务的，具有提示新闻作品主要内容、对新闻内容进行概括、引导读者阅读的重要作用。新闻评论标题就是新闻评论作品的题目，是信息的代码方式，是一种传播文本，会突出显示评论作品中某些信息要素，在受众阅读前吸引受众，在阅读之中引导受众。新闻评论作品通过标题传递信息，沟通思想。

二、新闻评论标题的特点

一般来说，新闻评论标题应当具备准确、简洁、鲜明和生动四个特点。

（一）准确

准确是对所有新闻文体标题的共同要求，是最基本的要求，新闻评论标题也应准确。评论的标题必须与评论内容题文一致，能够准确、真实地表达新闻评论作品的论题、观点。

例如第31届中国新闻奖广播评论一等奖作品《守住农业“芯片”，端牢中国饭碗》[2]发表于2020年末中央经济工作会议后。会议把“解决好种子和耕地问题”列为经济工作八大重点之一，提出“要开展种源‘卡脖子’技术攻关，立志打一场种业翻身仗”。此篇评论立足于会议精神的重要意义，第一时间采访权威专家、种业企业、农技人员，对中国种业发展问题给予深度关注，并深入探讨了确保重要农产品种源自主可控的具体路径。评论作品针对种子问题、粮食安全问题，对种业危机危在何处、种业变局路在何方等焦点问题进行了深入剖析，凸显了种业自主创新的重要性和紧迫性。评论标题将“种源”比作“芯片”，而守住“芯片”才能确保我国的“饭碗”，也就是粮食安全，精确揭示了主题。

第31届中国新闻奖文字评论二等奖作品《张桂梅为什么感动中国》[3]创作于张桂梅荣获“全国三八红旗手标兵”称号后，是有关张桂梅最早的评论之一，时效性强，做到了短、实、新。2020年，云南华坪女子高中校长张桂梅的事迹感动全国人民。本篇新闻

---

① 徐兆荣. 实用新闻评论写作教程[M]. 北京：北京大学出版社，2014：57.

② 王静雅，丛志成，牟维宁，王伟：《守住农业“芯片”，端牢中国饭碗》，黑龙江新闻广播《这里是黑龙江》，2020年12月31日。

③ 韩亚聪. 张桂梅为什么感动中国[N]. 中国妇女报，2020-07-27(01).

评论作品标题准确抓住评论的核心，即张桂梅的奉献精神，深刻全面阐释了这位“燃灯校长”的牺牲与坚守。评论推出后引发广泛关注，仅微信微博阅读量就近百万，获得数千网友的点赞、评论。

（二）简洁

新闻评论标题要求简洁明了，一般来说以人的目力广度，8—10 字最为合适。随着信息技术的发展，信息传播的整体容量不断膨胀，现代新闻传播中，新闻标题的制作更需要注重新闻标题的简洁易读。有业界人士认为新闻标题已进入“读秒时代”，即受众仅在短短几秒内去阅读新闻标题。新闻评论标题也应简洁。简洁的标题可以让受众在很短的时间内掌握评论作品的核心信息，引起关注。

例如 2021 年 3 月 25 日，新华社“新华视点”微博以《新疆棉花有话要说》①为题，直截了当，紧扣热点，表明了对西方抵制新疆棉花背后的卑劣政治行为的蔑视和不屑。

新疆棉花有话要说

新疆棉花：中国自己还不够用

记者 24 日晚从中国储备粮管理集团获悉，作为世界最大棉花消费国、第二大棉花生产国，我国 2020/2021 年度棉花产量约 595 万吨，总需求量约 780 万吨，年度缺口约 185 万吨。其中，新疆棉产量 520 万吨，占国内产量比重约 87%，占国内消费比重约 67%。

新疆长绒棉，世界顶级，做衣被，暖和、透气、舒适，长年供不应求。为满足国内需求，中国每年需进口 200 万吨左右棉花，近年来积极拓展进口渠道，加强与巴西、印度等重要棉花生产国合作，确保国内棉花供应链稳定。我国还建立了棉花储备制度，确保棉农无虞。至于采摘，随着我国棉花机械化采摘推广，2019 年新疆棉机收比例就已经达到 42%。

【新华微评】“抵制”？新疆棉花不吃这一套！

以所谓“强迫劳动”等为由，宣称抵制新疆棉花——H&M 集团的一纸声明荒谬之极，令人愤慨。一些西方政客大放厥词，炮制弥天大谎，一些外国企业随之起舞，颠倒黑白，好一个丑陋的“政治双簧”！中国市场足够大、心胸足够宽广，愿意与所有外企共享发展机遇，但如果没有相互尊重，则合作就失去了意义。一边干

---

① 新华社“新华视点”微博：新疆棉花有话要说[J/OL]. (2021-03-25)[2021-05-21]. http://m.xinhuanet.com/xj/2021-03/25/c_1127253980.htm.

着伤害中国的事情，一边又想在中国赚得盆满钵满，这样的如意算盘，谁也别想打！

这篇新闻评论作品整体篇幅较短，以热点的“新疆棉花”事件为主要议题。标题以“不吃这一套”亮明态度，简明扼要，让人印象深刻。作品以数据内容介绍新疆棉花的概况，以微评的形式，直接抨击了西方政客、外国企业的丑陋行为。

（三）鲜明

新闻评论与其他新闻作品有所区别，评论作品中要有态度观点，因此新闻评论作品的标题往往具有鲜明的态度、立场和倾向性。一般来说，这种鲜明的态度可以分为三类，即肯定、否定、中立，表现为作者在标题中直接表明肯定、歌颂、赞扬或否定、批判、谴责等。例如第31届中国新闻奖文字评论二等奖作品《“自愿”不能成为职场伤害的“美丽借口”》[①]，直接在标题中表达了作者的否定态度，提出员工的“自愿”是一种职业伤害。评论作品从一家游戏公司“员工自愿降薪10%”的热门话题入手，分析员工“自愿”表象之下“被自愿”的弱势地位，批判职场PUA（Pick-up Artist）套路，直指“这样的企业、这样的劳动关系，堪称变态和畸形”，呼吁尊重劳动者、保障员工权益。标题旗帜鲜明地展现出作品的主要论点，态度明确地批判企业的不良行为。

（四）生动

好的新闻评论标题是生动的，能够吸引受众注意力。学界普遍的观点认为相对于其他新闻体裁标题，新闻评论的标题更要注重生动性。例如新闻评论标题可以有幽默感，以幽默调侃的方式阐述写作者的观点；新闻评论标题可以多使用问号、感叹号等标点符号，传递新闻评论作品的感情倾向。这都是区别于其他类别新闻作品标题的特点。

人民日报微信公众号的《睡前聊一会儿》栏目中，论题多选取最新的热点话题，标题生动灵活，受众阅读量极高。如2020年4月24日《“淡黄的长裙，蓬松的头发”，究竟在“选”还是“秀”？》[②]以选秀中的热词为标题，直接在标题中点出论点，指出选秀的本质是为了流量和关注。作品标题以最新网络热搜为论题引出论点，让受众很容易被其吸引。类似的还有2020年5月7日发表的评论作品《只见三明治，不见肉夹馍：“制式

---

① 林琳.“自愿”不能成为职场伤害的“美丽借口”[N]. 工人日报，2020-11-10(05).

② 程雨田：“淡黄的长裙，蓬松的头发”，究竟在“选”还是“秀”？[J/OL].(2020-04-24)[2020-05-28]. https://mp.weixin.qq.com/s/c6l7zI2WOi7UgehbX7-PPA.

野餐”的走红之路》[1]，标题为两行题，以“三明治”和“肉夹馍”类比中餐和西餐，幽默接地气，同时出现了“制式野餐”的创造词语。整个标题用词生动活泼，引人关注。

第二节　新闻评论标题与新闻标题

一、新闻评论标题的作用

新闻评论标题具有自身的特点，主要源于三个方面：一为新闻标题的属性，二为评论的特点，三为标题的特殊性。因此新闻评论作品的标题主要应发挥三个作用：首先是提示论题，即主要概括评论内容；其次要表明论点，即传达主要观点信息；最后还必须吸引关注，即以特殊的形式引起关注。提示论题是由新闻标题属性决定的，表明论点则是新闻评论的特殊性，而吸引关注则是由标题的主要作用决定的。

新闻事实就是评论的论题，观点就是作者的态度、论点。新闻评论的标题，要求有事实与观点——这就是两个基本的信息量。[2] 这是基于新闻评论标题的信息量对新闻评论作品标题的要求。从标题在文章中的作用来说，新闻评论标题作为文章的“题”，文章的首要表述，除了事实和观点，吸引关注这一作用也不可忽略。

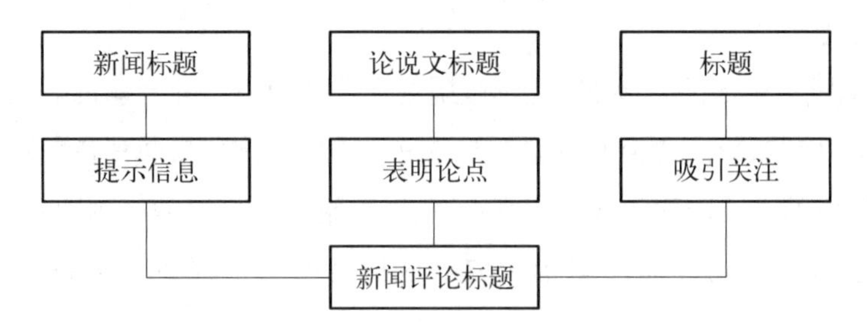

图 16－1　新闻评论标题的作用

2021 年 5 月 22 日，著名院士袁隆平、吴孟超逝世，新华社发布新闻报道《一稻济天下，肝胆两昆仑——送别两位科学巨匠》，表达对“院士双星陨落”的痛惜和缅怀，被多家媒体转载。新闻标题以对称的两句标题概括了主要新闻内容。同时，新华社发布述评《禾下乘凉梦 一梦逐一生——怀念袁隆平》，评论作品标题更为形象生动，以诗意的词汇凝聚论点，表达对袁隆平院士的怀念。

---

① 徐驭尧：只见三明治，不见肉夹馍：“制式野餐”的走红之路[J/OL].（2020－05－07）[2020－06－18]. https://mp. weixin. qq. com/s/J3WeIf1L5V3DV0YdfWtBqw.

② 马少华. 从信息量的角度考察新闻评论标题[J]. 新闻大学，2003(77)：3.

二、新闻评论标题与新闻标题的区别

（一）传播内容不同

新闻标题的重点是新闻事实与相关的重要信息，客观陈述新闻事实，而新闻评论标题的重点是评论，新闻事实只是一个基础。部分新闻评论标题中会出现事实，表现为事实＋观点；有些仅为观点，把重心集中于表达意见，在作品中才会讨论议题，即新闻事实。

新闻标题中的新闻事实多为概括性事实。新闻评论标题中除了概括性事实，存在片段性事实、抽象性事实。例如第31届中国新闻奖广播评论二等奖作品《南阳要占万亩基本农田建养猪场，岂能如此“拆东墙补西墙”？》[①]，标题中所选用的新闻事实就是概括性事实，直接在标题中指出河南南阳计划占用1.5万亩基本农田建设养猪场这一新闻事实，加上观点，指出“锅里有肉”的前提是“碗里有粮”，不能“拆东墙补西墙”，18亿亩的耕地红线必须守住。

片段性事实是指直接摘取评论对象的某个要素（如人名、地名或事件中的一段）置于评论标题当中。这种片段性事实的确定性较概括性事实要差，其主观信息占据标题容量的比重明显要大，信息的传递重心向主观信息倾斜。第31届中国新闻奖文字评论三等奖作品《别让形式主义消耗基层干部抗疫精力》[②]，以形式主义为主题，在标题中对评论对象的部分要素“抗疫精力”进行提示，在评论作品中则以大量典型案例，对抗疫中的形式主义问题予以批评揭露。

抽象性事实是指在具体的评论对象的基础上对其本身或某个要素进行抽象，使其由个别上升为一般。第31届中国新闻奖电视评论二等奖作品《求才 莫让才求人》[③]，标题中未有明显的新闻事实，仅表达主要论点，抓住“才”，也就是“人才”这一对象。这篇电视评论作品聚焦人才关切，以青岛市招引人才中出现的问题为例，客观反映人才诉求，展开深刻评论。

（二）标题结构不同

新闻评论标题更为简洁，宜短不宜长，一般为单一结构，单一行。社论存在双行标题，如第31届中国新闻奖文字评论二等奖作品《在民族复兴的历史丰碑上——2020中

---

① 谭朕，肖源，李凡，钱成：《南阳要占万亩基本农田建养猪场，岂能如此“拆东墙补西墙”?》，中国之声《新闻纵横》，2020年8月27日。

② 周楠．别让形式主义消耗基层干部抗疫精力[N]．新华每日电讯，2020-02-01(04)．

③ 商晓虎，吕兖周，关霄，丁宏娟：《求才 莫让才求人》，山东广播电视台电视公共频道《民生直通车》，2020年12月23日。

国抗疫记》采用了双行标题。

新闻报道标题结构更为复杂，存在主题、辅题相结合的复合型结构，主题为标题中主要内容，概括新闻的主要事实、主要思想；引题为辅题之一，位于主题前，引出主题，主要说明新闻的背景、意义等；副题为辅题之一，位于主题之下，也称为子题，传达次要的新闻事实、新闻信息，主要有补充、解释功能。新闻报道标题中主题、辅题可以灵活搭配组合。

（三）表达方式不同

新闻标题更多为客观的叙述、说明、介绍，直接概括新闻事实，较少使用标点符号。

新闻评论标题更注重评论，表现为有明显的感情色彩，表达评论的观点、态度，很多情况下都使用了标点符号，除了陈述，具有更加灵活的文本结构方式。

这里取中国新闻奖部分获奖作品的新闻标题做例子，看看新闻评论标题文本结构的一般类型：1. 叙述式；2. 判断式；3. 提问式；4. 描述式；5. 禁令式；6. 祈使式；7. 对比式。

表 16－1　新闻评论标题类型

类型	举　　例	备　　注
叙述式	民企也是国家队	第 27 届中国新闻奖电视评论一等奖
判断式	治污必须要治官	第 29 届中国新闻奖广播评论二等奖
提问式	我们需要什么样的中国制造？	第 26 届中国新闻奖电视评论三等奖
描述式	开辟中国大豆“第二战场”	第 29 届中国新闻奖广播评论一等奖
禁令式	极恶！拿慰安妇头像做表情包，良心何在！	第 28 届中国新闻奖文字评论一等奖
祈使式	让劳动光荣成为青年坚定信念	第 29 届中国新闻奖文字评论二等奖
对比式	“真抓”与“假抓”	第 12 届中国新闻奖言论一等奖

可以看出，新闻评论标题的表达方式比新闻标题更加灵活多样。

（四）拟制手法不同

新闻标题拟制中，标题中的内容通常是具体的、真实的，是实题。新闻评论标题更多为抽象的、不具体的虚题，经常是新闻评论作品撰写者自己凝练出的观点。

“人民日报评论”微信公众号 2020 年 5 月 6 日发布的评论作品《没有难度，哪来高度？》[1]，标题并未提到具体的新闻事实，实际基于的新闻事实是我国在 5 月 5 日成功发

① 人民日报评论. 没有难度，哪来高度？[J/OL]. (2020－05－06)[2020－06－21]. https://mp.weixin.qq.com/s/QNsa_XAl95ci7pnXddVXfw.

射长征五号B运载火箭。标题中“难度”准确地说明了在抗击新冠疫情环境中中国克服重重困难，“高度”一语双关，一是指火箭发射成功，二是指中国到达了空间站工程建设进入实质阶段的新高度。标题采用了反问句式，包含信息富有层次，精炼易懂。

再比如2021年8月6日“人民日报评论”微信公众号发布的评论作品《甩锅推责只能自欺欺人》①，标题中也未直接点出新闻事件，而是直接表达论点，在文中论证指出不负责任的美国政客出于政治私利，在疫情溯源问题上甩锅推责，大搞疫情政治化，结果不仅让美国民众深受其害，也令全球抗疫雪上加霜。

第三节　新闻评论标题的制作

一篇新闻评论能否引起读者的关注，标题是关键。如果标题做得好，读者自然会去关注、去阅读。在信息庞杂的今天，信息同质化、冗余化现象凸显，如何吸引受众的阅读注意力，好的标题是一个关键点。出彩的新闻评论标题可以获得更多的关注，优秀的新闻评论作品都有一个“好”标题。好的新闻评论标题是经过反复思考、修改而产生的，往往一个字的区别都会有明显的变化。

一、提示论题

标题是为内容服务的，新闻评论标题的制作需要考虑新闻评论作品标题的三个作用。第一是提示论题。威尔伯·施拉姆(Wilbur Schramm)在20世纪50年代就影响受众对大众传播节目选择的决定性因素提出传播或然率：报偿的保证/费力的程度＝选择的或然率，因此有效地概括内容、提示论点的标题，更有利于吸引读者的注意力。

第31届中国新闻奖文字评论二等奖作品《多国囤粮：一堂活生生的粮食安全“警示课”》②，直接在标题中点明中心内容，即粮食安全问题，吸引读者。2020年，新冠疫情蔓延全球，引发世界粮食市场波动，甚至出现多国囤粮的情况。作品聚焦社会关切，以有力的事实和翔实的数据论证了此次国际粮食出口限制不会影响我国粮食安全，深入阐述了“底线思维必须始终坚持”“以我为主永远是对的”“吃饭问题始终是头等大事”这三个关于粮食安全的深刻道理，以通俗易懂的语言进行透彻说理，让人深受启发。

---

① 人民日报评论. 甩锅推责只能自欺欺人[J/OL]. (2021-08-06)[2021-06-24]. https://mp.weixin.qq.com/s/t0tU2AwGAExW1dkMBcL-Fg.

② 江娜. 多国囤粮：一堂活生生的粮食安全“警示课”[N]. 农民日报，2020-04-03(01).

多国囤粮：一堂活生生的粮食安全“警示课”(节选)

新冠疫情蔓延全球，引发了一系列连锁反应。一些国家出现恐慌性抢购口罩、厕纸现象，近日更出现国家层面囤粮情况。据报道，已有多个国家正在限制粮食出口或加大粮食储备，联合国粮农组织总干事也呼吁防止疫情引发粮食危机。国际粮食市场的新动向引起一些人担心：多国囤粮，对中国人的饭碗会产生什么样的影响？中国的粮食安全战略能不能经受住考验？这些问题值得我们高度关注。

针对舆论的担心，我们还是以事实和数据说话。从产能上说，我国粮食生产实现历史性的“十六连丰”，连续5年站稳6.5亿吨台阶，2020年虽受疫情影响，各地春耕备耕也正在有序推进，冬小麦苗情好于上年和常年；从存量上看，目前我国小麦、稻谷等口粮品种，库存都处于历史最高水平；从进口量上算，谷物净进口量仅占全国生产量和消费量的2%左右，也主要是用于品种调剂和地区调剂。可以说，此次国际粮食出口限制不会影响我国粮食安全。

多国囤粮现象，一方面用事实证明了我国立足国内的粮食安全战略的正确性，一方面也给我们上了一堂活生生的粮食安全“警示课”。

评论作品标题也是文中的主要论点。这篇评论作品的标题很好地提示了文章内容，直接将论题、论点传递给受众。

二、表明论点

新闻评论作品标题的第二个作用是表明论点。新闻评论本身就强调思辨性，好的新闻评论标题也要体现出思辨性的特点，表达一种观点、思想、情感，让受众能够看明白，看得懂，并从标题中回味其意义，激发受众去思考，引起受众思想、心灵的共鸣。

第31届中国新闻奖文字评论二等奖作品《建议铁路民航取消退票费为防疫作贡献》，[①]直接在标题中提出论点。在疫情初期，许多人还没有意识到疫情可能带来的问题时，评论作品看到了春运这一特殊语境下退票费对公众决策和阻断疫情传播的影响，以及通过取消退票费推动全民减少流动的必要。评论及时提出议题，有效推动了公共决策进程。距该评论发布仅18个小时，铁路就采纳了这一建议，宣布取消退票费；民航在评论发布20小时后也做出反应，取消相关航线的退票费。这也成为接下来

① 曹林：《建议铁路民航取消退票费为防疫作贡献》，中国青年报客户端，2020年1月21日。

抗疫的一个配套政策，成为交通部门和企业的责任自觉。本篇评论作品标题即论点，直接告诉受众评论作品的观点、意见。

三、吸引关注

新闻评论作为一种传播文本，标题要有吸引力，要吸引受众关注新闻评论，引发受众的兴趣，引导受众关注新闻评论传播的内容。一个好的新闻评论标题，除了信息量丰富能吸引读者，还要具有一定的审美含量，富有活力，生动形象。生动的新闻评论标题经常运用多种修辞手法。

“修辞格”又叫“辞格”“修辞方法”等。“修辞是使说和写的语言表达产生最佳效果的形式安排，是使说和写的语言能最有效地传达信息以感动听众和读者的策略。”[①]这里选取中国新闻奖部分获奖作品新闻标题做一个示例，以便更好地说明新闻评论标题所运用的修辞手法。

表 16－2　新闻评论标题中的修辞

修辞	举　　例	备　　注
比喻	走好全国一盘棋	第 18 届中国新闻奖报纸评论一等奖
拟人	市场不相信“出身”	第 7 届中国新闻奖广播评论一等奖
借代	银行该收“点钞费”吗	第 14 届中国新闻奖电视评论二等奖
对比	少数企业“死”不了，多数企业活不好	第 2 届中国新闻奖言论二等奖
仿拟	温州：望“楼”兴叹	第 20 届中国新闻奖电视评论一等奖
双关	如此“扶贫路”	第 9 届中国新闻奖电视评论二等奖
对偶	信用是本　道德为先	第 12 届中国新闻奖广播评论一等奖
排比	察潮流　顺民心　天下定	第 8 届中国新闻奖言论一等奖
回环	文明姓“文”	第 5 届中国新闻奖言论二等奖

新闻评论标题制作中，一般会用到的几种修辞手法：

1. 比喻：打比方，是用与本体具有相似性的事物来喻指本体。

2. 拟人：就是把事物人格化，即运用描写性、陈述性词语将物虚拟成人。

3. 借代：借用事物内部或外部不可分离的相关联系，以与事物相关的部分名称代

① 彭兰玉，王立军. 修辞应用通则[M]. 沈阳：春风文艺出版社，2000：9.

替事物的本体。

4. 对比：把相反相对的事物或同一事物的两个对立方面并列出来，进行反差性对照比较。

5. 仿拟：模仿现有语言形式临时拟造新的形式。

6. 双关：利用词语多义或同音的条件，有意使语句具有两种意思，即言在此而意在彼，有表、里两层含义。

7. 对偶：字数相等，结构相同，语义相关、相反或相承的两个对称语句对应并举。

8. 排比：三个以上结构相似、语气一致、意义相关的语词、语句并举铺排。

9. 回环：运用语序循环往复的形式表达事物间的相互依存、相互制约、相互对立的关系。

第四节　新闻评论标题制作易出现的问题

一、提示论题≠新闻陈述

新闻评论与新闻不同。新闻评论要有思辨性、论证性，切勿直接搬用新闻标题，如部分评论作品对于论点不加凝炼，在新闻标题后直接加问号、感叹号等。这样的新闻评论标题没有体现出新闻评论标题的作用，读起来会觉得评论感少、新闻感多。例如人民网评论栏目中的《“黑老大”拉出公安局副局长整仇家?》(人民网，2006 年 7 月 4 日)，只是重复了新闻标题内容，新闻评论观点弱，没有直接的态度，受众阅读中会觉得与新闻报道标题类似。

如果在标题写作中多一些价值判断的表现，则会更加完善。例如第 31 届中国新闻奖广播评论二等奖作品《智能时代，如何让老年人跨越“数字鸿沟”?》[①]，标题中并没有直接点出新闻事件，而是提出新闻评论论点，要帮助老年人跨越“数字鸿沟”。2020 年国庆假期，有网友在无锡火车站出站通道发现一块“无健康码通道”的温馨提示牌，拍照后发到微博，引发全网点赞。评论作品从这一社会热点事件出发，分析了此事引发社会高度关注背后的深层原因，并由此出发，关注移动互联网时代老年人所遭遇“数字鸿沟”的普遍困境。评论作品标题也是聚焦最终的评论重点，点出问题本质，体现出新闻评论作品的特点。

---

① 赵波，张巡天：《智能时代，如何让老年人跨越“数字鸿沟”?》，无锡新闻综合广播《新闻周记》，2020 年 10 月 18 日。

二、表明观点≠绝对观点

新闻评论作品标题要有鲜明的态度，但是同时也要注意不能非黑即白，不能采用绝对观点，不宜使用倾向性太强的词句，否则容易造成信息的误解。

第31届中国新闻奖文字评论二等奖作品《莫以纪律红线为怠政懒政找借口》，直接表明观点、态度，但是可以看到表明的论点是基于整体作品的核心内容，进行提炼后的观点，并未在标题中采用绝对性的批判、否定表述。如果把标题制作成《以纪律红线为借口就是怠政懒政》，就显得太过绝对，不太妥当了。

三、吸引关注≠猎奇虚构

在新闻评论的标题制作过程中，切勿成为“标题党”。特别是标题不可随网络大流的套路，例如各种流行的设问语句，“×××说明啥”“×××尴尬了谁”“×××谁之过”“×××惹谁了”等，或是“震惊体”“咆哮体”之类自媒体作品中的“吸睛大法”。新闻评论要以真实、客观、理性为准绳，要保持新闻的专业性，不可过分哗众取宠。

同时，新闻评论标题要基于新闻事实，要对新闻事实进行有效概括，不可采用虚假信息，吸引注意力，更不可以偏概全，用虚构或不准确的信息来制作标题。

扩展阅读

[1] 杜涛.新闻评论标题制作的信息—修辞四方格[J].编辑之友，2014(07)：91-95. DOI：10.13786/j.cnki.cn14-1066/g2.2014.07.023.

[2] 孙营，朱小阳.新闻评论标题制作的语法特点——以《人民日报》新闻评论标题为例[J].新闻界，2006(06)：128-129.

第十七章　各式新闻评论的主要特点

内容提要

1. 新闻评论类别。
2. 不同类别新闻评论的特点。

思考练习

1. 新闻评论的种类有哪些?
2. 社论在新闻评论中的重要性体现在哪些方面?
3. 评论员文章有哪几种?
4. 短评在不同历史时期有哪些特点?
5. 编者按语有什么作用?
6. 专栏评论的新媒体形式有哪些?
7. 杂文的特点是什么?
8. 何为记者述评?
9. 结合具体案例,分析不同类别新闻评论作品的主要特点和写作要求。

第一节　新闻评论分类

西方国家,一般把新闻评论分为社论、专论、释论(大事分析、时事述评、评述)、短评(分散于各专业版)和杂志评论;有的按内容涉及的领域,分为政治评论、军事评论、外交评论、文教评论等。①

国内学界与业界对于新闻评论的分类并无统一说法，分类标准较多，其中较为主流的分类如下：

最为广泛使用的分类标准是按照新闻评论的发表类型分："包括社论（本台评论）、评论员文章、短评、编者按语、专栏评论、述评、杂感随笔、广播评论、电视评论等体裁。"②

另一种经常使用的分类方法是按照评论对象的不同将其分为政治评论、军事评论、经济评论、体育评论、社会评论、国际评论、文化评论、教育评论。

以传播载体作为分类标准，有报刊新闻评论、广播新闻评论、电视新闻评论、网络新闻评论。

同时也存在其他分类方法，例如根据写作目的分为立论性评论、驳论性评论及释论性评论三种类型。立论性评论指从正面直接提出自己的见解和主张，揭示出客观事物的本质和规律的评论。驳论性评论指以违背当代社会发展主流、阻碍社会进步的事物和观念为批驳对象，通过批评、反驳、揭露，辨别是非、澄清认识，进而确立起自己的主张的评论。释论性评论是以重大新闻事件、思想理论或方针政策为论述对象，以阐释、说明为主要论说手段，以帮助人们解惑释疑、正确认识和对待有关事物为论说目标的评论。③

按照表达方式分为解释型评论、表扬型评论、庆祝型评论、批驳型评论、建议型评论、纪念型评论。

按照作品的情绪表达分为慷慨激昂式评论、联珠问责式评论、和风细雨式评论、平等谈心式评论。④

由于传播媒介的不断发展，不同种类的新闻评论不断产生，甚至评论内容的不断丰富都在逐渐改变着传统新闻评论的内涵。本章主要采用的是依据传播载体的分类方法，即按照目前最为广泛使用的、以发表类型为标准的分类方式，对各式新闻评论的主要特点依次进行阐述。

---

① 丁法章. 当代新闻评论教程[M]. 上海：复旦大学出版社，2012：249.
② 胡文龙，秦珪，涂光晋. 新闻评论教程[M]. 北京：中国人民大学出版社，1998：1.
③ 李舒. 新闻评论[M]. 北京：中国人民大学出版社，2013：108－148.
④ 徐兆荣. 实用新闻评论写作教程[M]. 北京：北京大学出版社，2018：108－110.

第二节　各种类型的新闻评论

新闻评论中最广为采用的一种分类方法，是按照发表类型将新闻评论分为七种：社论、评论员文章、短评、编者按语、专栏评论、记者述评、杂文。

这里通过选取《中国新闻实用大辞典》与中国人民大学胡文龙、秦珪、涂光晋三位学者撰写的《新闻评论教程》中的定义及描述，并结合具体案例来看不同类型新闻评论的特点，以及在新的传播阶段不同类型的新闻评论的发展变化。这两本著作中的定义描述比较详细，也是目前最为广泛使用的定义。

一、社论

《中国新闻实用大辞典》对社论的定义是："代表报刊、杂志社或通讯社编辑部就某一重大问题发表的言论。党政机关报的社论代表主办该机关报的党的领导机关的意见。"①

《新闻评论教程》的定义是："社论（在广播、电视媒体中称'本台评论'）是代表报刊、通讯社、广播电台、电视台等媒体编辑部发言的权威性言论。它是表明新闻媒体的政治面目的旗帜。同其他的评论文体比较，社论的论题是针对当前重大事件、重大典型和重大问题发言的，具有鲜明的政策性、导向性和指导性。党的报刊社论，不仅代表编辑部发言，而且直接表达同级党委和政府的思想观点和政治立场，可以发出号召，提出任务，阐明政策，表明态度，辨明是非，指导实践。"②

社论在新闻评论作品中具有极高的地位，也十分重要。从两本著作的论述来看，《新闻评论教程》更为丰富，对社论的发表单位、特点、内容以及作用都有所涉及。我们认为，社论是媒体编辑部发布的重要的权威性的意见性新闻信息。

在中国新闻奖历年获奖作品中，社论占据了重要篇幅，而在西方，如美国的普利策新闻奖中就专门设立了社论奖这一类别，足以证明社论的重要地位。

这里以《人民日报》2019 年刊发的社论作品为例来分析其特点。

---

① 冯健. 中国新闻实用大辞典[M]. 北京：新华出版社，1996：102.

② 胡文龙，秦珪，涂光晋. 新闻评论教程[M]. 北京：中国人民大学出版社，1998：213.

表 17－1　2019 年《人民日报》社论

标　　题	发表时间
人民日报社论：创造无愧于伟大新时代的新辉煌	2019 年 01 月 01 日
人民日报社论：推进祖国和平统一进程的重大宣示	2019 年 01 月 03 日
人民日报社论：决胜全面建成小康社会 推进乡村全面振兴	2019 年 02 月 20 日
人民日报社论：同心建言资政 同向凝聚共识	2019 年 03 月 03 日
人民日报社论：激发制度活力 凝聚复兴伟力	2019 年 03 月 05 日
人民日报社论：凝心聚力共创美好新时代	2019 年 03 月 14 日
人民日报社论：铭记伟大变革 激扬奋进力量	2019 年 03 月 28 日
人民日报社论：书写新时代劳动者新的荣光	2019 年 05 月 01 日
人民日报社论：让五四精神在新时代放射新的光芒	2019 年 05 月 04 日
人民日报社论：为新时代党的历史使命而努力奋斗	2019 年 06 月 01 日
人民日报社论：牢记初心使命 奋进复兴征程	2019 年 07 月 01 日
人民日报社论：奋力书写人民政协事业新篇章	2019 年 09 月 20 日
人民日报社论：共同谱写新时代人民共和国壮丽凯歌	2019 年 09 月 30 日
人民日报社论：奋斗的史诗 复兴的伟力	2019 年 10 月 01 日
人民日报社论：为实现中华民族伟大复兴提供有力保证	2019 年 11 月 01 日
人民日报社论：续写“一国两制”成功实践新篇章	2019 年 12 月 20 日

从表 17－1 可以看到，《人民日报》社论标题多采用对称格式，风格稳重而大气，选题重大，语言富有气势，广泛使用祈使句和判断句，句子韵律优美，形式和内容具有稳定性。作为我国重要官方媒体，《人民日报》社论极具代表性和权威性，也是目前研究中最常关注的研究文本对象。

二、评论员文章

《中国新闻实用大辞典》的定义是：“评论员文章是报纸、杂志、通讯社、电台、电视台编辑部的评论员就某一问题发表意见的文章。规格低于社论。中国当代新闻媒介常常用此评论形式。其所表达的基本观点和主张，虽然不能视为完全代表编辑部，但在通常情况下，都是得到编辑部同意的，评论员文章既有一定的'官方色彩'，又可以有个人的风格。它的选题面更广一些，一般不从正面全面论述某个重大问题，而是选用一个侧面单刀直入，对所要论述的问题进行比较集中、深入的分析。其篇幅一般比社论短。"①

《新闻评论教程》的定义是："评论员文章的规格介于社论与短评之间，它是报刊、新华社、广播电台常用的属于中型的重头评论，具有重要的导向功能和喉舌作用。它与社论没有严格的界限，必要时可以升格为社论。形式上它虽然并不像社论那样直接代表编辑部集体或同级党委的意见，但它反映编辑部的观点和倾向，有着一定的权威性。"②

评论员文章是编辑部发布的重要的意见性新闻信息，一般可分为三类：

（一）本报（本媒体）评论员文章

本报（本媒体）评论员文章是由本报评论员撰写或以本报评论员名义发表的评论员文章。它作为结合新闻事件或新闻报道配写的重头评论，旨在体现编辑部的立场、观点和态度。如 2020 年 5 月 9 日《人民日报》的评论员文章《中国抗疫堪称"现场直播"》，肯定中国的抗疫工作，批驳污名化中国的言论。

（二）本报（本媒体）特约评论员文章

本报（本媒体）特约评论员文章为评论员文章的一种特殊形式，"特约"即标明系社外人士所写，也用以加重评论作者的身份，一般不署名，必要时也署名。由于来头大，块头也大，有人称它为"超重型评论员文章"。如 1978 年 5 月 11 日，《光明日报》发表的特约评论员文章《实践是检验真理的唯一标准》，成为我国思想解放、改革开放的先声。

（三）观察家评论

观察家评论为评论员文章的另一种形式，通常用于重要的时事评论。以观察家的身份出现，使评论显得客观和具有权威性。如 2014 年 3 月 27 日《新京报》发表观察家评论《"先辟谣，后限牌"，公信何在》，批评杭州政府多个部门十余次"辟谣"之后，却执行"限牌"政策，证实"谣言"不虚的行为，严重损害了政府的公信力。

2020 年全国两会之前，正处于统筹疫情防控与经济社会发展的关键时期。人民网从 5 月 11 日起，连续 5 天发表"凝心聚力 决战决胜"系列评论员文章，其目的是在凝聚共识中增强信心，激励人民共克时艰。

---

① 冯健. 中国新闻实用大辞典[M]. 北京：新华出版社，1996：103.
② 胡文龙，秦珪，涂光晋. 新闻评论教程[M]. 北京：中国人民大学出版社，1998：230.

表 17-2　人民网“凝心聚力 决战决胜”系列评论员文章

标　　题	主 要 观 点
人民网评：把战“疫”精神转化成内生动力	让我们弘扬战“疫”精神，努力完成经济社会发展各项任务。脱贫攻坚工作艰苦卓绝，全面小康近在咫尺，收官之年又遭遇疫情影响，各项工作任务更重、要求更高。面对困难和挑战，坚持目标不变、靶心不散、频道不换，坚决不能停顿、不能大意、不能放松。这是咬紧牙关的时候，是屏息聚力的时候，是比拼意志的时候。
人民网评：凝心聚力，高质量完成脱贫攻坚目标任务	在全面建成小康社会和“十三五”规划收官之年的大背景下，两会如何为打赢脱贫攻坚战凝心聚力，如何为集中兵力打好深度贫困歼灭战建言献策，如何以民主监督严把贫困人口退出关、巩固脱贫成果，举国上下都高度关注，每个代表委员的肩上都有一副沉甸甸的担子。
人民网评：发展环境越是严峻复杂，越要坚定不移深化改革	危和机总是同生并存的，克服了危即是机。改革正是化危为机的关键一招，代表委员有责任帮助公众分清“势”与“形”的辩证关系，认清改革发展稳定的客观规律与具体矛盾，引导人们做好较长时间应对外部环境变化的思想准备和工作准备。越是发展环境复杂、任务繁重的时候，越蕴含着代表委员履职的生长点。
人民网评：抓好疫情常态化防控，确保经济社会正常运转	由应急性超常规防控向常态化防控转变，并不意味着防控措施可以松一松、歇一歇。客观来说，一些地方的经济社会发展急需“回血”，一些企业商家期待消费“回暖”，更多人渴望生活“回复”。正因为一失万无，所以巩固战“疫”成果至关重要。从做好“六稳”工作，到落实“六保”任务，任何人都必须高度警惕麻痹思想、厌战情绪、侥幸心理、松劲心态，必须督促落实常态化疫情防控举措，毫不懈怠地抓好各项工作，把风险降到最小、影响降到最低。
人民网评：稳住经济基本盘，为全面建成小康社会夯实基础	连日来，各地复工复产都在努力跑出加速度，紧锣密鼓帮助企业渡过难关，同时通过优化政务服务、深入推动改革来促进相关行业的转型升级。总体来看，遭遇新冠疫情一季度的“大考”后，中国经济经受住了严峻考验，在快速恢复中展现出了充分的韧性，也体现出了社会主义制度的巨大优越性。接下来，凝心聚力，决战决胜全面建成小康社会，仍然来不得半点松懈，必须瞄准可能的风险隐患早做准备，着力稳住经济的基本盘。

三、短评

《中国新闻实用大辞典》的定义：短评是“新闻单位的编辑或评论员就某一新闻发表的篇幅短小的评论，通常在四五百字左右，最长不超一千字。大多不署名。它的特点是抓住新闻中最新鲜、最有特点，或者编辑认为最值得突出的东西，加以强调和发挥，稍加论述，奉献给读者。”①

《新闻评论教程》的定义：“短评是一种篇幅短小、内容单一、分析扼要、使用灵便的编辑部评论。它根据党和政府的方针政策，常常配合新闻报道就现实生活实际工作的某一方面的问题，代表编辑部发言。在选题、评述范围、立论角度、篇幅、规格等方面，它比之社论要具体单一、轻便灵活、短小精悍，一般由编辑部的具体部门定稿，属于新闻评论中的‘轻骑兵’。”②

我们认为，短评是媒体发布的短小精悍、内容单一、分析扼要的意见性新闻信息。短评与其他评论类型不同的关键特点在于“短”。在网络媒体成为“第四媒体”的今天，短评的一个重要应用场景就是微博平台上的新闻评论。由于单条微博字数有限制，于是便形成了信息集中的独特微博体新闻评论。这是短评的一种新的形式。

图 17－1　人民日报微博《人民微评》栏目

例如，人民日报微博推出的《人民微评》就具有短、实、新三个特点，契合了网络传播的规律和特点，在有限的字数内把清晰的观点、严密的逻辑、生动的语言结合起来，再配上相关图片、海报或视频发布，颇受用户青睐。评论作品往往以新闻热点作为切入点，直抵问题本质，以对解决方案的建议作为面向明天的期待。博文观点凝练、论证有力。

如图 17－1，针对江秋莲诉刘鑫生命权纠纷案，《人民微评》栏目发表了题为《褒扬江歌让行善者有力量》的短评，指出江歌无私救人，获得法律力挺，而刘鑫则为她的行为付出了法律代价。一褒一贬，展现法治温度，契合公序良俗。惩恶扬善、激浊扬清，正是法律存在的价值。捍卫正义，守卫公道，让违法者存忌惮，让行善者有力量，则社会更有勃勃生机。语句简洁精干，观点明确有力，直接阐明了论点信息。

四、编者按语

《中国新闻实用大辞典》对编者按语的定义是：“新闻媒体的编者就新闻报道、文章所写的简短的意见。也称编者的话。报刊通常把它放在新闻报道或相关文章的前面，用楷体字刊出，有的时候夹在新闻报道当中。编者按表达编辑部和编者对所报道的事

① 冯健. 中国新闻实用大辞典[M]. 北京：新华出版社，1996：103.
② 胡文龙，秦珪，涂光晋. 新闻评论教程[M]. 北京：中国人民大学出版社，1998：239.

物或文章的态度，或赞成，或反对，或颂扬，或贬斥，或引导公众讨论；也可以突出事物或人物的某个方面，介绍一些背景情况，以便利于读者阅读，被人称为读者阅读报刊的'导游'。"①

《新闻评论教程》的定义："编者按语不是独立的新闻评论文体，而是一种依附于新闻报道或文稿的画龙点睛式的简短的编者评论，是报刊、通讯社、广播、电视等新闻传播媒介的编者专用的对新闻稿件所加的评介、批注、建议或说明性文字，也是新闻媒介的编者最常用的一种发言方式。"②

我们认为，编者按语，简称编者按，是媒体的编辑工作者就新闻报道或文章发表的简短的意见性新闻信息，是媒体对报道或文稿的评价、批注建议或说明，具有提示、评价、阐述或补充作用。编者按语与新闻报道相结合，一般由编辑人员撰写而成。例如1941年9月14日《解放日报》发表的毛泽东《〈鲁忠才长征记〉一文按语》，就是一篇典型的编者按语。它提炼要点，升华原有报道内容。

这是一个用简洁文字反映实际情况的报告，高克林同志写的，值得大家学习。现在必须把那些"下笔千言、离题万里"的作风扫掉，把那些"夸夸其谈"扫掉，把那些主观主义、形式主义扫掉。高克林同志的这篇报告是在一个晚上开了一个三人的调查会之后写出的。他的调查会开得很好，他的报告也写得很好。我们需要的是这类东西，而不是那些千篇一律的"夸夸其谈"，而不是那些党八股。

下面以第29届中国新闻奖网络评论二等奖作品《人民网三评浮夸自大文风之一：文章不会写了吗？》③为例，作品开头就有一段编者按。

人民网三评浮夸自大文风之一：文章不会写了吗？

【编者按】

文风无小事。

近期"跪求体""哭晕体""吓尿体"等浮夸自大文风频现，消解媒体公信力，污染舆论生态，扭曲国民心态，不利于成风化人、凝聚人心、构建清朗网络空间。

为了匡正各媒体浮夸自大、华而不实的文风，落实习近平总书记对文风"短、

① 冯健. 中国新闻实用大辞典[M]. 北京：新华出版社，1996：106.
② 胡文龙，秦珪，涂光晋. 新闻评论教程[M]. 北京：中国人民大学出版社，1998：254.
③ 盛玉雷(林峰)：人民网三评浮夸自大文风之一：文章不会写了吗？[J/OL].（2018-07-02）[2020-06-25]. http://opinion.people.com.cn/n1/2018/0702/c1003-30098611.html.

实、新”的要求，倡导清新文风，崇尚风清气正，今天起，人民网观点频道推出“三评浮夸自大文风”系列评论。

一篇文章的优劣，取决于能否映射现实、有无社会观照。倘若文风浮夸自大、标题一惊一乍、事实似是而非，不仅唐突了读者，也丧失了传播价值，污染了舆论生态。

最近在网上，“美国害怕了”“日本吓傻了”“欧洲后悔了”之类的文章，总能赚取不少莫名点击。然而，纵观这些所谓“爆款”文章，其内部水平却了无新意，令人担忧。比如，有的一味夸大、以偏概全，高喊《在这些领域，中国创下多个“世界第一”！无人表示不服》；有的任意拔高、贻人口实，鼓吹《别怕，中国科技实力超越美国，居世界第一》；有的一厢情愿、照单全收，将国外的只言片语，放大成“中国在世界舞台上占据中心位置”“中国现在是全球第一经济体”等声音。

这些“雄文”的共性，一无事实骨架，二无内容血肉，三无思想含量，徒有浮躁外壳，经不起一点风吹日晒。要知道，文章不会因为浮夸而增色，国家也不会因为自大而变强。挑动极端情绪、肆意传播偏见的后果，容易造成公众走进夜郎自大、自吹自擂狂妄误区，导致社会陷入信息碎片化、思维程序化的认知闭环。

新闻学有一种观点认为，“最好的编辑一定是个营销专家”。对一些媒体而言，浮夸自大的文风，无异于吸睛涨粉的气球，一触即破。在此类文章的始作俑者眼里，标题就是一枚带着诱饵的鱼钩，不加点“刺激”的猛料，就无法吊起胃口。然而，新闻不是爽文。如果只讲营销不讲营养，只要眼球不讲责任，即使一时流量爆棚，也是在误导大众。

有网友感慨，进入了自媒体时代，新闻越来越多，离真相却越来越远。的确，浮夸自大的文风套路，看似抄了“10万+”的近路，实则误入新闻生产的歧路。据统计，去年新媒体运营行业人数超过300万，各类机构对内容创业者的投资金额超过50亿元，可谓既有前途，又有“钱途”。然而，自媒体要想创作自如，还需恪守自律。倘若毫无底线蹭热点，肆无忌惮造噱头，结果只能是漫出道德水位，偏离法治轨道，荼毒公众认知不说，更消解媒体公信力。

言之无文，行而不远。有人疑惑，是文章不会写了吗？并不是。还记得，南海仲裁闹剧群情激愤，“中国一点都不能少”的声音却产生共鸣。针锋相对却有礼有节，气贯长虹而又言之有物，这样的文风文气，怎能不引发舆论场同声同气？全媒体时代，真实客观理性的新闻准绳没有变，新鲜有趣优质的价值取向没有变，平实求实务实的文风导向也没有变。只有创作者自律自觉，将文风与世风勾连，给流量和情绪松绑，方能写出真正从容自信的作品。

好的舆论可以成为发展的“推进器”、民意的“晴雨表”、社会的“黏合剂”、道德的“风向标”，不好的舆论可以成为民众的“迷魂汤”、社会的“分离器”、杀人的“软刀子”、动乱的“催化剂”。新闻讲事实，讲真相，讲正道，来不得半点虚假和浮夸，那些热衷于耍噱头、故弄玄虚、哗众取宠的路数可以休矣。

评论作品开头的三段编者按具有很强的画龙点睛的作用。第一句直接点出论题，第二段对所关注话题进行简单的概括，指出问题，第三段提出文章的主要论点，并对系列评论做了一个提示。这个编者按对评论作品具有提示阅读、概括内容、引导观点等作用。

编者按语可以放在文前、文中，也可以放在文后。

编者按语分为两类：1. 政论性按语，揭示报道和文章的意图与思想，深化认识。2. 说明性按语，对于报道和文章的内容及背景进行补充说明。

五、专栏评论

《中国新闻实用大辞典》的定义：专栏评论是“报刊在固定或相对固定的版面或位置上，刊登的有固定名称的、专门发表意见性的栏目。其文字多用楷排，一般还加框并做栏花”[①]。

《新闻评论教程》的定义：“专栏评论指的是在报纸相对固定版面上特定的专门栏目中发表的评论。这一评论体裁在现代报刊评论史上早已有之。不过，就新中国成立后的报刊实践而言，逐渐重视这一体裁实则始于‘文革’之后的70年代末80年代初，并随着新闻改革的客观形势的发展和需要而日趋繁荣。”[②]

1999年11月1日，《中国青年报》创办《青年话题》，就是一个专栏评论。《青年话题》主打理念为：注重草根性，秉持“公民发言”的理念，力求为公众营造一个说话的广场。2000年4月7日，《北京青年报》复刊后就开设《今日社评》言论专栏。随后，2001年5月，新华社推出《新华时评》栏目。2003年11月11日，《新京报》创刊就开设了时评以及言论版。2005年4月，在已有的《今日谈》《人民论坛》等专栏评论外，《人民日报》开设《人民时评》栏目，与人民网联动。专栏评论成为一种常态化的新闻评论类型。

专栏评论，指在固定版面、专门栏目内发表的意见性新闻信息，具有固定性、栏目

① 冯健. 中国新闻实用大辞典[M]. 北京：新华出版社，1996：103.
② 胡文龙，秦珪，涂光晋. 新闻评论教程[M]. 北京：中国人民大学出版社，1998：280.

化特征。现今，专栏评论的形式不断丰富，不再局限于报刊这一传播媒介。这里以人民日报评论部的两个案例来看看专栏评论的新变化。

“人民日报评论”微信公众号平台中开辟了诸如《睡前聊一会儿》《微议录》《锐评》《新知》等专栏。这些栏目各具语言特点和功能，比如《睡前聊一会儿》栏目，就是一档音频评论专栏，话题千奇百怪：《你的深夜食堂，该有什么样的往事》《粉丝“锁场”，能锁到三生三世、四海八荒吗》《90后忙治脱发，青年焦虑如何纾解？》……选题都是朋友圈里最热闹的事，都是都市年轻人的热点话题。

新的专栏评论形式还有人民日报评论部学习和贯彻习近平总书记关于增强“四力”重要指示精神，于2018年7月在评论版推出的新闻评论栏目《现场评论》。《现场评论》充分发挥人民日报在报、网、端、微的传播优势，在做好报纸《现场评论》栏目的同时，深入挖掘和利用新媒体传播技术和传播方法，创新使用H5、短视频直播等传播手段，为党报评论插上了新媒体的“翅膀”。

六、记者述评

《中国新闻实用大辞典》对记者述评的定义是：“记者对某一新闻事件或某一现实问题所做的有事实、有个人分析的评论，其特点是夹叙夹议，兼有新闻报道之长和新闻评论之长。它以实时报道为评论依据，以评论和观点驾驭新闻事实，把述和评二者有机地结合了起来。记者述评是深层次报道的一种重要形式。它所用的事实材料，可以是别处引用来的，但最好是从亲自采访中得到的第一手材料，这样会更有说服力。记者述评是记者本人的调查研究或观察思考的成果。写得好的记者述评应能提出新鲜的、深刻的、独特的见解，能够给人以启发，加深对新闻事实的社会意义的理解。记者述评是大有前景的评论形式”①。

《新闻评论教程》的定义：“记者述评又称新闻述评，是新闻领域中的一种边缘体裁，以融合新闻和评论于一体为基本特点。述评介乎新闻与评论之间，兼有两者的特点和优势。它既报道事实，又对新闻事实做出必要的分析和评价，有述有评，评述结合。”②

我们认为，记者述评是一种夹叙夹议、边叙边议，以新闻事实为基础、以意见为核心的评论。

1996年白岩松在中央电视台《东方时空》子栏目《面对面》评论了一个极端事件。

---

① 冯健. 中国新闻实用大辞典[M]. 北京：新华出版社，1996：104.
② 胡文龙，秦珪，涂光晋. 新闻评论教程[M]. 北京：中国人民大学出版社，1998：307.

白岩松通过第一人称的口吻叙述，用口语化的语言和观众交谈，叙中有情、述中有评，在讲述事件本身的同时，成功融入了个人的态度和观点，是一篇经典的记者述评。

伤心一跪

主持人：今天我要讲一个故事，这个故事是作家梁晓声授权我讲给大家的。梁晓声也曾经把这个故事讲给大学生们听，可是讲完之后，接到了大学生递上来的条子，上面写着："讲点别的，讲点能逗我们开心的。"显然这个故事不是能逗大家开心的。

那么，在广东的珠海有一个电子公司，它的管理者是一个30多岁的外国女人。她经常让这个厂里的中国职工加班加点，最厉害的一个月，加班加点的时间就有250个小时。也就是职工每天要干两天的活，而且加班加点从来没有任何报酬，谁要是有抱怨的话她就开除谁。结果有一天在加班加点到了十五六个小时之后，她给了十几分钟的时间去上厕所。就在这个时间里头，有一个老职工可能实在是太累了，趴在工作台上打了一个盹，结果被这个30多岁外国女人看见了，她拿起一个金属的板台就砸在了这个老职工的后背上。然而这才仅仅是个开始，她接着就开始发怒，把所有的中国职工都叫到她的面前开始大声地训斥。

令人伤心和气愤的一幕就在这个时候发生了。她突然喝令让中国的职工跪在她的面前，每人反省。100多个中国职工几乎全都跪下了，并且低下了头，在这个30多岁的外国女人的面前，这是令人伤心的一跪。然而也有一个例外，一个中国青年站着。当他看到同胞跪下的时候，他感觉到了一种羞耻和一种愤怒。这个外国女人问他，你为什么不跪？这个中国青年回答："我觉得这是对中国人的侮辱！"外国女人又说："你要觉得是侮辱那就是侮辱，如果你要是不跪的话就给我滚蛋！"听过这话，这个中国青年愤然离去，告别了他正在跪着的同胞们。过了几天他告发了这个外国女人，然而当他回到车间的时候，却遭到了十几个人的围攻，对他说，你太没有良心了，老板给了你工作，给你发工资，你怎么还能告发老板呢？这十几个人当然是我们的同胞。后来调查组也到了这个企业里头，在接受了调查之后，一转身，这个外国女人就对着中国的职工说："不就是罚钱吗，罚多少我给多少。但是你们要记住，我还是你们的老板，如果你们要是不听我管教的话，我让你们滚蛋你们就得滚蛋。"

后来听说在一个报纸上，很短很短的一个文章里头，这个外国女人做了一个很简单的道歉。我不想再议论这个外国女人，因为我觉得她连被议论的资格都没有。当我听到100多个中国职工跪下去的这个情节的时候，我不知道怎么一下就想到了47年前，毛泽东在天安门城楼上说的那句话：中国人从此站起来了。

这令人伤心的一跪，不是在刺刀的下面，也不是在枪口的前面，而是在一个口袋有钱的外国女人的面前。相信不会有人误解，就这个故事讲完之后，会对对外开放有什么不好的影响，因为我们大家都知道，我们现在过的好日子，是从对外开放之后才开始的。但是曾经的贫穷不该是我们觉得比别人低人一等的理由。现在的生计和金钱的诱惑，也不该是我们双膝发软的原因。在奔向富裕的道路上，我们应当把腰杆挺直。站直喽，别趴下！更不要跪下！

（中央电视台1996年4月7日播出，记者白岩松、何绍伟）

整篇评论跌宕起伏、富有激情，振聋发聩，这篇评论作品播出后，引起巨大的社会反思。白岩松对于民族气节的一番议论，引发人们对新时期的中国民族价值观这一问题的讨论和思考。

七、杂文

《中国新闻实用大辞典》的定义："杂文有广义和狭义两种理解。广义杂文是指除小说、诗歌、戏剧以外的散文。就体裁而言，包括书信、序跋、游记、日记、絮语、随笔、小品文等等；就内容而言，包括了从先秦诸子直至明清小品在内的所有散文作品；可以是记叙的、描写的、抒情的，也可以是议论的。狭义的理解，则主要是指自新文化运动以来出现的一种文艺型社会论文，也可以称之为现代意义上的杂文。鲁迅在创造这种新文体过程中起到了极为重要的作用。我们现在所说的杂文就是这种文艺性的社会论文。"①

《新闻评论教程》的定义："杂文是一种文学体裁，但又不同于一般的文艺作品，还具有政论的性质。杂文兼有文学和政论的特点，是介乎文学和政论之间的一种边缘体裁。也可以说，杂文是一种特殊的政论：文艺性的政论。"②

我们认为，杂文是一种直接、迅速反映、剖析社会现象的文学色彩浓厚的新闻评论。

瞿秋白在《鲁迅杂感选集·序言》中写道："杂感这种文体，将要因为鲁迅而变成文艺性的论文（阜利通——feuilleton）的代名词。"这里以鲁迅先生的作品为例来看杂文的特点。

---

① 冯健. 中国新闻实用大辞典[M]. 北京：新华出版社，1996：108.
② 胡文龙，秦珪，涂光晋. 新闻评论教程[M]. 北京：中国人民大学出版社，1998：331.

1934 年 8 月 27 日，颇有影响的《大公报》发表了《孔子诞辰纪念》社评，指责“中国人失去了自信力”。针对这一论点，鲁迅于 9 月 5 日发表了《中国人失掉自信力了吗》一文。

中国人失掉自信力了吗

从公开的文字上看起来：两年以前，我们总自夸著“地大物博”，是事实；不久就不再自夸了，只希望着国联，也是事实；现在是既不夸自己，也不信国联，改为一味求神拜佛，怀古伤今了——却也是事实。

于是有人慨叹曰：中国人失掉自信力了。

如果单据这一点现象而论，自信其实是早就失掉了的。先前信“地”，信“物”，后来信“国联”，都没有相信过“自己”。假使这也算一种“信”，那也只能说中国人曾经有过“他信力”，自从对国联失望之后，便把这他信力都失掉了。

失掉了他信力，就会疑，一个转身，也许能够只相信了自己，倒是一条新生路，但不幸的是逐渐玄虚起来了。信“地”和“物”，还是切实的东西，国联就渺茫，不过这还可以令人不久就省悟到依赖它的不可靠。一到求神拜佛，可就玄虚之至了，有益或是有害，一时就找不出分明的结果来，它可以令人更长久的麻醉著自己。

中国人现在是在发展着“自欺力”。

“自欺”也并非现在的新东西，现在只不过日见其明显，笼罩了一切罢了。然而，在这笼罩之下，我们有并不失掉自信力的中国人在。

我们从古以来，就有埋头苦干的人，有拼命硬干的人，有为民请命的人，有舍身求法的人，……虽是等于为帝王将相作家谱的所谓“正史”，也往往掩不住他们的光耀，这就是中国的脊梁。

这一类的人们，就是现在也何尝少呢？他们有确信，不自欺；他们在前仆后继的战斗，不过一面总在被摧残，被抹杀，消灭于黑暗中，不能为大家所知道罢了。说中国人失掉了自信力，用以指一部分人则可，倘若加于全体，那简直是诬蔑。

论中国人，必须不被搽在表面的自欺欺人的脂粉所诓骗，却看看他的筋骨和脊梁。自信力的有无，状元宰相的文章是不足为据的，要自己去看地底下。

（原载 1934 年 10 月 20 日《太白》半月刊第一卷第 3 期，发表时署名“公汗”）

《中国人失掉自信力了吗》是一篇具有代表性的杂文作品，曾被录入中学语文课本。文章相对于当时的政论文章，更具文艺作品的特征，但其中的论证色彩极强。通过对对方的论点和论据进行逐一驳斥，针对对方的三个论据，层层剥茧，指出其虚伪性和欺骗性，尖锐地直接驳斥了失败主义倾向，讥讽了当时的政府以及社会名流的软弱与虚伪。

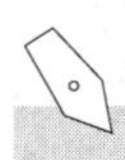

扩展阅读

[1] 祝克懿.新闻语体的交融功能[J].复旦学报(社会科学版),2005(03): 187-196.

[2] 董天策,梁辰曦,夏侯命波.试论《人民日报》官方微博新闻评论的话语方式[J].国际新闻界,2013,35(09): 81-91.

[3] 魏明革.中美评论写作之比较[J].新闻爱好者,2004(01): 48-49.

第十八章 新媒体时代新闻评论的受众角色与发展趋势

内容提要

1. 新闻评论的受众角色定位。
2. 受众对于新闻评论的需求。

思考练习

1. 新闻评论的受众角色有哪些?
2. 新闻评论作品的受众有哪两种需求?
3. 新闻评论的发展趋势如何?

随着媒介技术不断发展,新闻评论受众的角色定位如何,发展趋势如何,都是新时期新闻媒体面临的问题。

一、新闻评论的受众角色

新闻评论具有公共性,是面对公众传播的。戈公振先生在《中国报学史》中对"报纸"一词下定义时就强调"为公众而刊行"。本书在第一章第一节关于新闻评论的定义中,根据传播对象的变化,将新闻评论定义为一种通过大众传播媒介向公众传递意见性新闻信息的新闻体裁。读者就是传播对象——公众。

网络社会结束了大众传播渠道的封闭性,从网络论坛、博客到微博、微信、快手、抖音,普通用户可资利用的传播渠道越来越多,进入门槛越来越低,声量越来越大,出现了人人都是记者(发布新闻)、人人都有麦克风(发表意见)、人人都是新闻发言人(诉求利益)的新景象。用户不但不再是传统媒体的对象性存在,借助网络赋权,甚至成为新闻“产消者”(prod-user)——集新闻生产者、传播者、消费者于一体。他们是一群“以我们此前从未想象过的方式塑造、分享、重构和融合媒介内容的人”[①]。

从社会心理学角度看,读者实际上是一种社会角色,是现代社会中社会化的产物,具有一般行为方式及其内在的态度和价值观基础。读者作为信息传播的对象,在新闻传播过程中扮演着什么样的角色呢?这里结合新闻传播过程,将读者的角色分为四个层面:信息产品的消费者、传播符号的译码者、传播过程的参与者、传播效果的反馈者(见图 18-1)。

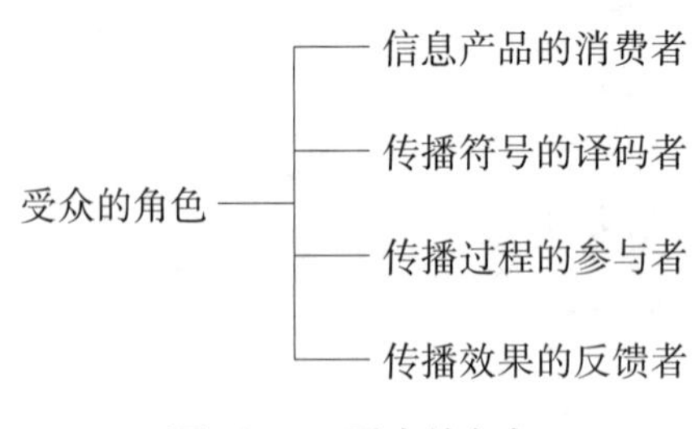

图 18-1 受众的角色

(一) 受众是信息产品的消费者

这是受众的首要角色。新闻评论作品作为一种文化信息产品,受众的阅读了解过程就是对这个信息产品的消费过程。这就决定了受众对新闻评论作品具有选择权利,可以自由选择消费或是不消费。从早期报纸的订阅,到广播、电视的选台,以及网络时代客户端、微信公众号、微博等平台的关注订阅,实际上都是读者在选择是否消费大众媒介所提供的消息和意见信息产品的过程。

(二) 受众是传播符号的译码者

这是从传播内容的角度来判断受众的角色。在新闻评论传播过程中,传递的信息与观点通过多种符号进行传播。不论是文字、声音、图像、视频还是其他传播符号,只有经过受众的理解才能完成向信息与观点的转化过程。这是一般性的过程。

不同的人具有不同认知体系和认知判断,所以读者在阅读新闻评论作品的过程中,由于译码的程度不同,更由于读者个人的理解能力和水平不同,每个读者得到的信息与观点具有特殊性。

---

① Picone, I., Courtois, C., & Paulussen, S. (2015). When News is Everywhere: Understanding Participation, Cross-mediality and Mobility in Journalism from a Radical User Perspective. *Journalism Practice*, 9(1), 35～49.

（三）受众是传播过程的参与者

从新闻生产的角度看，网络媒体带给媒介生态以巨大的冲击。一方面，媒介生态变得更加丰富多元，不断走向新的融合创新状态；另一方面，媒介生态变得更加复杂，充满了各种新的变化。例如传统媒体对于媒体的传播主体垄断权出现裂缝，所有人皆有可能参与媒介生产过程中，提供信息与观点，也就是我们常说的UGC模式，即用户生产内容模式。

正是传播主体的多样性、复杂性，造成了新闻评论的总体容量不断扩大。现今除了传统的报纸、广播、电视三大平台，网络中各种平台随着技术的发展不断增加。这里受众的参与不仅包括直接生产新闻评论产品，还包括参与新闻评论产品的动态生产过程，促进新闻评论作品的诞生和优化。

（四）受众是传播效果的反馈者

传播效果是传播的一个重要环节，受众的评价是衡量新闻评论质量的重要标准。文化信息产业发展至今，对于使用反馈的重视也日趋明显，因为只有有效地了解受众的需求和意见，才能进一步制作出受众和市场接受的新闻评论作品，才能在反馈意见中不断改进产品质量。

在信息技术发达的大背景下，利用大数据、人工智能等技术收集和了解受众反馈已成为普遍现象。这里需要注意强调的是用客观、科学的信息体系去了解受众的反馈。收集反馈信息可以有量化指标、清晰变量，但是不可僵化，一味追求数据，同时也要有质化标准去实际判断新闻评论作品这一文化信息产品的质量。

二、新闻评论的受众需求

梅尔文·德佛勒（Melvin Lawrence DeFleur）在他的“媒介依赖理论”中提到人们对于大众媒介组织存在“日常依赖”和“异常依赖”。这种依赖性实际上是受众在使用媒体的过程中基于自我需求的一种反应。这里，将受众需求分为信息需求和社会化需求两类。

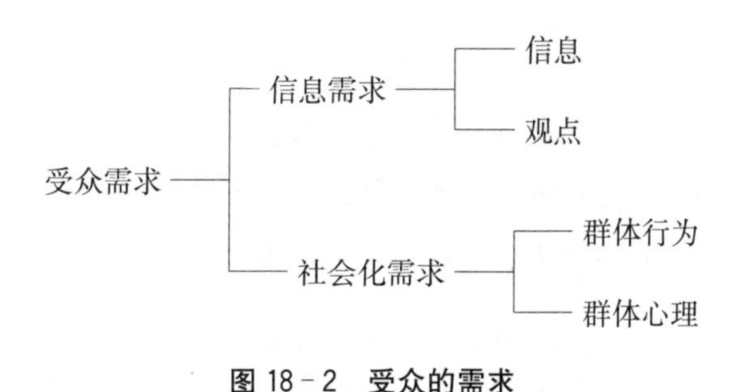

图18-2　受众的需求

（一）信息需求

对信息传播来说，内容始终是保持受众黏性的根本所在。对新闻评论作品而言，受众的需求包括两个方面，分别是信息的需求和观点的需求，这是由新闻评论的特殊性决定的。读者在阅读新闻评论时所想获得的信息与阅读新闻报道时是有所区别的。例如同样一个新闻事件，读者对于新闻评论作品的需要，包括该则新闻本身客观存在的信息和对于该则新闻价值判断的观点这两个方面。

针对一些新闻事件，读者往往不仅想第一时间了解新闻事件本身，也想知道对于新闻事件的基本价值判断。例如2020年年初"新冠"疫情发生初期，公众对于相关选题的新闻评论作品的信息需要不仅是对疫情的了解，还包括官方对于疫情的有效判断。这就是信息与观点两方面的信息需求。

2017年3月"于欢案"发生后，"人民日报评论"微信公众号及时发表评论《法律如何回应伦理困局》。文章对于这一事件，从法治需要的角度提出应正视"人心经验"的立论，关注人们对于事件的看法和情绪，关注事件引发的舆情，发现事件背后存在法律与伦理的关系问题，提出转型期的中国法治建设，需要正视"保护伦理价值的重要性"，进而把握好逻辑与经验的关系、条文与人情的关系、法律与伦理的关系。文章受到广泛传播。

（二）社会化需求

网络构建了一个超地域的社会环境。曼纽尔·卡斯特在《信息时代三部曲》——《网络社会的崛起》(1996年)、《认同的力量》(1997年)、《千年的终结》(1998年)中系统地描述了"网络社会"这一概念。他将网络社会定义为："一个历史趋势，其中主要的社会功能和社会进程都是围绕着网络展开的。信息技术的发展，逐步瓦解了现代社会中已建立起的制度和结构。网络构成了新的社会形态，网络的内在逻辑主导了生产、生活、权力、文化等重要社会生活。"[①]随着网络空间范围内社会化媒体的出现，网络媒体的联结产生了用户交流、分享机制。在网络社会的背景下，读者对于新闻评论的需要也是基于一种社会化需求。

1. 群体行为

这种社会化需求一方面是基于群体行为的需要，人们需要一起交流，一起讨论。美国《达拉斯新闻晨报》发行人玻尔·奥斯邦认为："最好的评论版会给教育、探讨和争议提供一个论坛——公民必须拥有这些以尽自己作为民主社会成员的义务。"[②]同时，

---

① 曼纽尔·卡斯特.网络社会的崛起[M].夏铸九等，译.北京：社会科学文献出版社，2001：569－578.

② 转引自康拉德·芬克.冲击力：新闻评论写作教程[M].柳珊，顾振凯，译.北京：新华出版社，2002：81.

“精心编辑的、令人尊敬的社论版是冷静和理论讨论的园地。在这里，每天都能召开城镇会议，每个人都能参加；在这里，公民与领袖的真正交流互动很容易开展”①。

例如人民日报微博刊播的新媒体品牌栏目《你好，明天》，打造的就是一个原创时评专栏，自 2012 年 7 月 23 日开办以来，每天一篇，从未间断。面对敏感话题，例如面对“快手”“今日头条”被严肃整改、川航机长史诗级备降、明星“阴阳合同”涉税问题、山东寿光洪灾、D&G 设计师发表辱华言论等国内外一系列重大、突发、敏感事件，《你好，明天》专栏做到不回避、不失语、不乱语，主动发声，清晰有力地表达立场，实现与网友意见的互动交换。在许多新闻事件上，网友留言：“就知道人民日报一定会发声的！”公众可参与到微博评论中，互动交流，在一定程度上引导了公众舆论，安抚了公众情绪，疏导了群体行为，推动了网络公共平台的理性成长。

2. *群体心理*

社会化需求的另一个方面是基于群体心理的需要。网络发展已经形成了若干个虚拟社区，当一个具体的事件发生后，在不同的虚拟社区中会形成不同的价值判断，进而会形成群体心理和群体思维，放大社会心理情绪，产生群体极化、群体迷失等心理特征。

新闻评论作品发挥的重要作用之一，就是及时有效地进行舆论引导，疏导群体情绪，塑造社会主义核心价值观。当有效的信息、观点还不明朗，舆论环境纷杂混乱时，众声喧哗之下，很容易产生负面的群体心理。这种情况下，新闻评论及时地传递正确的观点和信息，有助于形成公众对事件的正确认识，疏导群体心理，让舆论环境健康发展。同样以人民日报微博专栏《你好，明天》为例，针对网络平台容易出现的情绪泛化、观点极化现象，在评论敏感话题时，《你好，明天》没有采用撕裂社会的表达方式，没有戏谑与嘲讽的语调，而是注重在舆论引导中用事实说话，以理服人，引导网友理性思考，尽力通过新视角、新观点、新表达、新互动等方式实现有效沟通，坚持并传播社会主义核心价值，在众声喧哗中凝聚社会共识。

三、新媒体时代的新闻评论发展趋势

新闻评论的传播主体由早期的纸质媒体逐渐演变成了社会化媒体，如今的新闻评论载体实现了多元化，报刊、广播、电视、互联网都是新闻评论的传播载体。不同的媒体有不同的读者定位，传统媒体与新媒体的读者范围不同，其定位自然不一样。康拉

① 康拉德·芬克. 冲击力：新闻评论写作教程[M]. 柳珊，顾振凯，译. 北京：新华出版社，2002：84.

德·芬克在《冲击力：新闻评论写作教程》中提出："媒介根据地域范围（例如一个城市及其周边几个县）、人口统计特征（年龄、教育程度、收入）和心理图式（信仰、态度）来确定其受众'市场'。要针对特定市场去写。"[①]2015 年 12 月 25 日，习近平总书记在视察解放军报社时发表重要讲话："读者在哪里，受众在哪里，宣传报道的触角就要伸向哪里，宣传思想工作的着力点和落脚点就要放在哪里。"

在对受众的角色进行梳理和读者的需求进行分析后，在媒体融合的大背景下，如何制作独具特色的优质新闻评论作品，是新闻传播业值得关注的问题之一。这里，从信息论的角度，以信息技术的发展趋势为基础，对未来新闻评论的发展做一个预测。

（一）精准化

在新闻评论传播过程中，要处理好即时性和准确性两个特性之间的对立统一关系。基于技术发展，新闻传播的即时性是现代新闻评论作品的一个重要表现。但是在即时性的基础上，保证信息与观点的准确性也是十分重要的，切不可贪快而传播错误的信息和观点，也不可一味地为了求稳拖延造成缺位失言。因此，一定要平衡好快与准两者之间的关系，建立起有效的新闻评论信息过滤系统。

奈斯比特(J. Naisbitt)在《大趋势——改变我们生活的十个新方向》中提到："失去控制和无组织的信息在信息社会里不再构成资源，相反，它成为信息工作者的敌人。"[②]有效的信息过滤就是指在众多信息的传播过程中，剔除掉错误或冗余的信息与观点，只向受众提供准确而有深度的信息与观点，这是目前新闻评论作品制作中的一个关键工作。

（二）互动化

社会化媒体第一个重要特征就是共享，分享是数字社会中最温和的表现形式，是网络社会环境下的一种集体行为。对于读者的社会化需要，新闻评论作品一定要做到信息互动，让受众和媒体能在互动中完成信息的传播、价值的传送。

人民日报评论部在疫情防控时期发表的评论文章《没导演、没摄像、没演播厅，"三无综艺"你看了吗?》《负责人最苦，尽责任最乐》《平凡岗位上的英雄担当》《没搞副业的我太难了》等，题材多样，视角贴近大众的实际生活，营造了一个个真实的生活场景，让受众不仅能收看，还能进入到由新闻评论话题创造的场景中，与媒介、编辑以及其他受众一起交流，一起互动，完善了场景化表达的互动感。

（三）个性化

信息技术条件下，随着人工智能、大数据技术的不断优化，多种信息软件的综合作

---

① 康拉德·芬克. 冲击力：新闻评论写作教程[M]. 柳珊，顾振凯，译. 北京：新华出版社，2002：42.

② 约翰·奈斯比特. 大趋势——改变我们生活的十个新方向[M]. 孙道章等，译. 北京：新华出版社，1984：32.

用，包括逻辑演绎引擎、语言解析引擎、智能算法等技术的研发使用，形成了统一的智能流。信息追踪技术也在不断进步。新闻评论的信息追踪指的是可以通过分析受众的阅读习惯、阅读历史等，实现个性化的新闻评论推送。区别于传统的一致性新闻评论推送，呈现个性化的定制信息，是未来新闻评论智能分发的发展方向。

目前，用户使用互联网时所产生的行为、特征、兴趣、意图等都会被搜集和利用。例如新闻手机客户端的推送已实现了基于使用习惯记录下的算法推荐。新闻评论产品同样可以运用算法推荐技术，向受众推送适合受众个人特征的内容，以满足受众需求，实现新闻评论的社会价值。

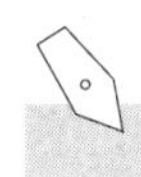

扩展阅读

[1] 熊国荣，李贤秀."机器人记者"对新闻记者就业的冲击及应对[J].编辑之友，2016(11)：73-77.
[2] 钟剑茜.媒介融合时代新闻生产中的受众参与[J].当代传播，2012(01)：95-97.
[3] 涂光晋.多媒体生存·多功能延伸·多主体参与——改革开放30年新闻评论的发展与变化[J].现代传播(中国传媒大学学报)，2008(06)：12-15.

附录1　全国好新闻奖评论作品名录（1980—1988年）[①]

全国好新闻奖的评选活动自1979年开始，至1988年结束。该奖项由北京新闻学会与《新闻战线》编辑部发起，在20世纪80年代的中国新闻界拥有公认的权威性。首届全国好新闻奖的评选要求主要为两点：首先，主题好、时效强、形式新、文字精，确是一条真正的纯粹的新闻；其次，读者反应不错，有利于实际工作的开展。[②] 历经十年，该奖项评选出了一批优秀的新闻作品，其中不乏观点鲜明、论述精辟、写作规范的新闻评论作品。

历届全国好新闻奖的奖项设置略有不同，评论类奖项自1980年（第二届）开始设立，1979年、1984年、1987年未专设评论类奖项；1980—1983年，评论类奖项分为“受奖作品”与“表扬作品”两类；自1985年起，评论类奖项开始划分为一等奖、二等奖、三等奖。全国好新闻奖评论作品体现了改革开放以后新闻评论工作的发展和进步。现将1980—1988年全国好新闻奖评论作品的相关信息整理如下：

年份	项目	题　　目	作　　者	刊播单位	首发日期
1980	评论（受奖）	卡特反通货膨胀计划和经济学界的争论	王飞	人民日报	1980.03.17
		从根本上认识社会主义制度的优越性	评论员	北京日报	1980.03.23
		假如都像徐永山	编辑部	中国农民报	1980.04.20
		一分钱的份量	张战和	大众日报	1980.04.23
		一个小小的调查	吴炜华	北京晚报	1980.05.12

① 1979年、1984年、1987年全国好新闻奖没有设评论类奖项，故未进行统计。

② 《新闻战线》编辑部. 大家都来评选今年的好新闻[J]. 新闻战线，1979(05)：81.

续　表

年份	项目	题　　目	作　　者	刊播单位	首发日期
1980	评论（受奖）	再也不要干西水东调那样的蠢事了	编辑部	人民日报	1980.06.15
		于细微处见精神	编辑部	人民日报	1980.10.01
		绝不允许有特殊公民	评论组	中央电视台	1980.10.14
		堂堂美国战略家竟弄不清谁干涉了谁的内政	彭迪	新华社	1980.11.29
		要振奋民族精神	宛平	安徽日报	1980.12.22
	评论（表扬）	开发智力资源，为四化建设服务	编辑部	光明日报	1980.03.17
		“挖潜、革新、改造”是加快企业现代化的重要途径	徐人仲、栗金孚	新华社	1980.05.22
		评“说情”	宋国英	山西日报	1980.06.01
		农业现代化的一个新的探索——从高学兰养鸡说起	特约评论员	甘肃日报	1980.07.09
		从田埂的变化看政策的潜力	王映明	湖北省电台	1980.07.11
		坚定不移地建立轻型经济结构	黄淑儒	南方日报	1980.08.05
		充分尊重群众荐贤举能的民主权利	钱孝华	新华日报	1980.08.18
		从渤海二号事故看石油部的领导作风	人民日报记者	人民日报	1980.08.24
		深刻的教训	编辑部	人民日报	1980.08.27
		说真话的力量	徐祝庆	中国青年报	1980.09.06
		一家不便万家难	编辑部	市场报	1980.09.25
		“唯将国作家”	曹泽华	江西日报	1980.10.15
		经济联合要注意客观经济效果	侯之春、易淑珍	中央电视台	1980.10.21
		和农村基层干部谈谈心	评论员	湖南日报	1980.11.14

续　表

年份	项目	题　　目	作　　者	刊播单位	首发日期
1980	评论（表扬）	坚决制止商品流通中的这股暗流	编辑部	中国财贸报	1980.11.25
		把苦练基本功的口号重新叫响	编辑部	体育报	1980.12.19
		中国一定有个可赞美的光明前途	王涵	文汇报	1980.12.20
		努力把党的形象搞得更好	沈宝祥	北京日报	1980.12.24
1981	评论（受奖）	自私不是人的本质	评论员	北京日报	1981.01.09
		坚定不移地继续执行三中全会的方针政策	\	人民日报	1981.01.19
		我们的时代需要最佳精神	\	体育报	1981.01.21
		医院要讲精神文明	评论员	健康报	1981.01.25
		调整三发	徐回青	常州报	1981.02.14
		伟大前程与实干精神	\	人民日报	1981.04.13
		全党都要重视科学事业	\	光明日报	1981.04.18
		批评，但不是棍子	赵平	新华社	1981.05.23
		倾听人民的呼声	评论员	新华社	1981.06.07
		开展批评与贯彻双百方针	评论员	中央电台	1981.08.27
		别老打消费者的主意	\	市场报	1981.09.21
		开会就是开会	张仲彩	湖北日报	1981.09.23
		谨防“精神贿赂”	徐林林	工人日报	1981.10.31
		大家都来反对婚事奢办	评论员	解放日报	1981.12.11
		为了美好的明天，加油干	评论员	中央电台	1981.12.13
		中国坚决反对外国向台湾出售武器	评论员	人民日报	1981.12.31
	评论（表扬）	再论雷锋	\	中国青年报	1981.03.05
		先进人物需要什么？	小蜂	南京日报	1981.03.25

续 表

年份	项目	题　　目	作　　者	刊播单位	首发日期
1981	评论（表扬）	不可见“苗”起意	张会堂	运城报	1981.04.29
		要重视小宗粮豆的生产	李清华	中国农民报	1981.04.30
		好经为什么念歪了	钟怀	人民日报	1981.09.22
		正确地对待报纸批评	\	陕西日报	1981.10.08
		《喜盈门》为什么在美国受欢迎	\	北京晚报	1981.11.03
		依靠群众集资办水利	\	河南日报	1981.11.08
		要给农村的“科学热”加温送炭	李广英、张宝海、杜长之	山东电台	1981.11.15
		学习女排，振兴中华	\	人民日报	1981.11.17
		争个“好人”的称号	燃兮	湖北日报	1981.12.09
		四平市招贤榜发出以后	\	中央电视台	1981年
		从啤酒谈大麦生产	于恩丕	内蒙古电台	1981年
1982	评论（受奖）	回答一个问题——翻两番为什么是能够实现的	编辑部	人民日报	1982.10.18
		农民劳动致富同经济犯罪活动的界限不容混淆	赵华胄	新华社	1982.05.14
		杨致焕先生的悲剧	\	中国新闻社	1982.04.07
		偏见在发臭——斥詹姆斯·肯尼森	周尊南	人民日报	1982.10.15
		赛场成败与英雄本色	张振亭	体育报	1982.10.11
		呼吁宣传劳动妇女的形态美	鲁家松	解放日报	1982.01.05
		台上他讲 台下讲他	江道衍	四川日报	1982.10.19
		沧州十大优势——论发展多种经营	郑熙亭	沧州日报	1982.07.14
		苏美开始跳探戈舞了吗？	王崇杰	新华社	1982.12.05
		穷户更需有至亲	朱殿封	山东农村大众	1982.11.23

续 表

年份	项目	题　　目	作　　者	刊播单位	首发日期
1982	评论（受奖）	老当“易”壮	刘定才	长江日报	1982.08.23
		有些案件为什么长期处理不下去?	项南	福建日报	1982.02.01
1983	评论（获奖）	“大锅饭”养懒汉	评论员	人民日报	1983.01.27
		评朱毓芬之死	评论员	人民日报	1983.04.13
		不准向重点建设工程敲竹杠	施宝华	新华社	1983.06.28
		共产党人决不能当“老好人”	评论员	人民日报	1983.12.11
		论锐气	陈冠柏	浙江日报	1983.10.04
		搞活农村经济的方针不会变	吴熔、赵文心	中国农民报	1983.11.15
		污染须清除 生活要美化	评论员	中国青年报	1983.11.17
		危险的赌博	程克雄	新华社	1983.11.22
	评论（表扬）	多渠道好	吴榕	新华日报	1983.01.07
		铜头、铁嘴、橡皮肚子、飞毛腿	李仁魁	中国农民报	1983.02.10
		从罗健夫到杨学敏看我国知识分子	评论部	解放日报	1983.05.09
		关于农业的“两个转化”和“分离”问题	鲁力	湖北日报	1983.09.17
		把“差异”指出来是必要的	陈冀、费黎	北京青年报	1983.10.28
		加强精神文明的建设 继续搞活农村经济	赵华胄	新华社	1983.12.08
		迎接“新的产业革命”浪潮	吴士嘉	新华社	1983.12.28
1985	评论一等奖	石油政策的重大转折	任正德	新华社	1985.12.09
		鼓励先富是党的长期政策	张广顺	农民日报	1985.05.22
		“对策”也可当镜子	宋渺芳	新华日报	1985.06.04
	广播评论一等奖	评梅莱山之战和今后柬埔寨战场形势	席升茂	中国国际广播电台	1985.02.18

续 表

年份	项目	题　　目	作　　者	刊播单位	首发日期
1985	广播评论一等奖	野蛮装卸何时休	白谦诚	中央人民广播电台	1985.06.20
	电视评论一等奖	菜篮子里看改革	左耀东、叶小宇、何涛	中央电视台 武汉电视台	1985.03.23
1986	评论一等奖	回头看不是走回头路	王继槐	重庆日报	1986.04.20
		商品是天生的平等派	张建星	天津日报	1986.11.27
		讲民主不能离开四项基本原则	本报评论员	人民日报	1986.12.29
	广播评论一等奖	莫把“衙门”抬下乡	徐克仁	湖南益阳县站	1986.05.21
		祝贺台湾体育健儿跨越社会制度屏障	武治纯	中央电视台	1986.08.08
		“五爱”是当前道德建设的基本要求	李戈华	中央电视台	1986.11.13
	电视评论一等奖	大家一起来扫除“文字垃圾”	孙伟、孙泽敏、钟雅妹	上海电视台	1986.10.25
		温州之路	刘申、徐联富、董静海、薛勇	中央电视台 温州电视台	1986年
1988	评论一等奖	官倒，权钱结合的怪胎——五谈治治轮番倒卖	朱元胜	市场报	1988.10.10
		正确对待农业　平等对待农民	张广友	农民日报	1988.04.12
	广播评论一等奖	大瓷盘为什么走俏?	周川、史林杰、邵强	新疆人民广播电台	1988.12.20
		以实际行动报答大树的恩情	王建人	浙江人民广播电台	1988.08.08
	电视评论一等奖	从一家工厂停产所想到的	康平、庄建民、倪小林、杨东、张步泳、肖晓琳	中央电视台	1988.12.18

附录 2　中国新闻奖一等奖评论作品名录（1990—2020 年）

中国新闻奖是经中央批准常设的全国优秀新闻作品最高奖，由中华全国新闻工作者协会主办，每年评选一次。1990 年，中国记协在逐步积累经验的基础上，广泛征求新闻界各方面意见，确定了中国新闻奖的评选方案，明确了中国新闻奖的定位——全国综合性年度优秀新闻作品的最高奖。1991 年 6 月 30 日，中国记者协会发出了《关于开展 1990 年度“中国新闻奖”评选工作的通知》和《“中国新闻奖”评选办法》，启动了首届中国新闻奖评选工作。[1] 截止到 2022 年，中国新闻奖已评选 32 届。

评论类奖项是中国新闻奖常设奖项之一，自开评以来从未间断。奖项等级分为特等奖、一等奖、二等奖和三等奖，项目类型包括文字评论（言论）、广播评论、电视评论和网络评论。获奖评论在选题、立意、语言和社会影响力等各方面均是上乘之作。我们将 1990—2020 年中国新闻奖一等奖评论作品的相关信息整理如下：

获奖年份	项目	题　目	作者（主创人员）	刊播单位	首发日期
1991 第 1 届	言论	稳定压倒一切	李德民	人民日报	1990.06.04
		舍孔雀而取凤尾	李承郃	新华日报	1990.10.09
	广播评论	黄河大桥贪污案引出的问号	杨诚勇	河南人民广播电台 河南电视台	1990.08.30
	电视评论	粪桶畅销的启示	许良东、王永显、李慧萍	浙江电视台	1990.10.25

① 中国新闻奖简介[J/OL].(2022-01-05)[2022-06-08]. http://www.zgjx.cn/2022-01/05/c_1310409606.htm.

续　表

获奖年份	项目	题　　目	作者（主创人员）	刊播单位	首发日期
1992 第 2 届	言论	改革开放要有新思路	皇甫平	解放日报	1991.03.02
	广播评论	补上市场意识这一课	戴锡新、门方玉	辽宁人民广播电台	1991.12.27
	电视评论	刑场上的枪声留下的警示	李少连、朱建义	广东电视台	1991.12.30
1993 第 3 届	言论	千万不可忽视农业	何加正	人民日报	1992.12.09
	广播评论	扫除形式主义	胡占凡、周绍成	中央人民广播电台	1992.03.31
1994 第 4 届	言论	加强和改善宏观调控 积极促进改革与发展	于宁、曹焕荣	人民日报	1993.11.09
		为什么要整顿金融秩序	孙勇	经济日报	1993.07.16
	广播评论	拜金主义要不得	胡占凡	中央人民广播电台	1993.04.08
	电视评论	农民要减轻自身负担	段荣鑫、朱海虎、苗民培、吉红枝、张芹	山西电视台	1993.12.30
1995 第 5 届	言论	上下一心打好今年改革攻坚战	周瑞金、施芝鸿	人民日报	1994.03.10
		扬州经验的特殊导向意义	刘向东、陶达	新华日报	1994.03.10
	评论	反暴利，在南昌为什么难以展开	黄晔明、梁勇	江西人民广播电台	1994.12.30
		和平，使沙漠变绿洲	盖晨光、胡阳、孙宏、奚祥、水均益	中央电视台	1994.10.27
1996 第 6 届	言论	论孔繁森的时代意义	于宁	人民日报	1995.06.02
		忠实履行我军神圣使命	解放军报评论部	解放军报	1995.08.01
1997 第 7 届	言论	为经济建设和社会发展提供强有力的政治保证	谢宏	人民日报	1996.04.01
		旗帜鲜明地同民族分裂主义和非法宗教活动作斗争	黄元才	新疆日报	1996.05.07

续 表

获奖年份	项目	题目	作者（主创人员）	刊播单位	首发日期
1997 第7届	广播评论	市场不相信"出身"	苏维茗、吴双	天津人民广播电台	1996.11.17
	电视评论	巨额粮款化为水	杨明泽、谢子猛、方宏进	中央电视台	1996.12.07
1998 第8届	言论	中华民族的百年盛世	李德民、米博华	人民日报	1997.07.01
		一个鲜明的主题	王晨、李景瑞	光明日报	1997.10.05
		察潮流 顺民心 天下定	黄种生	福建日报	1997.07.01
	广播评论	49%大于51%的启示	苏维茗、印永清、陈鹰、马津力	天津人民广播电台	1997.12.12
	电视评论	"罚"要依法	再军、白河山、方宏进	中央电视台	1997.11.25
1999 第9届	言论	迎着老百姓的方向走	郝斌生	河北日报	1998.11.01
2000 第10届	言论	"实力"救不了李登辉	孙晓青、谭健	解放军报	1999.08.18
		一场严肃的政治斗争	冯并、李洪波、张曙红、郑庆东、张杰、高路	经济日报	1999.08.05
	广播评论	粗暴侵犯中国主权的野蛮行径	张敏、钱慰曾、王冬梅	中国国际广播电台	1999.05.08
	电视评论	"吉烟"现象	王文雁、张林刚	中央电视台	1999.11.10
2001 第11届	言论	全面加强党的建设的伟大纲领	王义堂	人民日报	2000.05.22
		"台独"即意味战争	刘格文、谭健、刘新如	解放军报	2000.03.05
		警惕加重农民负担新动向	邓抒扬	安徽日报	2000.01.03
	广播评论	两起假货案带给河南的警示	勾志霞、姚居清、陈德年、张铭	河南人民广播电台	2000.12.28

续　表

获奖年份	项目	题　　目	作者（主创人员）	刊播单位	首发日期
2001 第11届	电视评论	铲苗种烟 违法伤农	黄洁、凌泉龙、方宏进	中央电视台	2000.05.24
		莫把“脱困”当“脱险”	黄有、陆钢、王晶	辽宁电视台	2000.11.22
2002 第12届	言论	光荣属于中国共产党和中国人民	米博华	人民日报	2001.07.01
		中国主权不容侵犯	刘格文、陈贤德、谭健	解放军报	2001.04.06
		“真抓”与“假抓”	海纳	河北日报	2001.04.11
	广播评论	信用是本 道德为先	蔡万麟	中央人民广播电台	2001.06.18
	电视评论	干部图政绩 普九变儿戏	王滨生、王英泽	黑龙江电视台	2001.10.13
		河道里建起商品楼	法展、刘文	中央电视台	2001.11.19
2003 第13届	言论	沿着党的十六大指引的方向奋勇前进	米博华	人民日报	2002.11.15
	广播评论	政治宣言 举国称颂	王明华	中央人民广播电台	2002.11.12
	电视评论	冲破贸易壁垒，浙江别无选择	王水明、陈鹏飞、朱珠、吴晖、陈丰	浙江电视台、温州电视台	2002.12.31
2004 第14届	文字言论	筑起我们新的长城——论抗击“非典”的伟大精神	任仲平	人民日报	2003.05.15
		微笑，并保持微笑	尚德琪	甘肃日报	2003.06.14
	广播评论	召回“新政策”也是进步	丁芳、周导	上海人民广播电台	2003.10.03
	电视评论	用生命撞响的警钟	朱海虎、肖亚光、许凌云、陶亿笑、耿辉旺、刘凤林	山西电视台	2003.08.15

续　表

获奖年份	项目	题　　目	作者（主创人员）	刊播单位	首发日期
2005 第 15 届	评论	国有企业改制一定要规范	阎卡林、齐东向	经济日报	2004.01.10
		坚决制止低俗炒作行为	赵金	云南日报	2004.04.19
	广播评论	治理好污水也是政绩	李方存、钱葳、沈杭珍	浙江人民广播电台	2004.12.28
	电视评论	欠债咋就不还钱	孙锐、孙笑非、王学亮	黑龙江电视台	2004.12.19
2006 第 16 届	评论	让和谐创业的主旋律更雄浑更响亮	张志	江西日报	2005.05.23
		警惕“专家观点”成为“利益俘虏”	李扬	新华日报	2005.07.03
	广播评论	旗舰遇坚兵——“大显”陷入困境的启示	金众、刘险峰、王红宇、陈夕	辽宁人民广播电台	2005.08.26
	电视评论	70 亿维修基金的困惑	陈大立、袁子勇、史月光、王宇、苑秋宝	北京电视台	2005.05.30
	网络评论	我们怎样表达爱国热情	丁刚	人民网	2005.04.16
2007 第 17 届	评论	构建社会主义和谐社会：从点题到破题	钟怡祖	光明日报	2006.10.31
		说要做的事就要做	吴志丽	广西日报	2006.10.20
	广播评论	决不许亵渎英雄，歪曲历史	张勤、王新玲、陈建海、范少俊	浙江广电集团	2006.12.30
	电视评论	谁在造假	李力、潘雄海	广西电视台	2006
	网络评论	网上“恶搞”有悖和谐理念	张碧涌	光明网	2006.11.29
2008 第 18 届	报纸评论	走好全国一盘棋	李泓冰、曹焕荣、吴焰、徐冲、汪晓东、王义堂、卢新宁、何刚	人民日报	2007.04.05

续 表

获奖年份	项目	题　　目	作者（主创人员）	刊播单位	首发日期
2008 第18届	报纸评论	上海要有更宽广的胸襟	凌河(申言)	解放日报	2007.07.09
	广播评论	和平的赛场需要更宽广的民族胸怀	唐征宇、刘凌燕、李晓晖	福建广电集团	2007.09.23
	网络评论	谁代表网友给小慧的后妈道歉	吴双建	荆楚网	2007.07.25
2009 第19届	报纸评论	灾难中挺立伟大的中国	任仲平	人民日报	2008.06.02
	广播评论	“田”字新解	\	山东人民广播电台	2008.12.12
	电视评论	祸起三鹿奶粉	\	甘肃省广播电影电视总台	2008.09.13
	网络评论	国际金融危机暴露美式经济弊端	刘江	中国经济网	2008.10.17
2010 第20届	报纸评论	改变历史的“北京时间”	任仲平	人民日报	2009.09.27
		不是所有弯道都是超越好时机	孙秀岭	大众日报	2009.04.13
	广播评论	国企频繁制造“地王”为转型升级埋下“地雷”	集体	苏州广播电视总台	2009.08.05
	电视评论	温州：望“楼”兴叹	陈振仕、杨育彦、金道武	温州广播电视台	2009.12.28
	网络评论	Piercing through Rebiya's veil(揭开热比娅的面纱)	董志新	中国日报网	2009.07.16
2011 第21届	报纸评论	谱写自主创新的辉煌篇章	本报评论员	经济日报	2010.07.19
		达赖又自打耳光了	本报评论员	西藏日报	2010.07.18
	广播评论	善待民工才能够缓解民工荒	袁奇翔、王掌、甘洋	浙江广电集团	2010.03.24

续　表

获奖年份	项目	题　　目	作者（主创人员）	刊播单位	首发日期
2011 第21届	电视评论	版权保护——南通家纺市场成功密码	顾道远、宋梅、查金	江苏广播电视总台	2010.07.09
	网络评论	依法理性表达爱国热情	付龙、史江民	人民网	2010.10.24
2012 第22届	报纸评论	倾听那些“沉没的声音”	人民日报评论部	人民日报	2011.05.26
		在转变中赢得大发展——九论用领导方式转变加快发展方式转变	何平	河南日报	2011.01.21
	广播评论	严禁酒驾带给社会的启示	丁芳、倪晓明、孙向彤	上海广播电视台	2011.12.06
	电视评论	聚焦医患“第三方”	集体	上海广播电视台	2011.10.23
	网络评论	“老何说和”说了些什么？	李广华、田勇	中国宁波网	2011.08.02
2013 第23届	文字评论	崛起的中国势不可当	阎卡林、齐东向、马志刚	经济日报	2012.03.02
		唯有走在变化之前——从乐凯胶卷停产、泊头火柴破产说开去	李忠志、张博	河北日报	2012.09.15
	广播评论	一张道歉条，触动了我们什么？	集体	扬州广播电视台	2012.11.07
	电视评论	“寒山闻钟”新“官”念　自揽监督网民意	金磊、徐蕾、余志锟、蒯军	苏州广播电视台	2012.10.07
	网络评论	雷锋，距离我们并不遥远	许新霞	中国广播网	2012.03.13
2014 第24届	文字评论	防范和克制我们的“灾难情绪”	曹林、张彦武	中国青年报	2013.10.17
		把校舍真正建设成第一避难所	刘涛	中国教育报	2013.04.26

续　表

获奖年份	项目	题　　目	作者（主创人员）	刊播单位	首发日期
2014 第24届	广播评论	转基因博弈背后的国家利益较量	杨晶、李皎、高祥、牟维宁	黑龙江人民广播电台	2013.06.14
	电视评论	证难办 脸难看	刘宁、张玉虎、郭峰、杨枫、崔辛雨	中央电视台	2013.10.11
	网络评论	中国改革“再出发”的总宣言	石铭（吴焰）	人民网	2013.11.12
2015 第25届	文字评论	公共辩论，求真比求胜更重要	范正伟	人民日报	2014.07.28
		刹不为之风 换不为之将	向军、邓也	四川日报	2014.07.10
	广播评论	“藏粮于土”箭在弦上	杨晶、李皎、高祥、牟维宁	黑龙江人民广播电台	2014.12.05
	电视评论	“电商”与“店商” 谁能争锋？	刘艳琼、林晨、朱贤勇	浙江广播电视集团	2014.12.29
2016 第26届	文字评论	漠视生命是最可怕的沉沦	林新华	衡阳晚报	2015.12.11
		中国故事，更精彩的书写还在后面	詹勇、王甘武、李学梅	新华社	2015.09.10
	网络评论	政府敢啃“硬骨头”，市场才能有“肉”吃	安传香	新华网	2015.10.16
2017 第27届	文字评论	供给侧改革需加减法并举	梁发芾	甘肃日报	2016.01.27
		走向经济治理现代化的中国探索	齐东向	经济日报	2016.02.15
	广播评论	以供给侧改革破解老工业基地“双重转型”之困	牟维宁、高祥、张立波、任季玮	黑龙江广播电视台	2016.12.28
	电视评论	民企也是国家队	李宁、杨阳、霍扬、刘雨轩	黑龙江广播电视台	2016.11.07
	网络评论	每一名党员都要牢固树立“核心意识”	宗国（姜赟）	人民网	2016.10.28

续　表

获奖年份	项目	题　　目	作者（主创人员）	刊播单位	首发日期
2018 第28届	文字评论	民生实事莫沉迷于“数字突破”	翟慎良	新华日报	2017.02.24
		新时代呼唤蓬勃的青年精神	刘涛	中国教育报	2017.12.29
	广播评论	带着感情去拆违	周导、胡旻珏	上海广播电视台	2017.02.27
	电视评论	减产为何却增收？	杨国栋、金威、杨凯、刘峰、姜禹	黑龙江广播电视台	2017.12.31
	网络评论	极恶！拿慰安妇头像做表情包，良心何在！	杨鑫宇	中青在线	2017.08.22
2019 第29届	文字评论	对“私营经济离场论”这类蛊惑人心的奇谈怪论应高度警惕——“两个毫不动摇”任何时候都不能偏废	吕立勤	经济日报	2018.09.13
		新华社评论员：向着更加壮阔的航程——致敬改革开放40周年	集体	新华社	2018.12.17
	广播评论	开辟中国大豆“第二战场”	高祥、金威、牟维宁、胡萍	黑龙江广播电视台	2018.10.19
	电视评论	何日“凤还巢”？	李化成、耿军、王希	山东广播电视台	2018.12.31
	网络评论	在抓落实中重“绩”留“心”	陆峰	中国江苏网	2018.11.27
2020 第30届	文字评论	任何挑战都挡不住中国前进的步伐	国纪平	人民日报	2019.05.13
		向群众汇报	刘冬梅、陈欣、闫丽	天津海河传媒中心天津日报事业部	2019.10.21
	广播评论	警惕“指尖上”的形式主义	柳芳、赵文华、张益恒	湖北广播电视台	2019.12.26
	电视评论	这个名字，绽放时代的光彩	杨晶、杨国栋、刘洪源	黑龙江广播电视台	2019.09.26

续　表

获奖年份	项目	题　　目	作者（主创人员）	刊播单位	首发日期
2021 第31届	文字评论	发现不了问题就是最大问题	陈力方(陈丽芳)	山西日报	2020.10.12
		‘Cover-up’ claims from US are all sound and fury(谎言：美国最新一轮阴谋论的源头)	伊谷然	中国日报网	2020.04.18
		警惕“精致的形式主义”	刘庆传、颜云霞	新华日报	2020.10.12
	广播评论	守住农业“芯片”，端牢中国饭碗	王静雅、丛志成、牟维宁、王伟	黑龙江广播电视台	2020.12.31
2022 第32届	新媒体评论	时政现场评丨跟随总书记的脚步 到塞罕坝看树看人看精神	集体	央视新闻客户端	2021.08.25
		三观岂能跟着五官走	牛梦笛	光明日报	2021.08.06
		到处人脸识别，有必要吗？	朱珉迕	上观新闻	2021.01.26
	期刊评论	没有共产党就没有中国人民的幸福生活	宋维强、孙煜华	《求是》杂志	2021.07.01
	报纸评论	决不允许“鸡脚杆子上刮油”	湖北日报评论员(李保林)	湖北日报	2021.02.02
		砥柱人间是此峰——写在中国共产党成立100周年之际	集体	南方日报	2021.06.23

后 记

春风起了。此刻，朝夕相伴的樱桃河水清清亮亮，各种水鸟飞翔嬉戏。

抗击了三年多的新冠疫情终于消散。我们于此时完成了书稿，心里还是蛮欣慰的。书稿的撰写基于十多轮新闻评论课程教学的经验与思考。书稿从提出创意、拟定提纲、撰写初稿，到调整结构、增补材料、打磨成篇，都是范玉吉教授、周梦清、徐星星和我共同努力的结果。周梦清对于初稿的写作付出了大量的时间、心血和劳动，贡献良多。感谢毛心钰所做的电脑文档修改工作。感谢华东师范大学出版社时东明女士对于本书出版付出的心血和劳动。

本书获得 2021 年度“华东师范大学教材出版基金”资助，谨致谢意。

期待本书的出版，能够对新媒体时代的新闻评论教学工作有所助益，也期待方家的批评指正。

武志勇

2023 年 2 月 2 日